建築学テキスト

ARCHITECTURAL TEXT

Building Legislation

建築行政

法規と秩序を学ぶ

片倉健雄
Katakura Takeo
大西正宜
Ohnishi Masanori
建築法制研究会
Kenchikuhouseikenkyukai

学芸出版社

シリーズ刊行の趣旨

　「建築学」は自然との共生を前提としたうえで，将来にわたって存続可能な建築物を設計するための指針を与えるものだと考える．また言うまでもなく，建築物は人間のためのものであり，人間は〈自然〉のなかで生きる動物であるとともに，自らが作りだす〈社会〉のなかで生きる動物でもある．このような観点から，現時点で「建築学」を〈自然〉・〈人間〉・〈社会〉の視点からとらえ直し，その構成を考えることは意義があると考える．

　以上のような考えに立って「建築学」の構成をとらえ直すにあたり，従来行なわれてきた〈計画系〉と〈構造系〉という枠組みで「建築学」をとらえることをやめる．そして，建築物を利用する主体である〈人間〉を中心に据え，建築物や人間がそのなかにある〈自然〉および人間が生きていくなかで必然として生みだし，否応なく建築物や人間に影響を及ぼす〈社会〉を考える．

　そこで，「建築学」を構成する科目を大きく〈人間系〉・〈自然系〉・〈社会系〉の枠組みでとらえるとともに，〈導入〉や〈総合〉を目的とした科目を設定する．さらに，「建築学」はよりよい建築物の設計法を学ぶことを目的とするとの考えから，これまで「建築計画学」における「各論」でまとめて扱われることが多かった各種建築物の設計法を，建築物の種別ごとに独立させることによってその内容を充実させた．

　なお，初学者が設計法を身につける際には，その理解のための「叩き台」となるものを示すことが有効であると考えた．そこで，各種建築物の設計法に関するテキストには実在する建築物の企画段階から完成に至るまでの設計過程を示すことにした．さらに，学習の便を図るとともに，正しい知識を身につけるための関連事項や実例を充実させることにも留意した．

〈建築学テキスト〉編集委員会

まえがき

　わが国の近代法制としての都市計画法と市街地建築物法が公布されたのは大正8年（1919年）で，明治維新・東京遷都から50年の歳月が流れていた．その当時の主要な都市の骨格は，近世の城下町の姿を受け継いでいるとはいえ，この半世紀の間に形づくられたものが多い．したがって新たに法律を制定するにあたっては，その時点の実態を考慮に入れる必要があった．

　また，第二次世界大戦で多くの都市が壊滅的なダメージを受けたが，その復興期に注がれたエネルギーは大きく，そこから生じた混乱は，再び現在の都市と建築に新たな課題を残した．さらに高度成長期を経たあと，私たちは環境問題や価値観の変化に直面している．

　法律は，一度つくられるとその基本的な考え方をまったく変える場合でないと，廃止したり全面的に改めることは難しい．都市や建築に関する法律は，そのあり方やつくり方を定めるものであるから，一部分を改正する場合でも慎重にならざるを得ない．現在の都市計画法と建築基準法は，こうした背景のもとで80年以上の歴史を経てきた．

　このテキストの中心になっている建築基準法は，その前法の，初期の古い規定を受け継ぎながら，各時代の新しい問題にも対応する改正が重ねられてきている．また，法文には私たちが日常使う言葉にはない厳密さと，法律としての専門用語が含まれていることにも注意しなければならない．本書はこのような点を念頭において読み進めていただきたい．また，本書は法文の内容を理解することに重点をおき，法文についてはその条項を示すにとどめているので，法文そのものがどのような文章表現および構成になっているかということと対応させることも，ぜひ試みてほしい．

　本書は，大学などの講義のテキストとして利用されることを想定して編集したものであるが，行政や建築実務家の方々の初期の研修や建築士試験の受験準備のためにも，有効に活用していただけるものと考えている．

　編集に着手してから限られた期間内で，法令の大きな改正を組み込みながら執筆を進めたが，学芸出版社の吉田編集長をはじめ編集部の各位のおかげでまとめることができた．適切な助言や協力に感謝を申し上げます．

2003年1月　執筆者一同

目 次

はじめに 3
用語索引 6

第1章　建築行政と建築法規 ········· 9

1・1　法律に基づく規制と立法 10
1. 建築の自由と規制 10
2. 規制には法律の根拠が必要 10
3. 法律と命令（政令・省令）及び地方条例 10

1・2　建築に関する近代法制度への歩み 10
1. 明治初期に始まる首都の建築規制 10
2. 首都東京の建築条例策定への動き 10
3. 地方の府県条例による建築規制 10

1・3　建築・都市に関する法律の体系化 12
1. 都市計画法の制定と建築行政 12
2. 市街地建築物法（建築基準法の前身）の誕生 12
3. 市街地建築物法の改正・整備とその後 12

1・4　建築基準法による新しい建築行政 12
1. 建築基準法制定の背景 12
2. 建築基準法の基本的な考え方 12
3. 建築基準法の構成 12

1・5　大きな社会変化と建築基準法 14
1. 都市の状況を反映した法・令の改正 14
2. 技術の進歩と関係する法・令の改正 14
3. 法・令の改正がもたらした問題点 14

1・6　建築・都市を取り巻く関係諸法令 14
1. 建築基準法と関係のある他法令 14
2. 関係法令の相次ぐ制定 14
3. 近年の新しい関係法令と建築行政の変化 14

第2章　建築基準法の基本事項 ········· 17

2・1　条文の構成と法令用語 18
1. 条文の構成 18
2. 法令用語 18

2・2　建築物と敷地に関する用語 20
1. 建築物と工作物 20
2. 敷地と地盤面 20
3. 居室と地階 20

2・3　防火に関する用語 22
1. 防火を特に必要とする部分 22
2. 耐火と防火の構造 22
3. 防火材料 24
4. 防火設備・特定防火設備 24
5. 耐火建築物と準耐火建築物 24

2・4　建築手続きに関する用語 26
1. 建築行為 26
2. 行政行為 26
3. 行政機関等 26

2・5　面積と高さ・階数の算定方法 28
1. 面積の算定 28
2. 高さ・階数の算定 28

第3章　単体規定 ········· 31

3・1　一般構造 32
1. 敷地の衛生と安全 32
2. 居室の採光 32
3. 居室などの換気 34
4. 石綿その他の物質の飛散・発散に対する衛生上の措置 36
5. 居室の天井高さと床高さ 36
6. 地階における住宅などの居室 36
7. 界壁の遮音構造 38
8. 階段と傾斜路 38

3・2　建築設備 40
1. 便所と屎尿浄化槽 40
2. 給排水設備 40
3. 冷却塔設備 42
4. 昇降機設備 42
5. 避雷設備 42

3・3　構造強度 44
1. 構造耐力と構造方法の基準 44
2. 構造計算の方法 44
3. 荷重と外力 46
4. 許容応力度と材料強度 48
5. 構造部材など 48
6. 木造 50
7. 組積造 54
8. 補強コンクリートブロック造 54
9. 鉄骨造 54
10. 鉄筋コンクリート造 56
11. 鉄骨鉄筋コンクリート造 56

3・4　防火関係の規定 58
1. 大規模建築物の主要構造部 58
2. 法22条指定区域内の建築制限 58
3. 大規模木造建築物等の防火措置 58
4. 防火壁等 60
5. 耐火建築物等としなければならない特殊建築物 60
6. 防火区画 62
7. 防火上主要な間仕切壁などの構造 64
8. 無窓の居室の主要構造部 64
9. 内装制限 64

3・5　避難施設など 66
1. 避難施設に関する適用範囲 66
2. 避難経路など 66
3. 避難階段 68
4. 屋外への出口，屋上広場 70
5. 避難と防災のための設備 70
6. 敷地内の避難通路 74
7. 避難上の安全の検証 74

第4章　集団規定 ········· 75

4・1　道　路 76
1. 道路の定義 76
2. 敷地と道路 76
3. 道路内の建築制限 78

4. 私道の変更等の制限　78
　　5. 壁面線　78
4・2　地域地区と用途地域　80
　　1. 区域区分　80
　　2. 地域地区　80
　　3. 用途地域　82
　　4. 卸売市場等の位置　82
4・3　容積率と建ぺい率などの制限　84
　　1. 容積率　84
　　2. 建ぺい率　88
　　3. 敷地面積の最低限度　88
　　4. 外壁の後退距離　88
4・4　高さ制限　90
　　1. 絶対高さ制限　90
　　2. 道路斜線制限　90
　　3. 隣地斜線制限　92
　　4. 北側斜線制限　94
　　5. 日影規制　96
　　6. 高度地区　98
　　7. 特例容積率適用地区　98
4・5　防火地域制　100
　　1. 防火地域制の目的　100
　　2. 防火・準防火地域内の建築制限　100
　　3. 防火・準防火地域内の共通規定　100
4・6　まちづくりのための各種誘導制度など　102
　　1. 都市計画による制度　102
　　2. 建築基準法による制度　106

第5章　制度規定　111

5・1　確認と許可等　112
　　1. 確認制度　112
　　2. 許可制度　112
　　3. 特定行政庁による認定制度　114
　　4. 型式適合認定制度など　114
　　5. 法の適用除外規定　114
　　6. 各種届出など　114
5・2　検査と違反措置　116
　　1. 検査　116
　　2. 工事現場の危害防止　116
　　3. 違反建築物に対する措置　116

第6章　関連法規　119

6・1　都市計画法　120
　　1. 都市計画法の概要　120
　　2. 都市計画の内容　120
　　3. 都市計画の決定と変更　122
　　4. 開発行為　122
6・2　まちづくりに関する法令　124
　　1. 土地区画整理法　124
　　2. 都市再開発法　124
　　3. 密集市街地整備法　124
6・3　消防法　126
　　1. 消防法の概要　126
　　2. 防火対象物の定義と分類　126
　　3. 消防用設備の設置　126
　　4. 防炎防火対象物と防炎対象品　128
6・4　バリアフリー法　130
　　1. バリアフリー法の目的　130
　　2. 特定建築物と特別特定建築物　130
　　3. 基準適合義務　130
　　4. 認定建築物　130
6・5　耐震改修促進法　130
　　1. 耐震改修促進法の目的　130
　　2. 特定建築物に係わる措置　130
　　3. 耐震改修の計画の認定　130
6・6　品確法　132
　　1. 品確法の目的　132
　　2. 住宅の性能に関する表示基準と評価の制度　132
　　3. 紛争の処理　132
　　4. 新築住宅の瑕疵担保責任　132
6・7　盛土規制法　132
　　1. 盛土規制法の目的　132
　　2. 宅地造成工事規制区域　132
　　3. 宅地造成工事の技術的基準　132
6・8　建築士法　134
　　1. 建築士法の目的　134
　　2. 建築士免許　134
　　3. 建築士でなければできない設計と工事監理　134
　　4. 建築士の業務　134
　　5. 建築士事務所　134
6・9　建設業法　134
　　1. 建設業法の目的　134
　　2. 建設業の許可　134
　　3. 施工技術の確保　134

本書では，原則として法令名を以下のとおり略記する

法　令　名	略　記
建築基準法	法
建築基準法施行令	令
建築基準法施行規則	規則
国土交通省告示	国告
（旧）建設省告示	建告
都市計画法	都計法
都市計画法施行令	都計令
消防法施行令	消防令
高齢者，障害者等の移動等の円滑化の促進に関する法律	バリアフリー法
建築物の耐震改修の促進に関する法律	耐促法
住宅の品質確保の促進等に関する法律	品確法
宅地造成等規制法	宅造法
建築士法	士法
建設業法	業法

用語索引

[あ]

▶あ
- 泡消火設備 …………………………128
- 安全上の措置等に関する計画届 ……114

▶い
- 維持保全 ……………………………114
- 異種用途区画…………………………62
- イ準耐 …………………………………24
- 以上・以下 ……………………………18
- 位置指定道路 …………………………76
- 一団地の総合的設計制度 …………108
- 一の敷地とみなすこと等による制限の緩和 …………………………………108
- 一般建設業 …………………………134
- 一般法 …………………………………10
- 移転 ……………………………26, 112
- 違反建築物に対する措置 …………116
- 色塗り ………………………………120

▶え
- エスカレーター ………………………42
- エレベーター …………………………42
- 延焼のおそれのある部分 ……………22
- 延焼防止建築物 ……………………100

▶お
- 横架材 …………………………………50
- 大阪府長屋建築規則 …………………10
- 屋外消火栓設備 ……………………128
- 屋外避難階段 …………………………68
- 屋外への出口 …………………………70
- 屋上広場 ………………………………70
- 屋内消火栓設備 ……………………126
- 屋内避難階段 …………………………68
- 踊場 ……………………………………38
- 及び ……………………………………18
- 卸売市場等の位置 ……………………82

[か]

▶か
- 階数 ……………………………………30
- 階段 ……………………………………38
- 改築 ……………………………26, 112
- 開発許可 ……………………………122
- 開発行為 ……………………………122
- 階避難安全検証法 ……………………74
- 界壁 ……………………………………38
- 外壁開口部設備 ……………………100
- 外壁の後退距離 ………………………88
- 確認期限 ……………………………112
- 確認検査員 ……………………………26
- 確認行為 ……………………………112
- 確認審査報告書 ……………………112
- 確認申請書 …………………………112
- 確認済証 ……………………………112
- 確認制度 ……………………………112
- 確認の特例 …………………………112
- 確認の表示等 ………………………116
- 瑕疵担保責任 ………………………132
- 仮設建築物 …………………………114
- 型式適合認定制度 …………………114
- 型式部材等 …………………………114
- 型枠 ……………………………………56
- かぶり厚さ ……………………………56
- 壁式構造 ………………………………56
- 壁率比 …………………………………52
- 壁量充足率 ……………………………52
- 簡易な構造の建築物 ………………114
- 換気 ……………………………………34
- 換気孔 …………………………………36
- 関係法令 ………………………………14
- 換地 …………………………………124
- 監理技術者 …………………………134
- 管理処分 ……………………………124
- 完了検査 ……………………………116
- 完了検査報告書 ……………………116

▶き
- 機械換気設備…………………………34
- 危害の防止 …………………………116
- 機械排煙設備 …………………………70
- 期限内に確認できない旨の通知書 ……112
- 基準容積率 …………………………84, 104
- 基礎 ……………………………………48
- 既存不適格建築物 ………82, 114, 130
- 北側斜線制限 …………………………94
- 給水タンク ……………………………40
- 給排水設備 ……………………………40
- 共同住宅・老人ホーム・福祉ホーム等の共用通行部分 ……………………………86
- 許可 ……………………………………26
- 許可制度 ……………………………112
- 居室 ……………………………………20
- 行政代執行 …………………………118
- 行政代執行法 ………………………118
- 行政法 …………………………………10
- 許容応力度 ……………………………48
- 許容応力度等計算 ……………………44

▶く
- 区域区分 …………………………80, 120
- 区画避難安全検証法 …………………74
- クロルピリホス ………………………36

▶け
- 計画変更 ……………………………112
- 景観地区 …………………………80, 102
- 傾斜路 …………………………………38
- 限界耐力計算 ……………………44, 46
- 検査 …………………………………116
- 検査済証 ……………………………116
- 検査済証交付前の建築物の使用制限 ……116
- 建設業の許可 ………………………134
- 建設業法 …………………………14, 134
- 建設住宅性能評価書 ………………132
- 建築 ……………………………26, 112
- 建築確認 ………………………………26
- 建築監視員 …………………………118
- 建築基準関係規定 …………………112
- 建築基準適合判定資格者検定 ………26
- 建築基準法 ……………………………12
- 建築行政 ………………………………12
- 建築協定 ……………………………106
- 建築協定区域隣接地 ………………106
- 建築協定書 …………………………106
- 建築工事届 …………………………114
- 建築士事務所 ………………………134
- 建築士法 …………………………14, 134
- 建築主事 …………………26, 112, 116
- 建築審査会 ………………………26, 112
- 建築設備 …………………………20, 112
- 建築物 …………………………………20
- 建築物移動等円滑化基準 …………130
- 建築物移動等円滑化誘導基準 ……130
- 建築物除却届 ………………………114
- 建築物特定施設 …………………84, 130
- 建築物の耐震改修の促進に関する法律 …130
- 建築物の高さ …………………………28
- 建築物の用途制限 ……………………82
- 建築面積 …………………………28, 88
- 建築面積の敷地面積に対する割合 ……88
- 建ぺい率 ………………………………88
- 減歩 …………………………………124
- 権利変換 ……………………………124

▶こ
- 公開空地 …………………………86, 106
- 公共用歩廊 ……………………………78
- 工作物 …………………………20, 112
- 工事監理 ……………………………134
- 工事中の安全措置等に関する計画の届出…114
- 工事停止命令 ………………………118
- 剛性率 …………………………………46
- 高層区画 ………………………………62
- 構造計算 ………………………………44
- 構造計算適合性判定 ………………112
- 高層建築物 ……………………………14
- 高層住居誘導地区 …………80, 86, 104
- 後退距離 ………………………………90
- 高度地区 …………………………80, 98
- 高度利用地区 ……………………80, 102
- 公法 ……………………………………10
- 高齢者，障害者等の移動等の円滑化の促進に関する法律 …………………………130
- 超える・未満 …………………………18
- 国土交通大臣または知事への通知 ……118
- 固定荷重 ………………………………46
- 小荷物専用昇降機 ……………………42
- コンクリートの強度…………………56

[さ]

▶さ
- 再開発等促進区 ……………………102
- 採光 ……………………………………32
- 採光関係比率…………………………32
- 採光補正係数…………………………32

採光無窓……………………64	消火器具……………………126	ただし書……………………18
材料強度……………………48	使用禁止・使用制限命令……118	竪穴区画……………………62
▶し	上空通路……………………78	単体規定……………………12
市街化区域………………80, 120	消防長等の同意……………112	▶ち
市街化調整区域…………80, 120	消防同意等…………………112	地域地区…………………80, 120
市街地開発事業……………120	消防法………………………126	地階…………………………20
市街地開発事業等予定区域…120	消防用水……………………128	地階の住宅・老人ホーム・福祉ホーム等の
市街地建築物法……………12	消防用設備…………………126	部分………………………86
市街地再開発組合…………124	条例…………………………10	地下街………………………126
市街地再開発事業…………124	所管行政庁…………………130	地区計画……………………102
敷地…………………………20	職住近接……………………104	地区計画条例……………84, 102
敷地内通路…………………74	新耐震基準…………………14	地区計画制度………………102
敷地面積…………………28, 88	真太陽時……………………96	地区計画等…………………122
敷地面積の最低限度………88	新築………………………26, 112	地区施設……………………102
軸組…………………………52	▶す	地区整備計画………………102
仕口…………………………50	筋かい………………………50	築造面積……………………28
時刻歴応答解析……………44	スプリンクラー設備………128	中央管理室…………………34
地震層せん断力係数………48	▶せ	中央管理方式の空気調和設備…34
地震力………………………48	制度規定…………………12, 111	中央標準時…………………96
自然換気設備………………34	性能規定化…………………92	中間検査……………………116
自然排煙設備………………70	性能規定方式………………14	中間検査合格証……………116
シックハウス対策…………36	政令…………………………10	中間検査報告書……………116
指定確認検査機関……26, 112, 116, 118	積載荷重……………………46	柱脚部………………………54
指定確認検査機関による確認…112	積雪荷重……………………46	駐車場整備地区……………121
指定構造計算適合性判定機関…112	石綿…………………………36	直通階段……………………66
指定資格検定機関…………118	是正命令……………………116	▶つ
指定住宅紛争処理機関……132	設計…………………………134	通気管………………………40
指定性能評価機関…………118	設計住宅性能評価書………132	継手………………………50, 56
指定認定機関………………118	接合部………………………54	土塗壁………………………58
指定容積率…………………84	絶対高さ制限………………90	▶て
自動火災報知設備…………128	接道基準……………………76	定期報告……………………114
自動車車庫…………………86	全館避難安全検証法………74	定着…………………………56
私道の変更等の制限………78	線引き……………………80, 120	適用距離……………………90
屎尿浄化槽………………40, 112	前面道路………28, 78, 84, 90, 92	手すり………………………38
地盤面………………………20	前面道路幅員に基づく容積率…84	鉄筋コンクリート造………56
私法…………………………10	▶そ	鉄骨造………………………54
遮炎性………………………22	層間変形角…………………44	天空率………………………92
遮炎性能……………………24	総合設計制度……………86, 106	天井高さ……………………36
遮煙性能……………………62	総合的設計…………………108	▶と
遮音性能……………………38	増築………………………26, 112	東京市区改正条例…………12
遮熱性………………………22	遡及適用……………………128	東京市建築条例（案）……10
集団規定…………………12, 75	促進区域……………………120	道路…………………………76
主任技術者…………………134	速度圧………………………48	道路境界線…………………76
主要構造部…………………22	組積造………………………54	登録住宅性能評価機関……132
住宅性能評価………………132	その他………………………18	道路斜線制限………………90
住宅の品質確保の促進等に関する法律…132	[た]	道路内の建築制限…………78
住宅紛争支援センター……132	▶た	道路法………………………76
準延焼防止建築物…………100	第一種市街地再開発事業…124	特殊建築物…………………20
準遮炎性能…………………24	耐火建築物……………24, 60, 100	特殊建築物規則……………12
準耐火建築物……………24, 60, 100	耐火構造……………………22	特定街区…………………80, 102
準耐火構造…………………22	耐火性能……………………22	特定行政庁…………26, 112, 114
準耐火性能…………………22	耐火性能検証法……………24	特定建設業…………………134
準地下街……………………126	大規模空地を有する住宅系建築物…84	特定建築物………………44, 130
準都市計画区域…………80, 120	大規模の修繕・模様替…26, 112	特定工作物…………………122
準不燃材料…………………24	耐久性等関係規定…………44	特定工程……………………116
準防火構造…………………22	耐震改修……………………130	特定工程後の工程…………116
準防火性能…………………22	第二種市街地再開発事業…124	特定道路……………………84
準防火地域………………80, 100	耐力壁………………………56	特定防火街区整備地区……80
準用工作物…………………20	宅地造成……………………132	特定避難時間………………60
準用する……………………18		特定防火設備………………24

07

特定防火対象物	126
特定用途制限地域	80
特別特定建築物	130
特別避難階段	68
特別法	10
特別用途制限地域	80
特別用途地区	80
特例規定	112
特例敷地	104
特例対象規定	108
特例容積率	86, 104
特例容積率適用地区	86, 98, 104
都市計画	120
都市計画区域	120
都市計画審議会	76, 122
都市計画道路	84
都市計画法	12, 120
都市再開発法	124
都市再生	106
都市再生緊急整備地域	80, 106
都市再生特別措置法	80, 106
都市再生特別地区	80, 82, 92, 106
都市施設	120
土台	50
土地区画整理組合	124
土地区画整理事業	124
土地区画整理法	124
ドレンチャー	24

[な]

▶な

内装制限	64
並びに	18
難燃材料	24

▶に

2ヵ年指定	76
2項道路	76
日本住宅性能表示基準	132
認可	26
認可申請	106
認証型式部材等製造者	114
認定型式	112, 114
認定制度	114
認定道路	76

▶の

軒の高さ	30
延べ面積	28, 84
延べ面積の敷地面積に対する割合	84

[は]

▶は

排煙設備	70, 128
排煙無窓	64
配管設備	40
排水トラップ	40
柱の小径	50
罰則	118
バリアフリー法	84, 130
ハロゲン化物消火設備	128

▶ひ

日影規制	96
日影時間	96
日影の測定面	96
非常用エレベーター	72
非常用の照明装置	72
非常用の進入口	72
非線引き区域	122
非損傷性	22
必要保有水平耐力	44
避難階	66
避難階段	68
避難器具	128
避難施設	66
避難時倒壊防止構造	60
評価方法基準	132
標識の設置	118
避雷設備	42
ビル衛生管理法	112
火を使用する室	36

▶ふ

風圧力	48
風致地区	82
風道	62
風力係数	48
不活性ガス消火設備	128
複合用途防火対象物	126
不遡及の原則	128
不適合通知書	112
不燃材料	24
不燃性能	24
文化財	114
粉末消火設備	128

▶へ

塀	54
平均地盤面	20
壁面線	78
壁面線による建築制限	78
壁面線による容積率・建ぺい率の緩和	78, 84, 88
壁面線の指定	78
壁面の位置の制限	84, 88
便所	40
偏心率	46

▶ほ

法22条指定区域	58, 100
法の適用除外規定	114
法別表第1	60
法別表第2	82
法別表第3	90
法別表第4	96
法律	10
補強コンクリートブロック造	54
保健所長	112
保有水平耐力計算	44
防炎性能	128
防炎対象品	128
防煙壁	70
防炎防火対象物	128
防火区画	62
防火構造	22
防火材料	24
防火上主要な間仕切壁	64
防火性能	22
防火設備	24
防火対象物	126
防火地域	80, 100
防火地域制	100
防火戸	24
防火壁等	60
防災街区整備地区計画	124
防災再開発促進地区	124
ホルムアルデヒド	36
本文	18

[ま]

▶ま

又は	18

▶み

水噴霧消火設備	128
密集市街地における防災街区の整備の促進に関する法律	124
密閉式燃焼器具等	36
民法	10

▶む

無窓階	126
無窓の居室	64

▶め

面積区画	62

▶も

木造建築物等	58
若しくは	18
盛土規制法	132

[や]

▶や

屋根ふき材	48

▶ゆ

有効細長比	50, 54
誘導灯	128
床高さ	36
床面積	28

▶よ

容積率	84
用途制限の特例	82
用途地域	80, 82, 110
用途変更	26, 112
擁壁	32, 78

[ら]

▶り

臨港地区	121
隣地境界線に接する外壁	100
隣地斜線制限	92

▶れ

冷却塔設備	42
令8区画	126
歴史的風土特別保存地区	121
連結散水設備	128
連結送水管	128
連担建築物設計制度	108

▶ろ

廊下	66
ロ準耐	24

第1章　建築行政と建築法規

　一般の建築物をつくることに関して，国と地方自治体がかかわる建築行政は多岐にわたる．したがって，そのよりどころとなる法律は非常に多いが，その中心となるものが建築基準法である．

　この法律は制定以来50年以上を経ており，たびたび改正が重ねられてきたので，法令の条文の数が多いだけでなく，難解な部分もしばしばあらわれる．

　そこで，本章では法令集の扉を開く前に，まず法律に少しでもなじみ，理解しやすくするために，建築基準法の前史にふれることにした．

　さらに，建築基準法全体の構成とその変遷の要点を示すとともに，他の法令との関係と新しい動きについて示した．

1・1 法律に基づく規制と立法

1. 建築の自由と規制

　自己の所有する土地に自ら建築物を作って利用する権利は私権であり、その私権はすべての人に対して平等に保障されている．そしてその事に関して権利を持つ人相互の関係を規律するのは私法であり，民法などがそれである．

　敷地が極めて広く誰の権利にも影響を及ぼさないように思えても，建築物が災害に対して安全であるなど，それを利用するすべての人や周辺への影響が最小限でなければならない．すなわち私有物であっても明らかに社会的な存在だといえる．まして都市の中では，その影響を及ぼす内容や範囲が大きいので，行政による規制が欠かせない．

2. 規制には法律の根拠が必要

　行政は自由の制限を通じて社会の統制を図る．わかりやすい例としては交通規制がある．その場所や道路の状況に応じて必要な対策を重ねてきて，現在の秩序が形成されている．

　このような統制は，国・都道府県・市町村が役割り分担を定めて，すべて法律に基づいて行うのが原則であり，関係する権利者が法を守ることによって秩序が保たれる．ここでいう法律は行政法であり，私法に対して公法と呼ばれる．都市・建築に関する基本的な法律もこれである．

3. 法律と命令（政令・省令）及び地方条例

　法律は国会の議決を経て成立した法形式であり，憲法の規定に基づく．諸分野の基本的な事項について定めた基本法（例えば，都市計画法，建築基準法，消防法など）と，特定の地域や特定の事項に関することを定めるもの（例えば，略称・バリアフリー法など）とがある．前者を一般法，後者を特別法といい，後者が優先するのが原則である．

　法律で細かく規定するのが必ずしも適切でないもの（例えば進歩が予想される技術的基準や，比較的短期間で基準を順次改訂する必要があるものなど）は，命令にゆだねる．これには，政令（内閣が制定）と省令（各省大臣が制定）があり，国会の議決を要しない（建築基準法施行令は政令である）．このほか国が定める規則，告示があるが，いずれも上位の法律に基づいている．

　地方公共団体は，関係する上位法に定めがある場合，その事項について規定を定めることができる．議会の議決を得て定めるものが条例であり，その規定に基づいて首長（知事，市町村長）が定めるものを規則と呼んでいる．

1・2 建築に関する近代法制度への歩み

1. 明治初期に始まる首都の建築規制

　江戸時代に入って現在の東京の中心市街地の拡大が進み，しばしば大火による大きな被害を生じたことから，さまざまな防火規制が重ねられてきたが，その実効性は低かった．明治期に入って徐々に中央政府の行政組織が整えられ，火災対策の対象も街路取締，湯屋営業取締，燃質物置場の規制など多面化した．

　明治18年（1885年）内閣制度確立後は，中央政府と地方の制度も順次整えられ，東京では警視庁の警察令で個別の火災発生源対策のほか，下水，便所，特殊施設の衛生対策が次々と出された．これらは組織が整いつつあり，欧米の視察等を加えた制度整備の努力の現れとみることができる．

2. 首都東京の建築条例策定への動き

　明治17年（1884年），時の東京府知事松田道之は，このような建築規制を欧米にみられるような総合的に一体化したものにする必要があると考え，その検討と準備を進めたが，知事が亡くなったため中断した．

　二度の戦争を経たあと，明治39年（1906年）に今度は首都東京市の市長であった尾崎行雄が，建築条例の案を作成することを建築学会へ委嘱した．学会は総力を挙げて近代法としての東京市建築条例（案）を作成したが，成案時には尾崎市長は去っていた．実現を見なかった案は後に国の法律を作る際に生かされることにはなるが，いったん眠りにつく（表1・1）．

3. 地方の府県条例による建築規制

　首都東京だけでなく地方都市でも市街地の建築取締りの必要性は高まっていた．市街地の拡大による防火，衛生対策の必要と共に，外国との直接接触がもたらす問題（伝染病の流入，居留地周辺の整備の必要など）があり，中央から出向した府県知事などの認識と判断が加わって，府県の規則（現在の府県条例）の制定が相次ぐことになった．

　大阪府長屋建築規則は明治19年（1886年）5月に制定されたが，その特徴は，市街地の多数を占める建築物を対象とし，建築の構造・形態や敷地との関係のほか，手続き規定も備えたもので，体系化が進んでいる点にあった．

　その後2〜3年の間に同様の規則が他府県でも制定されると共に，部分的な規則を制度化するものが明治末期まで相次いだ．その目的は，火災対策（防御），危険建築物の抑制，伝染病を中心とする衛生対策が中心であった．

表 1・1　建築法制の歴史的な流れ

	社会一般と建築に関する行政機構等	建築に関する法令等
1860 ●	安政 5（1858）欧米 5 カ国と通商条約締結	〈国の法令〉　　〈府県独自の規則等〉＊は参考
	明治 1（1868）王政復古，東京遷都	明治 1（1868）太政官布告
70 ●	明治 1（1868）東京府開設	同　　　　　東京府布告等
	4（1871）（新）東京府発足（現区部）	
	6（1873）内務省設置	
	7（1874）東京警視庁設置	
80 ●		明治 17（1884）東京府建築条例発案
		19（1886）〜
	明治 18（1885）内閣制度創設	各府県「長屋建築規則」等制定
	21（1888）市区改正委員会発足	（他に屋上制限，製造場取締等）
90 ●	22（1889）東京市（特別市）発足	
1900 ●	明治 27（1894）日清戦争（〜 1895）	
	明治 37（1904）日露戦争（〜 1905）	明治 39（1907）東京市建築条例案着手
10 ●		明治 42（1909）〜
		大阪府「建築取締規則」制定
	大正 3（1914）第一次世界大戦（〜 1918）	（他県でも制定が相次ぐ）
	大正 7（1918）都市計画調査委員会設置	大正 8（1919）「都市計画法」公布
		同　　　　　「市街地建築物法」公布
20 ●		大正 9（1920）「市街地建築物法施行令」公布
30 ●	大正 12（1923）関東大震災	
		昭和 11（1936）「市街地建築物法特殊建築物規則」公布
40 ●	昭和 14（1939）第二次世界大戦（〜 1945）	
	昭和 20（1945）終戦（戦災都市 120 余）	
	昭和 20（1945）戦災復興院設置	
	昭和 21（1946）日本国憲法（新憲法）公布	
1950 ●	昭和 25（1950）建設省設置	昭和 25（1950）「建築基準法」公布
	昭和 26（1951）日米講和条約締結	同　　　　　「建築士法」公布
	昭和 30（1955）日本住宅公団発足	同　　　　　「建築基準法施行令」公布
60 ●	昭和 37（1962）全国総合開発計画	
	昭和 39（1964）東海道新幹線開通，東京オリンピック	
	同　　　　　名神高速道路全通	昭和 43（1968）「都市計画法」公布（全面改正）
	昭和 44（1969）東名高速道路全通	昭和 44（1969）「都市再開発法」公布
70 ●	昭和 45（1970）日本万国博・大阪	同　　　　　昭和 43（1968）頃から市・町の独自の条例，要綱
		等による諸規制が始まる（環境保全，開発指導，
		緑化，美観・都市景観等）＊
	昭和 48（1973）第一次オイルショック	
80 ●	昭和 50（1975）山陽新幹線全線開通	
	昭和 57（1982）東北・上越新幹線開通	
	昭和 60（1985）科学万博つくば '85	
	昭和 63（1988）青函トンネル鉄道開業	
90 ●	平成 2（1990）バブル崩壊	
		平成 6（1994）ハートビル法（略称）公布＊
	平成 7（1995）阪神・淡路大震災	平成 7（1995）耐震改修促進法（略称）公布＊
2000 ●	平成 12（2000）国土交通省設置	平成 11（1999）品確法（略称）公布＊
		平成 14（2002）マンションの建替えの円滑化等に関する法律公布＊

1・3 建築・都市に関する法律の体系化

1. 都市計画法の制定と建築行政

　首都東京の都市計画を法に基づいてすすめることについては，当然のことながら早くから認識されていたが，ようやく明治21年(1888年)に東京市区改正条例が成立した．これによって東京の近代都市計画が軌道に乗り，約30年で事業はほぼ達成された．一方で，第一次世界大戦による好景気が大都市の膨張をもたらしたことから，対象区域を拡げると共に他の5大都市にも準用された．

　このような経過ののち，大正8年(1919年)に都市計画法が制定された．そこでは対象都市を拡大し，地域・地区制の導入を図ると共に，建築規準を定める法律を同時に制定して，連携して市街地の形成を図ることとなった．

2. 市街地建築物法（建築基準法の前身）の誕生

　その立案の際に活用されたのが，前記の東京市建築条例（案）であった．すでに諸外国の建築条例を参考にし，都市全体を視野に入れた建築物に対する諸規制を整理し体系化することが試みられた案であることと，公表されすでに周知されていたことから，これを活用して全国の6大都市に適用する形に整えられた．これが市街地建築物法であり，都市計画法と共に大正8年(1919年)4月に公布された．

　法律としてはすでに近代法の形態が整っていて，市街地建築物法施行令と同施行規則（省令）があり，関係府県ではさらに施行細則を制定してきめ細かい建築行政をすすめる体制が整った．その規定の主な内容は，3つの用途地域に応じて建築用途を制限する，建築線を定めて道路の形態を作る，高さと敷地内空地の規定を定める，防火地区を定め防火構造を規定する，建築物一般の構造，設備について規定する，などであった．

3. 市街地建築物法の改正・整備とその後

　大正12年(1923年)の関東大震災ののち，市街地建築物法は構造規定が強化される一方で，空地の制限の緩和や，一部の規定の適用を除外して法の適用都市を大きく拡げるなどの改正が行われた．昭和期に入ってからはさらに規定の詳細化や建築前に必ず道路が築造されるように規定が整備されていった．また昭和11年(1936年)には，安全性を高める必要のある特殊建築物の規定を，この法律に基づく特殊建築物規則で詳細に定めることとなった．

　しかしながら間もなく第二次世界大戦に入り，新たな建築が困難になるだけでなく，建築行政自体も停滞した．

1・4 建築基準法による新しい建築行政

1. 建築基準法制定の背景

　昭和20年(1945年)8月，終戦を迎えた時点では，京都・奈良・金沢などを除く全国の主要都市100以上は戦災復興の見通しも立たない状態であった．こうした中で戦災復興院建築局（後の建設省住宅局）は，将来につながる新しい建築法の草案を作成していた．しかし当時は占領軍の統治下にあったので（昭和27年まで），政策的な住宅建設などを除く建築の抑制が行われ，一方戦災をまぬかれた建築物は老朽化と粗悪化が進んでいた．またこの前後には台風・地震のほか，戦災を受けなかった市街地での大火などの大規模災害が相次ぎ，建築行政の重要性が高まっていた．

　昭和21年に公布された新憲法は，建築行政の基本的なあり方にも見直しを求めるものであったことから，新しい建築法は公選された地方自治体の長が国から委任を受けた事務（現在は地方自治体の事務）として行うこととなった．

2. 建築基準法の基本的な考え方

　法案の作成にあたっては，当時の制度である市街地建築物法と前記の建築法草案のほか，米国のUNIFORM BUILDING CODE 1946が参考にされ，学協会や各都道府県の意見も求めた．その結果次のようなものが導入された．
①法律は基準を定め，地方自治体の再検討を可能にする．
②法の適用区域は全国とし，建築主事の確認制とする．
③建築主事は，都道府県のほか市町村にも置くとこができることとし，消防長の同意制度を加える．

　技術基準等を定める政令の原案作成は日本建築学会に依頼されたが，そこでは次のような方針がとられた．
①旧法令の基準は，特に支障がない限り採用する．
②新たな基準は，学会の定説になっているものに限る．
③基準は最低限度のものに限る．

　このほか，建築士制度を別の法律で設けることとした．

3. 建築基準法の構成

　建築基準法は昭和25年(1950年)5月24日に公布され，同施行令の制定を待って同年11月23日に施行された．

　公布時の法は7章102条から成り，全体は次のように構成されていた．
①単体規定－全国に適用される基準（第2章）
②集団規定－都市計画区域内で適用される基準（第3章）
③制度規定－総則（第1章）ほかの制度規定（第4～7章）

　また施行令はこれに対応して10章143条からなっていたが，いずれも改正を重ねて現在は表1・2のとおりである．

表1・2 建築基準法の構成

	建築基準法	建築基準法施行令	本書の章節
制度規定・1 この法律の運用に関する規定	第1章 総則（第1条～第18条の3）	第1章 総則（第1条～第16条）	2・1 〜 2・5
単体規定 すべての場所における建築物の技術基準	第2章 建築物の敷地，構造及び建築設備（第19条～第41条）	第2章 一般構造（第19条～第35条） 第3章 構造強度（第36条～第99条） 第4章 耐火構造，準耐火構造，防火構造，防火区画等（107条～第116条） 第5章 避難施設等（第116条の2～第128条の3） 第5章の2 特殊建築物等の内装（第128条の3の2～第128条の5） 第5章の2の2 避難上の安全の検証（第129条・第129条の2の2） 第5章の3 主要構造部を木造とすることができる大規模の建築物（第129条の2の3） 第5章の4 建築設備等（第129条の2の4～第129条の15）	3・1 〜 3・5
集団規定 都市内において加えられる建築物の技術基準	第3章 都市計画区域等における建築物の敷地，構造及び建築設備（第41条の2～第68条の9）	第6章 建築物の用途（第130条から第130条の9の6） 第7章 建築物の各部分の高さ等（第130条の10～第136条） 第7章の2 防火地域または準防火地域内の建築物（第136条の2～第136条の2の3） 第7章の2の2 特定防災街区整備地区内の建築物（第136条の2の4） 第7章の3 地区計画等の区域（第136条の2の5～第136条の2の8） 第7章の4 都市計画区域及び準都市計画区域以外の区域内の建築物の敷地及び構造（第136条の2の9～第136条の2の10）	4・1 〜 4・6
制度規定・2	第3章の2 型式適合認定等（第68条の10～第68条の26） 第4章 建築協定（第69条～第77条） 第4章の2 指定建築基準適合判定資格者検定機関等（第77条の2～第77条の57） 第4章の3 建築基準適合判定資格者等の登録（第77条の58～第77条の66） 第5章 建築審査会（第78条～第83条） 第6章 雑則（第84条～第97条の6） 第7章 罰則（第98条～第107条）	第7章の5 型式適合認定等（第136条の2の11～第136条の2の13） 第7章の6 指定確認検査機関等（第136条の2の14～第136条の2の18） 第7章の7 建築基準適合判定資格者の登録手数料（第136条の2の19） 第7章の8 工事現場の危害の防止（第136条の2の20～第136条の8） 第7章の9 簡易な構造の建築物に対する制限の緩和（第136条の9～第136条の11） 第7章の10 一定の複数建築物に対する制限の特例（第136条の12） 第8章 既存の建築物に対する制限の緩和等（第137条～第137条の19） 第9章 工作物（第138条～第144条の2の4） 第10章 雑則（第144条の3～第150条）	5・1 〜 5・2
	別表第1～第4		

表1・3 建築基準法の主な改正とその社会的背景（一部政令改正を含む）

	改正年（施行年）	制度規定関係	単体規定関係	集団規定関係	社会状況・大規模災害等	
1950	昭25 法制定（昭25）				鳥取大火（昭27） 経済復興（昭30～32） 映画館・ビル火災多数	1950
	昭32 第1次改正（昭32）			○商業地域内の建ぺい率緩和 ○アーケード等の特別許可可能		
	昭34 第2次改正（昭34）		○防火に関する規定の強化 ○3階以上の避難施設の強化	○幅員4m未満の道路の許可可能	経済成長（昭34～36） 伊勢湾台風（昭34） 公害拡大 自動車保有台数急増	
1960	昭36 第3次改正（昭36）		○特殊建築物の防火規定の強化 ○車庫・自動車修理工場の規定緩和	○特定街区制度の新設（超高層ビル計画可能に）	東海道新幹線開通（昭39） 経済好況（昭41～45） 超高層ビル第1号竣工（昭43） 十勝沖地震M7.9（昭43）	1960
	昭38 第4次改正（昭39）		○高層建築物（31m超）の防火・避難規定の整備	○容積地区制の創設と地区内の絶対高さ制限の廃止		
1970	昭45 第5次改正（昭46）	○人口25万人以上の都市は建築主事をおくことを義務化 ○違反是正措置の整備強化等	○柱の剪断補強強化 ○防火・避難規定の強化（非常用エレベーター・排煙設備等）	○用途地域の整備と全面容積制 ○建ぺい率の緩和 ○絶対高さ制限の廃止（除1住専） ○総合設計制度の創設	大阪・万国博（昭45） 住環境への関心高まる デパート・ホテル火災多発（昭47～57） 少子高齢化傾向	1970
	昭51 第6次改正（昭52）	○工事中の建築物の安全対策		○2住専の容積率・建ぺい率等の強化 ○日影による建築物の高さ等の制限 ○道路幅員による容積制限の強化	宮城県沖地震M7.4（昭53）	
1980	昭55（政令改正）		○新耐震基準導入による構造計算基準の全面的改訂			1980
	昭62 第7次改正（昭62）		○木造建築物の規制緩和 ○集成材を用いた木造建築物の規定	○特定道路に関する容積率の緩和 ○後退距離による道路斜線等の緩和	建設投資拡大（昭60～平2） 経済成長の鈍化・低迷（平2～）	
1990	平4改正（平5）		○準耐火構造の新設等 ○共同住宅等の木造3階建可能	○用途地域の細分化 ○都市計画区域以外への適用（3章）	行政手続法制定（平5） 阪神・淡路大震災M7.2（平7）	1990
	平6 第8次改正（平6）			○住宅の地階部分の容積緩和		
	平9改正（平9）			○共同住宅の共用部分の容積緩和		
	平10改正（平11，12）	○確認・検査機関の民間開放 ○中間検査の導入等 ○型式適合認定制度の整備	○建築基準の性能規定化等	○連担建築物設計制度の創設		
2000	平14改正（平15）		○シックハウス対策の規定導入	○容積率制限等の選択拡充 ○総合設計の基準の一部定型化手続緩和		2000

1・5　大きな社会変化と建築基準法

1．都市の状況を反映した法・令の改正

建築基準法が施行された後間もなく大都市の経済活動が活発になり，混乱期ともいえる時期を経て昭和40年代以降の好況につながっていった．これによって生じた諸問題や社会の要請を反映して，法・令の改正が相次いで行われることになる．その主なものは次のようである．
①商業・業務地での諸条件の緩和（集団規定）
②火災災害の多発に対応する規定の強化（単体規定）
③住環境の悪化に対応する規定の強化・新設（集団規定）

こうした中で，法制定後20年を経た昭和45年（1970年）の改正は建築界でさまざまな議論を呼ぶことになり，建築法制に関する関心が高まった．またはじめて制度規定の一部も改正されて建築行政の体制の強化が図られている．

2．技術の進歩と関係する法・令の改正

既に昭和30年代の後半（1960年代前半）には，建築物の最高高さを原則31m以下とする従来の規定を超えることができる特定街区の制度が設けられ，高層建築物の防火・避難規定の整備が行われた．このことが，わが国最初の超高層建築である東京・霞ヶ関ビルの実現につながった．構造設計技術の進歩がその前提にあったが，これには法でその都度建設大臣が認定する法形式が用意されていた．

昭和43年（1968年）の十勝沖地震（M7.9）と昭和53年（1978年）の宮城県沖地震（M7.4）の被害調査は，従来の構造設計基準の見直しにつながった．昭和45年に先行して一部改正が行われ，昭和55年の政令改正によって新耐震基準を導入した構造設計基準の全面的な改訂が行われた．

平成10年（1998年）の改正では，特定の工法，材料，寸法等の仕様を規定する従来の方式に加えて，満足すべき性能を基準として示す性能規定方式が新たに導入された．

3．法・令の改正がもたらした問題点

建築基準法は制定後50年以上を経過し，その間に前述のような改正を重ねてきたので，条文数が著しく増加しただけでなく，規定の内容においても水準の差が目立つようになり，複雑化が進んでいる．また，法律は制定や改正前になされた行為に効力が及ばない（不遡及）とする原則があるので，新旧の建築物が合法的に存在することになり，一般の人にはこのこともわかりにくい．そして次々と導入される新しい制度（特に集団規定）は見落されがちになる．このような法令の現状に対して関係者が積極的に対応する必要があるといえる．

1・6　建築・都市を取り巻く関係諸法令

1．建築基準法と関係のある他法令

明治29年（1896年）に制定された民法には，隣接する建築物との間隔や目隠しを設けることなど，私法としての規定があり，現在も生きている．また，建築の設計・監理者の資格を定める建築士法と，建設業者の登録制度などを定める建設業法は，建築基準法と連携して制定されている．

建築基準法は，その目的を第1条で「建築物の敷地，構造，設備及び用途に関する最低の基準を定め」ることによって国民の「生命，健康及び財産の保護を図り」としているが，この2つは建築行政以外の多くの行政分野にもまたがっている．それぞれは目的に応じた法律に基づいて行われており，ごく一部に関係があるものまでを抽出すると表1・4のようになる．

2．関係法令の相次ぐ制定

建築基準法の制定と同時に，基本的あるいは緊急を要する立法は戦後の初期に多く，そのあと，経済発展とそれによるマイナスの影響に対応するものが続いたので，表1・4の法律のうち約3/4は昭和45年（1970年）までに制定されたものである．

保全・保存については昭和40年代まで多く，危険防止や公害対策などに関するものは昭和50年代前半まで続いている．土地利用計画や事業に関するものは，主として昭和30年代中頃から登場しはじめている．

こうした関係法令には，直接建築基準法の規定に関係しないものが多いが，建築・都市に関する企画・計画から，設計と工事の施工，事後の維持・管理に至るまで，多くのかかわりがある．建築基準法ではこのうち17の法律（p.15の表1・4で●印を付したもの）の中の関係する規定を満足しなければならないと定めている．

3．近年の新しい関係法令と建築行政の変化

法律は，制定の際に示した法の目的の範囲でしか改正できないので，直接の関係が大きい内容であっても別の法律を制定することが行われる．近年の例では，ハートビル法（平成6年（1994年）公布，正式名称は高齢者，身体障害者等が円滑に利用できる特定建築物の建築の促進に関する法律），建築物の耐震改修の促進に関する法律（平成7年公布），住宅の品質確保の促進等に関する法律（平成11年公布）などがある．一方で，行政手続法（平成5年公布）や，略称地方分権法（平成11年公布）によって建築行政の体制なども変化が進みつつある．

表1・4 建築基準法の関係法令
（平成 19 年 4 月末現在）

凡 例
（ ）は公布年，→は旧法の全面改正，
● は建築基準法で建築基準関係規定としている条項を含むもの
(●)は建築基準関連規定とみなす条項を含むもの
○は本書の第6章に解説があるもの

土地利用計画・事業に関するもの
○土地区画整理法（昭29）
　首都圏整備法（昭31）
　工場立地法（昭34）
　新住宅市街地開発法〈略称：新住法〉（昭38）
　中部圏開発整備法（昭41）
●流通業務市街地の整備に関する法律（昭41）
○都市再開発法（昭44）
　国土利用計画法（昭49）
　幹線道路の沿道の整備に関する法律（昭55）
　集落地域整備法（昭62）
　不動産特定事業法（平6）
○密集市街地における防災街区の整備の促進に関する法律〈略称：密住法〉（平9）
　中心市街地における市街地の整備改善及び商業等の活性化の一体的推進に関する法律〈略称：中心市街地活性化法〉（平10）
　都市再生特別措置法（平14）

危険防止・公害・環境に関するもの
● ○消防法（昭23）
　電波法（昭25）
●高圧ガス保安法（昭26）
●ガス事業法（昭29）
　地すべり防止法（昭33）
　防砂法（昭36）
● ○宅地造成及び特定盛土等規制法（昭36）
　電気事業法（昭39）
　公害対策基本法（昭42）
●液化石油ガスの保安の確保及び取引の適正化に関する法律（昭42）
　騒音規制法（昭43）
　水質汚濁防止法（昭45）
　廃棄物の処理及び清掃に関する法律（昭45）
　建築物における衛生的環境の確保に関する法律〈略称：ビル衛生管理法〉（昭45）
　労働安全衛生法（昭47）
●特定空港周辺航空機騒音対策特別措置法（昭53）
　建築物のエネルギー消費性能の向上等に関する法律〈略称：建築物省エネ法〉（平27）
●浄化槽法（昭58）
　エネルギー等の使用の合理化及び再生資源の利用に関する事業活動の促進に関する臨時措置法（平5）
　環境基本法（平5）
　建設工事に係る資材の再資源化等に関する法律（平12）

保全・保存に関するもの
●屋外広告物法（昭24）
　文化財保護法（昭25）
　農地法（昭27）
　自然公園法（昭32）
　古都における歴史的風土の保存に関する特別措置法〈略称：古都保存法〉（昭41）
　近畿圏の保全区域の整備に関する法律（昭42）
　急傾斜地の崩壊による災害の防止に関する法律（昭44）
(●)都市緑地法（昭48→平16改称）
　生産緑地法（昭49）
　瀬戸内海環境保全特別措置法（昭53）

住宅に関するもの
　独立行政法人住宅金融支援機構法（昭25→平17）
　公営住宅法（昭26）
　住宅地区改良法（昭35）
　地方住宅供給公社法（昭40）
　独立行政法人都市再生機構法（昭29→平15）
　住生活基本法（平18）

都市基盤施設に関するもの
●港湾法（昭25）
　道路法（昭27）
　航空法（昭27）
　都市公園法（昭31）
●駐車場法（昭32）
●水道法（昭32）
●下水道法（昭33）
　河川法（昭39）
●自転車の安全利用の促進及び自転車等の駐車対策の総合的推進に関する法律〈略称：自転車法〉（昭55）
●特定都市河川浸水被害対策法（平15）
　景観法（平16）

（中心）
● ○都市計画法（大8→昭43）
● **建築基準法（大正8→昭25）**
○建築士法（昭25）
(●)○高齢者，障害者等の移動等の円滑化の促進に関する法律〈通称：バリアフリー法〉（平6→平18）
○建築物の耐震改修の促進に関する法律〈略称：耐震改修促進法〉（平7）
○住宅の品質確保の促進等に関する法律〈略称：品確法〉（平11）
　マンションの建替えの円滑化等に関する法律（平14）

その他の関係法令
　民法（明29）
　地方自治（昭22）
　災害救助法（昭22）
　行政代執行法（昭23）
○建設業法（昭24）
　宅地建物取引業法（昭24）
　災害対策基本法（昭36）
　行政不服審査法（昭37）
　行政手続法（平5）
　地方分権の推進を図るための関係法律の整備等に関する法律〈略称：地方分権一括法〉（平11）

特定用途の建築物に関するもの
　学校教育法（昭22）
　児童福祉法（昭22）
　労働基準法（昭22）
　医療法（昭23）
　公衆浴場法（昭23）
　旅館業法（昭23）
　興行場法（昭23）
　身体障害者福祉法（昭24）
　官公庁施設の建設等に関する法律（昭26）
　倉庫業法（昭31）
　薬事法（昭35）
　知的障害者福祉法（昭35）
　老人福祉法（昭38）
　労働安全衛生法（昭47）
　風俗営業等の規制及び業務の適正化等に関する法律〈略称：風営法〉（昭23→昭59）
　大規模小売店舗立地法（昭48→平10）

❖ 時代ごとの大都市の姿

● 戦　前
　明治期の
　東京―銀座通り

　大正期の
　市街地住宅群

● 戦　後
　都心の戦災焼跡

　都心のバラック群

● 近　年
　都心の
　超高層ビル群

　都心の
　マンション群

❖ 建築基準法・令の条文の数

　法令の改正の際に一つの条文が削除されると，条の番号だけを残し「削除」と表示する．新しい条文が出来た場合には，前後の関係からみて最も適当な箇所に挿入するが，このときたまたま欠番があればこれを用いるが，そうでない場合は"直前の条の番号の次"という意味で，「第○条の2」とする（本文2・1参照）．2つ以上挿入する場合も「第○条の3」…と続ける．これらはその直前の「第○条」とは関係のない独立した条文である．同様に「第○条の2」の後に更に挿入する場合は「第○条の2の2」とする（この番号のつけ方は，章・節の番号でも同様である）．

　こうして改正の都度，条文のないものができたり，「の」のついた条番号が生まれたりする．条文のある条の数は，制定当初法は102，令は143であったが，現在では法は241，令は310と，いずれも2倍以上になっている（数は平成15年1月末現在）．

❖ 建築基準法・令の改正の回数

　前掲の表1・3には主な改正だけを示したが，小さい改正を含めると，法は70回，令は80回を超える．いずれも大きな改正は「第○次改正」，小さい改正は「一部改正」と呼び，そのほかに関係法令の改正に伴う改正が加わる．制定後10年ごとの改正回数をまとめると次のようである（表1・5）．

表1・5　建築基準法・令の改正の回数

法施行後	建築基準法				建築基準法施行令			
10年ごと	○次改正	一部改正	関係法令改正	計	○次改正	一部改正	関係法令改正	計
昭25〜	2		13	15	7	1	4	12
昭35〜	2		11	13	4	2	6	12
昭45〜	2	1	9	12	3	2	8	13
昭55〜	1	2	8	11	3	4	9	16
平2〜	2	3	10	15	1	6	17	24
平12〜		1	3	4	3	3	3	9
合計	9	7	54	70	21	18	47	86

（平成15年1月末現在）

〈参考になる図書〉

『行政法入門〔第6版再補訂版〕』
　（有斐閣双書7，今村成和著・畠山武道補訂，有斐閣，2002）

『法令用語の常識』（林　修三，日本評論社，2002）

『建築基準法解説〔改訂版〕』
　（矢吹茂郎他，㈳日本建築士会連合会，1994）

『建築法規用教材・2002』
　（日本建築学会編著，㈳日本建築学会，2002）

『新・建築基準法を読みこなすコツ』
　（高木任之，学芸出版社，2001）

第2章　建築基準法の基本事項

　建築基準法について学ぶ場合，法そのものに実際に当たりながら，解説を読み進めていくのが望ましい．

　法を読む場合，まず第一に条文の構成を知り，合わせて法令独特の用語を理解しておく必要がある．また，法令はできるだけ正確な解釈がなされるよう，建築に関わる様々な用語や面積などの算定方法を厳密に規定しているので，この点についても正確な知識を身につけなければならない．

　本章では，第3章以降を読み進める上で不可欠の事項，すなわち条文の構成と法令用語，ならびに，建築物と敷地・防火・建築手続きなどに関する用語および面積と高さ・階数の算定方法について学ぶ．

2・1 条文の構成と法令用語

1. 条文の構成

法令は，関連する条をまとめたいくつかの章に分けられ，各章は，必要に応じて節，款に分けられる．また，各条は項，号などによって構成される．

a) 条番号

法の制定時には，第1条から第102条まで順に条番号がふられていた．法の改正によって，条文の数は増減するが，条文が廃止されたときは当該の条番号に「削除」と記し，新たに追加するときは「第○条の○」として挿入することにより，原則として条文の内容に対応する条番号を変更しなくても済むようにしている．その結果，法第68条の5の2や法第77条の65などの条番号が付されているものもある．

b) 項番号と号番号

各条文は，いくつかの項からなる．図2・1(a)に示すように，条番号に続く条文は，項番号が付されていないが第1項であり，以降の項番号は，算用数字で2, 3, 4…と付されている．各項の細目を号といい，漢数字で一，二，三…と付されている．各号についてさらに細目を示す場合は，イ，ロ，ハ…，(1), (2), (3)…，(i), (ii), (iii)…の順に記号を付す（図2・1(b)）．

c) 本文とただし書

条文の中には「ただし」で始まり，直前の条文の例外などを規定するものがあり，「ただし書(がき)」という．また，ただし書の直前の条文を「本文」という（図2・1(a)）．

2. 法令用語

法令の条文を正しく理解するためには，用語上の約束ごとを知ることが必要である．

a)「以上・以下」と「超える・未満」

面積，高さ，距離などの数値規制においては，「以上・以下」と「超える・未満」が使い分けられている．図2・2に示すように，「以上・以下」は起算点を含み，「超える・未満」は起算点を含まない．たとえば，床面積が$100m^2$を超える居室についての規定は，ちょうど$100m^2$の居室には適用されない．

b) 語句の接続

（ア）「及び」と「並びに」：語句や文節を並列し，一括してそれらに言及する場合，接続詞として「及び」を用いる．3以上の語句などを並列する場合は，「○○, ○○及び○○」のように，初めは読点で接続し，終わりは「及び」で接続する．並列する語句群どうしを接続する場合は，「並びに」を用いて，「○○, ○○及び○○並びに○○, ○○及び○○」となる（図2・3(a)）．

（イ）「又は」と「若しくは」：語句や文節を選択的に並べる場合，接続詞として「又は」を用いる．3以上の語句などを並列する場合は，「○○, ○○又は○○」のように，初めは読点で接続し，終わりは「又は」で接続する．並列する語句群どうしを接続する場合は，小さいまとまりは「若しくは」で接続して語句群を形成し，語句群どうしは「又は」で接続する．その結果，「○○, ○○若しくは○○又は○○, ○○若しくは○○」となる（図2・3(b)）．

c)「その他」と「その他の」

いくつかの語句を列記したあとに，「その他」と続く場合と「その他の」と続く場合がある．「その他」の場合は，その直前の語句に「その他」で示されるものが付加されるのに対して，「その他の」の場合は，その直前の語句は例示に過ぎない．

たとえば，法第28条第1項には，「住宅，学校，…，下宿その他これらに類する建築物で政令で定めるものの居室」とあり，その該当政令（令第19条第1項）には，「その他」に該当するものとして「児童福祉施設等」が示されている．また，法第2条第九号の二ロには，「防火戸その他の政令で定める防火設備」とあり，その該当政令（令第109条）には，該当部分として「防火戸，ドレンチャーその他火炎を遮る設備」が示されている．

d) 反復回避のための省略

（ア）「準用する」：類似する規定を反復して記述することを避けるために，図2・4のように前に規定した条文を引いて同様に適用することを示すときに「準用する」を用いる．

（イ）「以下○○において同じ」：カッコ書きによってある部分を限定し，以降も同じ限定をする場合に，反復を避けるために用いる．たとえば，令第129条第1項には，「居室（…）の壁（床面からの高さが1.2m以下の部分を除く．第4項において同じ．）」という記述があるので，第4項の「居室の壁」には，カッコ書きがないが，ここにおいても「床面から1.2m以下の部分を除いて」規定が適用されることになる．「以下○○において同じ」は，条文を超えて示されることがあるので，注意を要する．

（ウ）「以下○○等という」：条文中で以降に反復する用語を定義しておく場合や，いくつかの語句をひとまとめにして条文を短縮するために「以下○○等という」を用いる．たとえば，法第23条では，「木造建築物等」を定義し，令第19条第1項では「児童福祉施設等」，令第126条の2では「学校等」というように，いくつかの建築物の用途をひとまとめにして示している．

(a) 項と号，本文とただし書の例（法第44条）

```
                    第1項本文
                        ↓
   第44条 建築物又は敷地を造成するための擁壁は，道路内に，
   又は道路に突き出して建築し，又は築造してはならない．た    ←下線部以下，
   だし，次の各号の一に該当する建築物については，この限り     第1項
   でない．                                                   ただし書
    一 地盤面下に設ける建築物
    二 公衆便所，巡査派出所その他これらに類する公益上必要
       な建築物で特定行政庁が通行上支障がないと認めて建築
       審査会の同意を得て許可したもの
    三 地区計画又は再開発地区計画の区域内の自動車のみの
       交通の用に供する道路又は特定高架道路等の上空又は路
       面下に設ける建築物のうち，当該地区計画又は再開発地区
       計画の内容に適合し，かつ，政令で定める基準に適合する
       ものであつて特定行政庁が安全上，防火上及び衛生上支障
       がないと認めるもの
    四 公共用歩廊その他政令で定める建築物で特定行政庁が
       安全上，防火上及び衛生上他の建築物の利便を妨げ，その
       他周囲の環境を害するおそれがないと認めて許可したも
       の
    2 特定行政庁は，前項第四号の規定による許可をする場合に
       おいては，あらかじめ，建築審査会の同意を得なければなら
       ない．
```

(b) 号中の細目の例（法第2条第九号の二）

```
   九の二 耐火建築物（建築基準法第2条第九号の二） 次に掲
      げる基準に適合する建築物をいう．
    イ その主要構造部が(1)又は(2)のいずれかに該当すること．
     (1) 耐火構造であること．
     (2) 次に掲げる性能（外壁以外の主要構造部にあっては，
        (i)に掲げる性能に限る）に関して政令で定める技術的
        基準に適合するものであること．
      (i) 当該建築物の構造，建築設備及び用途に応じて屋
         内において発生が予測される火災による火熱に当該
         火災が終了するまで耐えること．
      (ii) 当該建築物の周囲において発生する通常の火災に
         よる火熱に当該火災が終了するまで耐えること．
    ロ その外壁の開口部で延焼のおそれのある部分に，防火
       戸その他の政令で定める防火設備（その構造が遮炎性能
       （通常の火災時における火炎を有効に遮るために防火設
       備に必要とされる性能をいう）に関して政令で定める技
       術的基準に適合するもので，国土交通大臣が定めた構造
       方法を用いるもの又は国土交通大臣の認定を受けたもの
       に限る）を有すること．
```

図2・1 条文の構成

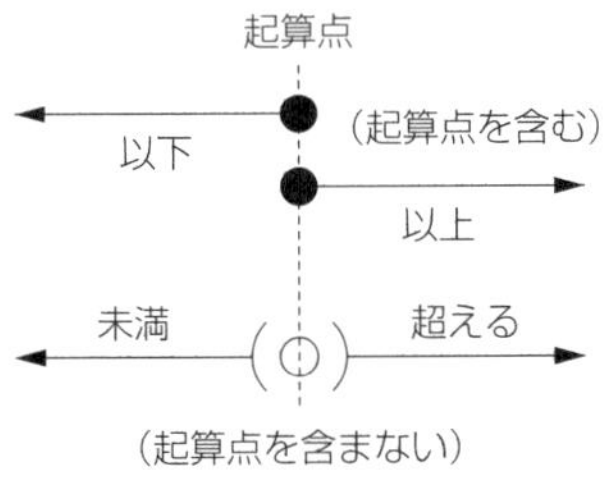

図2・2 「以上・以下」と「超える・未満」

起算点
←―――――●――――→
　以下　（起算点を含む）
　　　　　　●　以上
　未満　（○）　超える
　　（起算点を含まない）

(a)「及び」と「並びに」（法第36条）

```
第36条 ［｛居室の採光面積｝，｛天井及び床の高さ｝，｛床の防湿方
法｝，｛階段の構造｝，｛便所，防火壁，防火区画，消火設備，避雷
設備｝及び｛給水，排水その他の配管設備）の設置及び構造 並びに
｛浄化槽，煙突及び昇降機の構造｝］に関して，この章の規定を実施
し，又は補足するために ｛(安全上)，(防火上) 及び (衛生上)｝ 必
要な技術的基準は，政令で定める．
```

(b)「又は」と「若しくは」（法第3条第2項）

```
2 ［｛この法律又はこれに基づく（命令）若しくは（条例）の規定｝の
｛(施行) 又は (適用)｝の際｝［｛現に存する（建築物）若しくは
(その敷地)｝又は｛現に（建築），（修繕）若しくは（模様替え）の工
事中の（建築物）若しくは（その敷地）が｝これらの規定に適合せず，
又はこれらの規定に適合しない部分を有する場合においては，［｛当該建
築物｝，｛建築物の敷地｝又は｛（建築物）若しくは（その敷地）の部
分｝］に対しては，当該規定は，適用しない．
```

図2・3 接続詞

法第44条第2項

特定行政庁は，前項第四号
の規定による許可をする場
合においては，あらかじめ，
建築審査会の同意を得なけ
ればならない．

条　項		条　文
法第52条第15項	法第67条の3第10項	第44条第2項の規定は第○項の規定による許可をする場合に準用する．
法第53条第7項	法第68条第6項	
法第53条の2第4項	法第68条の3第5項	
法第55条第4項	法第68条の5の3第3項	
法第57条の4第2項	法第68条の7第6項	
法第59条第5項	法第86条第5項	
法第59条の2第2項	法第86条の2第5項	
法第60条の2第7項		

図2・4 「準用する」の例

第2章 建築基準法の基本事項

2・2 建築物と敷地に関する用語

1. 建築物と工作物

自然物に対して，人間が手を加えて造るものを工作物といい，このうち一定の条件を満足するものを建築物という（図2・5）．法は，建築物の敷地・構造・設備・用途に関する基準を定めるものであるから，建築物を第一に定義することにより，法の適用を受けるものを明確にしている．

a) 建築物（法第2条第一号）

建築物とは，土地に定着する工作物のうち，次のものをいう（図2・6）．
① 屋根および柱または壁を有するもの（これに類する構造のものを含む）
② ①に附属する門または塀
③ 観覧のための工作物
④ 地下または高架の工作物内に設ける事務所・店舗・興行場・倉庫など

なお，①のこれに類する構造のものには，図2・7に示すような1層2段式の自走式自動車車庫や膜構造のスポーツ施設などが該当する．

一方，次に示すものは，屋根および柱または壁があるなど上記の建築物の概念に該当するが，他法令によって規制するため，または，後述する準用工作物として扱うため，建築物から除外されている．
① 鉄道および軌道の線路敷内の運転保安に関する施設（てん鉄所，信号所など）
② 跨線橋，プラットホームの上家（図2・8）
③ 貯蔵槽（ガスタンクやサイロなど）

b) 準用工作物（法第88条，令第138条）

建築物に該当しない工作物のうち，表2・1に示すような一定規模以上の構造物や遊戯施設，製造施設などは，構造的な安全性を確保する必要がある．したがって，これらの工作物には法の一部が適用され，準用工作物と呼ばれる．

なお，機械式自動車車庫については，屋根のあるものや3層4段または高さ8mを超えるものなどは建築物として扱われる．

c) 特殊建築物（法第2条第二号）

不特定多数者が利用するために特に防火・防災面での安全性を高める必要のある建築物や，周囲に対して安全上または衛生上の影響を及ぼすおそれのある建築物を特殊建築物という（表2・2）．特殊建築物は，住宅や事務所などの一般建築物よりも法令上の規制が厳しい．

d) 建築設備（法第2条第三号）

建築物に設ける電気設備，ガス設備，給水設備，排水設備，換気設備，暖房設備，冷房設備，消火設備，排煙設備，汚物処理設備，煙突，昇降機，避雷針を建築設備といい，建築物の一部として法の適用を受ける（図2・6(d)）．

2. 敷地と地盤面

a) 敷地（令第1条第一号）

敷地とは，原則として，1の建築物のある一団の土地をいう．ただし，2以上の建築物が用途上不可分の関係にある場合は，それらの建築物が存在する一団の土地を1の敷地としてよい．このとき，土地はあくまで一団のものであり，道を隔てたものや飛地などは1の敷地とみなすことはできない．敷地の規定は，接道義務（p.76）との関係において重要である（図2・9）．

b) 地盤面（令第2条第2項）

地盤面とは，図2・10(a)に示すように，建築物が周囲の地面と接する位置の平均の高さにおける水平面をいう．その接する位置の高低差が3mを超えるときは，図2・10(b)に示すように，高低差3m以内ごとに建築物を区分し，それぞれの平均の高さにおける水平面をそれぞれの部分の地盤面とする．この地盤面の定義は，建築物の高さ，軒の高さ，建築面積の地階不算入（p.28），住宅地階の容積算定床面積不算入（p.86）に関して適用される．

なお，日影規制（p.96）における平均地盤面とは，建築物が周囲の地面と接する位置の平均の高さにおける水平面をいい，その接する位置の高低差にかかわらず，規制を受ける建築物について一つだけ存在する．

3. 居室と地階

居室と居室以外，地上階と地階では，法令上の規制が異なるので，ここで居室と地階のそれぞれの定義について述べる．

a) 居室（法第2条第四号）

居住，執務，作業，集会，娯楽その他これらに類する目的のために継続的に使用する室を居室という．表2・3に，居室と居室以外の例を示す．

b) 地階（令第1条第二号）

床が地盤面下にある階で，図2・11に示すように，床面から地盤面までの高さがその階の天井の高さの1/3以上のものを地階という．このときの地盤面については，法令上特に定義されていないが，一般に，上記の令第2条第2項の地盤面や平均地盤面を基準にして，地階の判断がなされている．

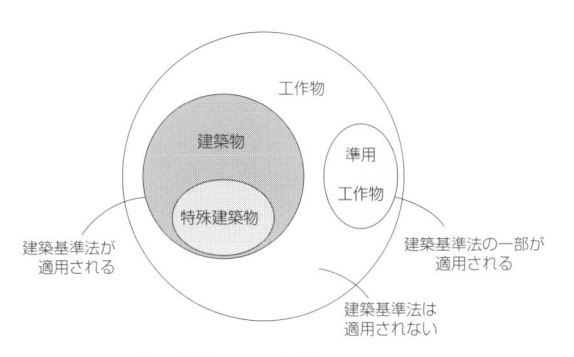

図2・5 工作物・建築物などの関係

（a）建築物に附属する門や塀
（b）観覧のための工作物 
（c）高架の工作物内に設ける店舗など 
（d）建築物内に設ける設備（昇降機） 

図2・6 建築物の例

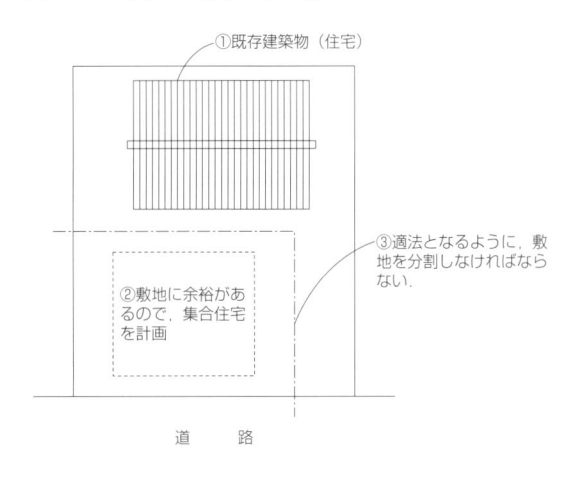

（a）1層2段式の自走式自動車車庫
（b）膜構造のスポーツ施設 

図2・7 「これに類する構造のもの」の例

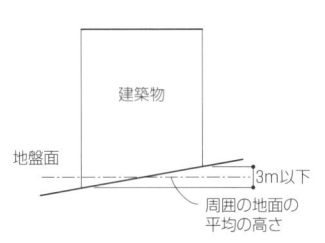

図2・9 1敷地1建築物の原則の例

① 既存建築物（住宅）
② 敷地に余裕があるので，集合住宅を計画
③ 適法となるように，敷地を分割しなければならない．

図2・8 跨線橋とプラットホームの上家の例

（a）地面の高低差が3m以下の場合
（b）地面の高低差が3mを超える場合 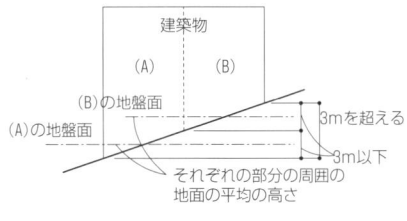

図2・10 地盤面

図2・11 地階

表2・1 準用工作物（法第88条，令第138条）

①煙突（高さ6m超える）
②鉄筋コンクリート造の柱，鉄柱，木柱（旗ざお，架空電線路用などを除く，高さ15m超える）
③広告塔，広告板，装飾塔，記念塔（高さ4m超える）
④高架水槽，サイロ，物見塔（高さ8m超える）
⑤擁壁（高さ2m超える）
⑥観光用の乗用エレベーター・エスカレーター
⑦高架の遊戯施設（ウォーターシュート，コースターなど）
⑧原動機を使用する回転遊戯施設（メリーゴーラウンド，観覧車など）
⑨クラッシャープラント，生コンプラントなどの製造施設
⑩機械式の自動車車庫（3層4段かつ高さ8m以下のもの）
⑪汚物処理場，ごみ焼却場などの処理施設（都市計画区域内にあるもの）

⑨は用途地域が，⑩は用途地域と規模（築造面積）などが限定される．

表2・2 特殊建築物の例

	分類	種類
(1)	不特定または多数の者が利用するもの	劇場，映画館，演芸場，観覧場，公会堂，集会場，病院，診療所，ホテル，旅館，下宿，共同住宅，寄宿舎，児童福祉施設，学校，体育館，博物館，美術館，図書館，ボーリング場，スポーツ練習場，百貨店，マーケット，展示場，バー，ダンスホール，遊技場，公衆浴場，料理店，飲食店，テレビスタジオなど
(2)	危険物などを扱うもの	工場，倉庫，自動車車庫，自動車修理工場，危険物の貯蔵場など
(3)	処理施設など	汚物処理場，ごみ焼却場など

表2・3 居室の例

居室	住宅	居間，食事室，台所（小規模除く），寝室，家事室など	居室以外 玄関，廊下，階段，洗面，便所，脱衣室，浴室，納戸，倉庫，押入，物入，機械室，車庫，収蔵室，リネン室など
	事務所	事務室，役員室，応接室，会議室，食堂，厨房など	
	店舗	売場，喫茶室，事務室，休養室など	
	学校	教室，図書室，体育館，職員室，準備室，保健室など	
	病院	病室，診察室，処置室，手術室，待合室，医務室など	
	劇場	観客室，ホワイエ，舞台，楽屋，控室など	
	ホテル	宿泊室，ロビー，レストラン，喫茶室，厨房など	
	工場	作業場，食堂，休養室，事務室，会議室など	

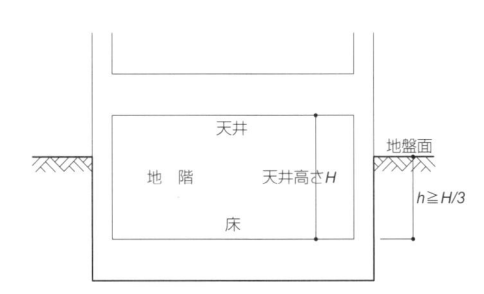

2・3　防火に関する用語

1. 防火を特に必要とする部分

a) 主要構造部（法第2条第五号，第九号の二イ，令第108条の3）

壁，柱，床，梁，屋根または階段は，特に高い防火性を必要とする部分であり，これらを主要構造部という．ただし，構造上重要でない間仕切壁，間柱，附け柱，揚げ床，最下階の床，廻り舞台の床，小梁，ひさし，局部的な小階段，屋外階段などの部分は，主要構造部には含まない．なお，防火上・避難上支障がない区画された部分など（令第108条の3）以外の部分を特定主要構造部という．

b) 延焼のおそれのある部分（法第2条第六号）

隣地や路上の火災による延焼を防止するため，これらに面する敷地の一定部分を延焼のおそれのある部分として，用途や規模に応じた防火措置が求められる．

延焼のおそれのある部分は，図2・12に示すように，隣地境界線，道路中心線，または，同一敷地内の2以上の建築物相互の外壁間の中心線から，原則として1階は3m以下，2階以上は5m以下の距離にある建築物の部分をいう．

ただし，延べ面積の合計が500m²以下の場合は1の建築物とみなして，その間の延焼は考慮しなくてよい．また，防火上有効な公園，広場，川などの空地や水面，または，後述する耐火構造の壁などに面する部分についても延焼は考慮しなくてよい（図2・13）．

2. 耐火と防火の構造

建築物の各部の構造は，火災に対する性能の違いによって，耐火構造，準耐火構造，防火構造などに分けられる．この性能については，非損傷性，遮熱性，遮炎性という共通の尺度が用いられる．

a) 火災に対する性能に関する尺度

（ア）**非損傷性**：建築物の部分に火災による火熱が加えられた場合に，構造耐力上支障のある変形，溶融，破壊などの損傷を生じないことをいう．

（イ）**遮熱性**：建築物の部分に火災による火熱が加えられた場合に，その加熱面以外の面（屋内に面する部分に限る）の温度が可燃物燃焼温度（平均160℃または最高200℃に達する温度）以上に上昇しないことをいう．

（ウ）**遮炎性**：外壁および屋根に，屋内の火災の火熱が加えられた場合に，屋外に火炎を出す原因となるき裂などの損傷を生じないことをいう．

b) 火災に対する性能に関する技術的基準

（ア）**耐火性能の技術的基準**（法第2条第七号，令第107条）：耐火性能とは，通常の火災が終了するまでの間当該火災による建築物の倒壊および延焼を防止するために建築物の部分に必要とされる性能をいう．耐火性能に関する技術的基準は，建築物の部分が表2・4に示すように，階数に応じた非損傷性，遮熱性，遮炎性を満足することである．

（イ）**準耐火性能の技術的基準**（法第2条第七号の二，令第107条の2）：準耐火性能とは，通常の火災による延焼を抑制するために建築物の部分に必要とされる性能をいう．準耐火性能に関する技術的基準は，建築物の部分が表2・5に示す性能を満足することである．

（ウ）**防火性能の技術的基準**（法第2条第八号，令第108条）：防火性能とは，建築物の周囲において発生する通常の火災による延焼を抑制するために，外壁または軒裏に必要とされる性能をいう．防火性能に関する技術的基準は，外壁と軒裏が表2・6に示す性能を満足することである．

（エ）**準防火性能の技術的基準**（法第23条，令第109条の7）：準防火性能とは，建築物の周囲において発生する通常の火災による延焼の抑制に一定の効果を発揮するために，外壁に必要とされる性能をいう．準防火性能に関する技術的基準は，外壁が表2・7に示す性能を満足することである．

c) 耐火構造・準耐火構造・防火構造

（ア）**耐火構造**（法第2条第七号）：上記b)の（ア）の基準すなわち表2・4の性能規定に適合する鉄筋コンクリート造，れんが造その他の構造で，国土交通大臣が定めた構造方法を用いるもの（図2・14に示すように具体的な構造方法が示されており，これを仕様規定という），または国土交通大臣の認定を受けたものをいう．

（イ）**準耐火構造**（法第2条第七号の二）：上記b)の（イ）の基準すなわち表2・5の性能規定に適合するもので，国土交通大臣が定めた構造方法を用いるもの（図2・15），または国土交通大臣の認定を受けたものをいう．

（ウ）**防火構造**（法第2条第八号）：上記b)の（ウ）の基準すなわち表2・6の性能規定に適合する鉄網モルタル，しっくい塗その他の構造で，国土交通大臣が定めた構造方法を用いるもの（図2・16），または国土交通大臣の認定を受けたものをいう．

（エ）**準防火構造**（法第23条）：上記b)の（エ）の基準すなわち表2・7の性能規定に適合する土塗壁その他の構造で，国土交通大臣が定めた構造方法を用いるものまたは国土交通大臣の認定を受けたものを，一般に準防火構造とよぶ．ただし，法令には「準防火構造」という用語はない．

（オ）**耐火と防火の構造の包含関係**：図2・17に示すように，準耐火構造は耐火構造を含み，防火構造は耐火構造と準耐火構造を含むので，たとえば，準耐火構造とすべき規定のある部分は，耐火構造または準耐火構造とすることができる．

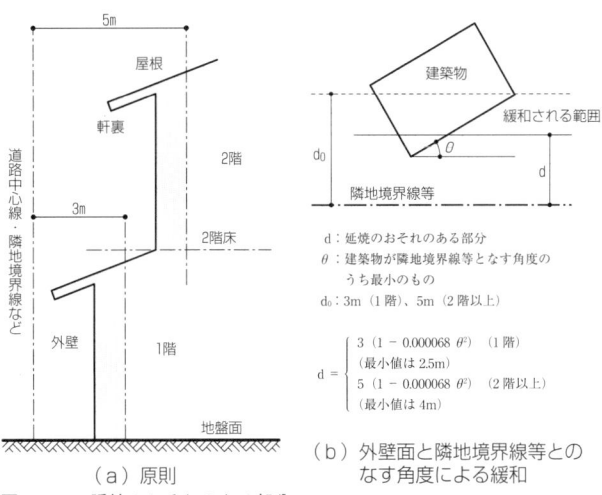

図2・12 の (a) 原則 / (b) 外壁面と隣地境界線等との なす角度による緩和

d：延焼のおそれのある部分
θ：建築物が隣地境界線等となす角度のうち最小のもの
d_0：3m（1階），5m（2階以上）

$$d = \begin{cases} 3(1 - 0.000068\,\theta^2) & (1階) \\ \quad (最小値は2.5m) & \\ 5(1 - 0.000068\,\theta^2) & (2階以上) \\ \quad (最小値は4m) & \end{cases}$$

図2・12 延焼のおそれのある部分

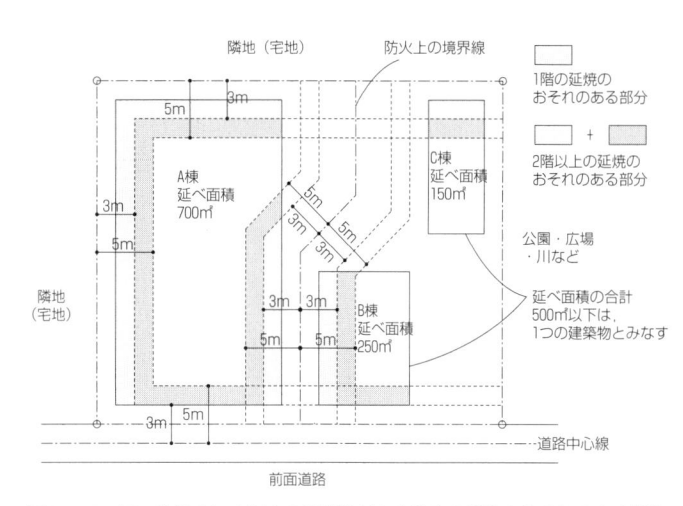

図2・13 同一敷地内に2以上の建築物がある場合の延焼のおそれのある部分

表2・4 耐火性能の技術的基準

建築物の部分			通常の火災		屋内における通常の火災
			非損傷性	遮熱性	遮炎性
壁	間仕切壁	耐力壁	① 1時間 ② 1.5時間 ③〜⑤ 2時間	1時間	—
		非耐力壁	—		
	外壁	耐力壁	① 1時間 ② 1.5時間 ③〜⑤ 2時間	1時間	1時間
		非耐力壁 延焼のおそれのある部分	—		
		上記以外		30分	30分
柱・梁			① 1時間 ② 1.5時間 ③ 2時間 ④ 2.5時間 ⑤ 3時間	—	—
床			① 1時間 ② 1.5時間 ③〜⑤ 2時間	1時間	—
屋根			30分	—	30分
階段			30分	—	—

建築面積の1/8以下の塔屋部分は階数に含まない
① 最上階から1〜4階
② 最上階から5〜9階
③ 最上階から10〜14階
④ 最上階から15〜19階
⑤ 最上階から20階以上

表2・5 準耐火性能の技術的基準

建築物の部分			通常の火災		屋内における通常の火災
			非損傷性	遮熱性	遮炎性
壁	間仕切壁	耐力壁	45分	45分	—
		非耐力壁	—		
	外壁	耐力壁	45分		45分
		非耐力壁 延焼のおそれのある部分	—		
		上記以外	30分	30分	
柱・梁			45分	—	—
床			45分	45分	—
屋根	軒裏	小屋裏または天井裏と防火上有効に遮られているもの	—	—	30分
		延焼のおそれのある部分	—	45分	
		上記以外	—	30分	
	上記以外		30分	—	
階段			30分	—	—

表2・6 防火性能の技術的基準

建築物の部分		周囲において発生する通常の火災	
		非損傷性	遮熱性
外壁	耐力壁	30分	30分
	非耐力壁	—	
軒裏		—	30分

表2・7 準防火性能の技術的基準

建築物の部分		周囲において発生する通常の火災	
		非損傷性	遮熱性
外壁	耐力壁	20分	20分
	非耐力壁	—	

非損傷性を保持する時間	H	t（モルタル・プラスターなどの厚さを含む）	
		鉄網モルタル	れんがなど
3時間	40cm以上	8cm以上	9cm以上
2時間	25cm以上	6cm以上	7cm以上
1時間	—	4cm以上	5cm以上

図2・14 耐火構造の例（鉄骨構造の柱・梁：平12建告第1399号）

(a) 木構造の柱の例 — 厚さ15mm以上のせっこうボード

(b) 木構造の耐力壁である外壁の例
屋外側：金属板または石綿スレート／厚さ12mm以上のせっこうボード
屋内側：厚さ15mm以上のせっこうボード

図2・15 準耐火構造の例（平12建告第1358号）

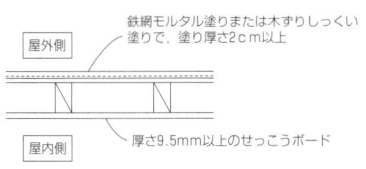

屋外側：鉄網モルタル塗りまたは木ずりしっくい塗りで，塗り厚さ2cm以上
屋内側：厚さ9.5mm以上のせっこうボード

図2・16 防火構造の例（木構造の耐力壁である外壁：平12建告第1359号）

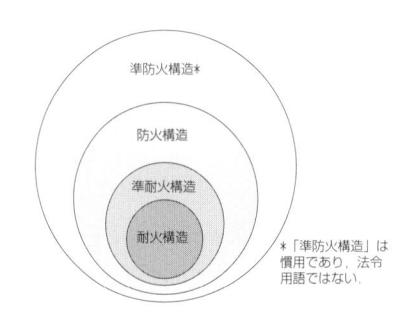

図2・17 耐火と防火の構造の包含関係

＊「準耐火構造」は慣用であり，法令用語ではない。

3. 防火材料

建築材料のうち，燃焼しないまたは燃焼しにくい材料を防火材料といい，防火性の高いものから順に不燃材料，準不燃材料，難燃材料の3種類がある．

a) 不燃性能と不燃材料（法第2条第九号，令第108条の2）

（ア）**不燃性能の技術的基準**：建築材料に通常の火災による火熱が加えられた場合に，加熱開始後20分間次の①〜③（外装材は①，②）を満足すること．
①燃焼しない．
②防火上有害な変形，溶融，き裂などの損傷を生じない．
③避難上有害な煙やガスを発生しない．

（イ）**不燃材料**：上記（ア）の基準に適合するもので，国土交通大臣が定めたもの（表2・8），または国土交通大臣の認定を受けたものをいう．

b) 準不燃材料と難燃材料（令第1条第五号，第六号）

建築材料に通常の火災による火熱が加えられた場合に，加熱開始後，準不燃材料は10分間，難燃材料は5分間，上記a)の（ア）①〜③（外装材は①，②）を満足するものとして，国土交通大臣が定めたもの（表2・9，表2・10），または国土交通大臣の認定を受けたものをいう．

したがって，防火材料は図2・18のような包含関係となり，準不燃材料は不燃材料を含み，難燃材料は，不燃材料と準不燃材料を含む．

4. 防火設備・特定防火設備

耐火建築物や防火地域内にある建築物など，特に耐火や防火が必要なものの開口部で延焼のおそれのある部分には，遮炎性能や準遮炎性能を有する防火設備を設けなければならない．これらの詳細は後述するが，ここでは防火設備と遮炎性能などの用語を整理しておく．

a) 防火設備（令第109条）

防火戸，ドレンチャーなどの火炎を遮るものを防火設備という．外壁，そで壁，塀などで，ある開口部から1階は3m以下，2階以上は5m以下の距離にある隣地境界線，道路中心線または同一敷地内の2以上の建築物相互の外壁間の中心線とその開口部とを遮るものは，防火設備とみなす．

b) 遮炎性能の技術的基準（令第109条の2）

遮炎性能の技術的基準は，防火設備に通常の火災による火熱が加えられた場合に，加熱開始後20分間この加熱面以外の面に火炎を出さないことである．

また，一般に準遮炎性能と呼ばれる技術的基準は，防火設備に建築物の周囲において発生する通常の火災による火熱が加えられた場合に，加熱開始後20分間この加熱面以外の面（屋内に面するものに限る）に火炎を出さないことであり，この性能を有するものを20分間防火設備という（令第137条の10）．なお，令第112条第12項には，10分間防火設備が規定されている．

c) 特定防火設備（令第112条）

防火設備のうち，通常の火災による火熱が加えられた場合に，加熱開始後1時間この加熱面以外の面に火炎を出さないものとして，国土交通大臣が定めた構造方法を用いるもの，または国土交通大臣の認定を受けたものを特定防火設備という．

特定防火設備は，防火区画に設ける開口部に設置しなければならない場合がある（図2・19）．

5. 耐火建築物と準耐火建築物

a) 耐火建築物（法第2条第九号の二，令第108条の4）

耐火建築物は，特定主要構造部が次の①，②のいずれかに該当し，かつ，外壁の開口部で延焼のおそれのある部分に遮炎性能を有する防火設備を有するものをいう．
①耐火構造であること
②耐火に関する必要な性能を有することを耐火性能検証法（図2・20）によって確かめたものであるか，または，この性能を有するものとして国土交通大臣の認定を受けたものであること．

b) 準耐火建築物（法第2条第九号の三，令第109条の3）

準耐火建築物は，次の①，②のいずれかに該当し，かつ，外壁の開口部で延焼のおそれのある部分に遮炎性能を有する防火設備を有するものをいう．
①主要構造部を準耐火構造としたもの．
②①以外で，①と同等の準耐火性能を有するものとして，主要構造部の防火措置などが令第109条の3の技術的基準に適合するもの．

法第2条第九号の三において，上記①はイに示されることから「イ準耐」とよばれ，②はロに示されることから「ロ準耐」とよばれる．さらに，ロ準耐は令第109条の3において，一号と二号に分けて示されている．

（ア）**ロ準耐一号の主要構造部**：次の①〜③を満足すること．
①外壁が耐火構造であること．
②屋根が通常の火災の火の粉によって防火上有害な発炎や屋内に達する損傷を生じないこと．
③屋根の延焼のおそれのある部分が，屋内の通常の火災による火熱が加えられた場合に，加熱開始後20分間屋外に火炎を出す原因となる損傷を生じないものとして，国土交通大臣が定めた構造方法を用いるもの（表2・11），または国土交通大臣の認定を受けたものであること．

（イ）**ロ準耐二号の主要構造部**：次の①〜⑤を満足すること．

表2・8　不燃材料（平12建告第1400号）

一	コンクリート
二	れんが
三	瓦
四	陶磁器質タイル
五	繊維強化セメント板
六	厚さ3mm以上のガラス繊維混入セメント板
七	厚さ5mm以上の繊維混入ケイ酸カルシウム板
八	鉄鋼
九	アルミニウム
十	金属板
十一	ガラス
十二	モルタル
十三	しっくい
十四	厚さ10mm以上の壁土
十五	石
十六	厚さ12mm以上のせっこうボード（ボード用原紙は厚さ0.6mm以下）
十七	ロックウール
十八	グラスウール板

表2・9　準不燃材料（平12建告第1401号）

第1	通常の火災による火熱が加えられた場合に，加熱開始後10分間，令第108条の2各号の要件を満たしているもの	一	不燃材料のうち通常の火災による火熱が加えられた場合に，加熱開始後20分間，令第108条の2各号の要件を満たしているもの
		二	厚さ9mm以上のせっこうボード（ボード原紙は厚さ0.6mm以下）
		三	厚さ15mm以上の木毛セメント板
		四	厚さ9mm以上の硬質木片セメント板（かさ比重0.9以上）
		五	厚さ30mm以上の木片セメント板（かさ比重0.5以上）
		六	厚さ6mm以上のパルプセメント板
第2	通常の火災による火熱が加えられた場合に，加熱開始後10分間，令第108条の2第一号，第二号の要件を満たしているもの	一	不燃材料
		二	（第1）第二号～第六号に定めるもの

表2・10　難燃材料（平12建告第1402号）

第1	通常の火災による火熱が加えられた場合に，加熱開始後5分間，令第108条の2各号の要件を満たしているもの	一	準不燃材料のうち通常の火災による火熱が加えられた場合に，加熱開始後10分間，令第108条の2各号の要件を満たしているもの
		二	厚さ5.5mm以上の難燃合板
		三	厚さ7mm以上のせっこうボード（ボード用原紙は厚さ0.5mm以下）
第2	通常の火災による火熱が加えられた場合に，加熱開始後5分間，令第108条の2第一号，第二号の要件を満たしているもの	一	準不燃材料
		二	（第1）第二号および第三号に定めるもの

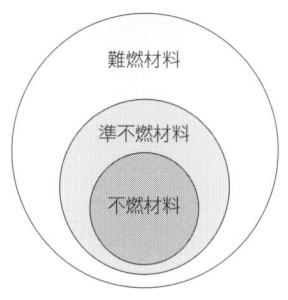

図2・18　不燃・準不燃・難燃各材料の包含関係

図2・19　階段室を区画する特定防火設備の例

表2・11　ロ準耐一号の屋根の延焼のおそれのある部分の構造（平12建告第1367号）

屋内の通常の火災による火熱が加えられた場合に，加熱開始後20分間，屋外に火炎を出す原因となるき裂などを生じさせない構造方法	一	準耐火構造	
	二	次のイ～ハの構造．ただし，イ，ロは野地板および垂木が準不燃材料で造られている場合または軒裏が防火構造である場合に限り，ハは金属板に接する垂木（またはもや）が不燃材料で造られている場合に限る	イ　瓦で葺いたもの
			ロ　木毛セメント板の上に金属板を葺いたもの
			ハ　金属板で葺いたもの

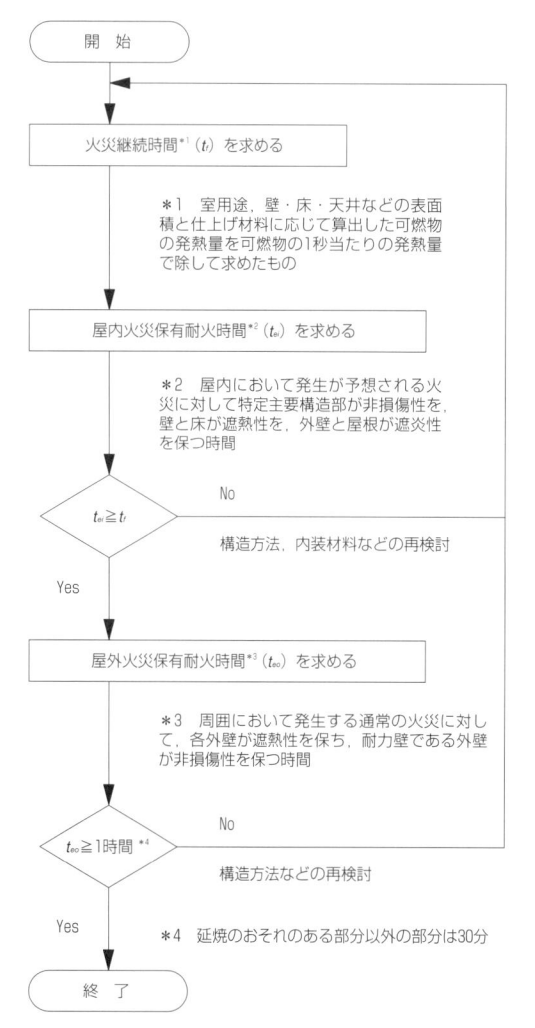

図2・20　耐火性能検証法

フローチャート：
- 開始
- 火災継続時間*1 (t_f) を求める
  - *1 室用途，壁・床・天井などの表面積と仕上げ材料に応じて算出した可燃物の発熱量を可燃物の1秒当たりの発熱量で除して求めたもの
- 屋内火災保有耐火時間*2 (t_{fr}) を求める
  - *2 屋内において発生が予想される火災に対して特定主要構造部が非損傷性を，壁と床が遮熱性，外壁と屋根が遮炎性を保つ時間
- $t_{fr} \geq t_f$　No → 構造方法，内装材料などの再検討
- Yes
- 屋外火災保有耐火時間*3 (t_{fo}) を求める
  - *3 周囲において発生する通常の火災に対して，各外壁が遮熱性を保ち，耐力壁である外壁が非損傷性を保つ時間
- $t_{fo} \geq 1$時間*4　No → 構造方法などの再検討
- Yes
- 終了
- *4 延焼のおそれのある部分以外の部分は30分

① 柱と梁が不燃材料であること．
② ①以外の主要構造部が準不燃材料であること．
③ 外壁の延焼のおそれのある部分が防火構造であること．
④ 屋根が通常の火災の火の粉によって防火上有害な発炎や屋内に達する損傷を生じないこと．
⑤ 3階以上の階における床または直下の天井の構造を，屋内において発生する通常の火災による火熱が加えられた場合に，加熱開始後30分間，非損傷性と遮熱性を有するものとして国土交通大臣が定めた構造方法を用いるもの（表2・12），または国土交通大臣の認定を受けたものであること．

2・4　建築手続きに関する用語

1. 建築行為

建築手続きを必要とする建築行為には，建築，用途変更，大規模の修繕，大規模の模様替がある．

a) 建築（法第2条第十三号）

建築とは，建築物の新築，増築，改築，移転をいう（図2・21）．

（ア）**新築**：更地となっている土地に，建築物を新たに造ることをいう．このとき，古民家の解体材料など，リサイクル材料を用いても新築となる．

（イ）**増築**：既存建築物の床面積を増加させる行為をいう．

（ウ）**改築**：建築物の全部または一部を，災害によって滅失したり老朽化して除却したあと，構造，規模，用途が著しく異ならないものを造ることをいう．

（エ）**移転**：既存建築物の移動をいう．他の敷地への移動は，移動先における新築または増築となる場合がある．

b) 用途変更

建築物がいったん適法な状態で使用されたあと，他の用途に変更することを用途変更という．工事を伴わなくても，用途変更によって建築物の使用形態が変わり，構造的な安全性や避難に支障が出るおそれがあるので，建築手続きを必要とする場合がある．類似用途への変更か否かで手続きなどは異なる．

c) 大規模の修繕と大規模の模様替

（ア）**大規模の修繕**（法第2条第十四号）：既存建築物の主要構造部の1種以上について，その過半をほぼ同様の材料を用い，ほぼ同様の形状となるように工事することをいう．

（イ）**大規模の模様替**（法第2条第十五号）：既存建築物の主要構造部の1種類以上について，その過半を異なる材料を用い，または，異なる形状となるように工事することをいう．

2. 行政行為

建築行為が適法となるように，行政機関等によって建築確認や許可などが行われる．

a) 建築確認

公的機関が，事物の適法性を判断する行為を確認という．建築確認とは，建築主事または指定確認検査機関が，計画されている建築物について適法性を判断する行為をいう．この判断は，客観的に行われるもので，裁量の余地はない．

b) 許可と認可

（ア）**許可**：原則的に禁止されている事項について個別に判断して適法とする行為を許可という．法における特定行政庁の許可や都計法における都道府県知事の開発許可がある．

（イ）**認可**：公的機関の同意によって効力が発生する場合，この同意を認可という．法第4章の建築協定は，特定行政庁の認可により効力をもつ．

3. 行政機関等

各行政機関等は，図2・22に示すような関係となる．

a) 建築主事（法第4条）

建築確認に関する事務を司る者を建築主事といい，表2・13に示すように，人口25万以上の市や都道府県に設置義務があり，その他の市町村にも設置することができる．

建築主事は，都道府県または市町村の職員のうち，建築基準適合判定資格者検定に合格し登録を受けた者のうちから，それぞれの長が任命する．

b) 指定確認検査機関（法第4章の2第2節）

建築確認および検査を行うことができる民間機関を指定確認検査機関という．この機関には，規則で定める数以上の確認検査員が必要である．また，確認検査員は建築主事と同様に建築基準適合判定資格者検定に合格し登録を受けた者でなければならない．

c) 特定行政庁（法第2条第三五号）

特定行政庁とは，建築主事を置く市町村の区域については，その市町村の長をいい，その他の市町村の区域については，都道府県知事をいう．ただし，市町村または特別区（東京23区）において，限定された建築物に関する確認事務を行う場合は，その事務に関する限り当該市町村の長または特別区の長を特定行政庁とみなし，それ以外の事務については，都道府県知事を特定行政庁とみなす．

d) 建築審査会（法第5章）

建築審査会は，特定行政庁の許可に関する同意，特定行政庁や建築主事の処分などに関する不服申立てに対する裁決，および特定行政庁の諮問に応じて調査・審議を行うために，建築主事を置く市町村および都道府県に設置する．

表2・12 ロ準耐二号の床またはその直下の天井の構造（平12建告第1368号）

屋内の通常の火災による火熱が加えられた場合に，加熱開始後30分間，構造耐力上支障のある変形，溶融，き裂などが生じず，かつ，加熱面以外の面（屋内面に限る）の温度が可燃物燃焼温度以上に上昇しない構造方法	一	準耐火構造		
	二	根太および下地を不燃材料で造った床，またはつり木，受け木などを不燃材料で造った天井にあっては，イ～ハのいずれかの構造	イ	鉄網モルタル塗で塗厚さが1.5cm以上のもの
			ロ	木毛セメント板張またはせっこうボード張の上に厚さ1cm以上のモルタルまたはしっくいを塗ったもの
			ハ	木毛セメント板の上にモルタルまたはしっくいを塗り，その上に金属板を張ったもの
	三	根太もしくは下地を不燃材料以外の材料で造った床にあっては，イ～チのいずれかの構造	イ	鉄網モルタル塗または木ずりしっくい塗で塗厚さが2cm以上のもの
			ロ	木毛セメント板張またはせっこうボードの上に厚さ1.5cm以上のモルタルまたはしっくいを塗ったもの
			ハ	モルタル塗の上にタイルを張ったもので厚さの合計が2.5cm以上のもの
			ニ	セメント板張または瓦張の上にモルタルを塗ったものでその厚さの合計が2.5cm以上のもの
			ホ	土蔵造
			ヘ	土壁真壁造で裏返塗りをしたもの
			ト	厚さ1.2cm以上のせっこうボードの上に亜鉛鉄板を張ったもの
			チ	厚さ2.5cm以上の岩綿保温板張の上に亜鉛鉄板を張ったもの

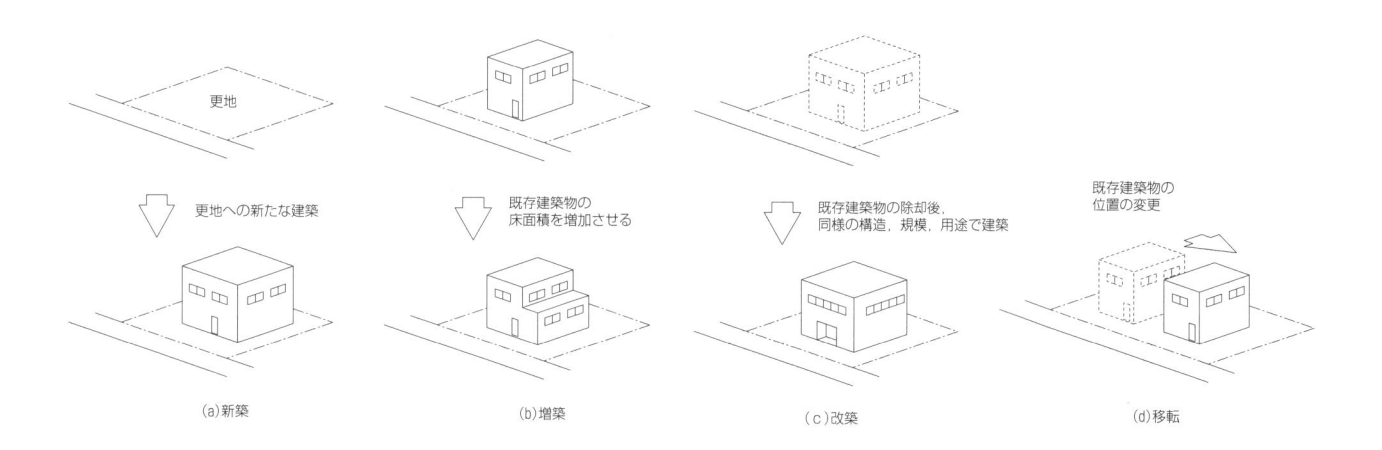

図2・21 「建築」の種類

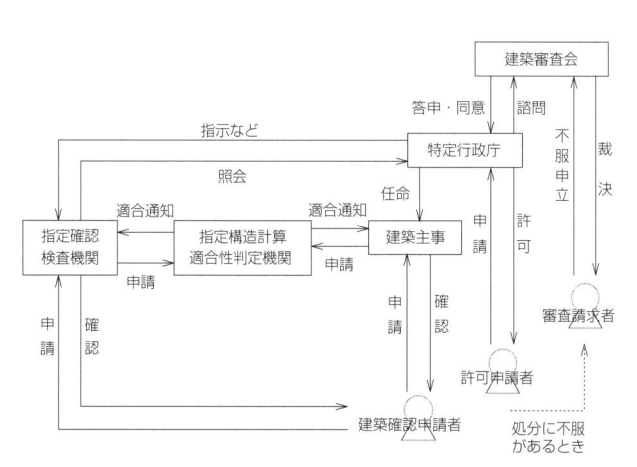

(a)新築　(b)増築　(c)改築　(d)移転

図2・22 建築手続きに関する行政機関等

表2・13 建築主事の設置

条項	区域	建築主事の設置（平成17年4月1日現在，設置数合計419）	確認事務
①法第4条第1項	政令（昭和45年政令第271号）で指定する人口25万以上の市	義務（81）	法第6条
②法第4条第2項	①以外の市町村	任意（120）	
③法第4条第5項	都道府県	義務（47）	
④法第97条の2	①以外の市町村	任意（148）	令第148条第1項
⑤法第97条の3	特別区	任意（23）	令第149条第1項

第2章　建築基準法の基本事項

2・5 面積と高さ・階数の算定方法

1. 面積の算定

a) **敷地面積**（令第2条第1項第一号）

敷地面積は，図2・23に示すように，敷地の水平投影面積をいう．ただし，図2・24に示す場合のように，道路境界線とみなされる線と道との間の部分（道路とみなされる部分）は，敷地面積に算入しない．また，道路に沿って壁面線が指定されている場合においても同様の扱いを行うことがある（p.84参照）．

b) **建築面積**（令第2条第1項第二号）

建築面積は，建築物がどの程度敷地を覆っているかを示すものであり，図2・25に示すように，建築物の外壁またはこれに代わる柱の中心線で囲まれた部分の水平投影面積をいう．

ただし，地階で地盤面から上に1m以下の部分は，建築面積に算入しない．また，軒，ひさし，バルコニーなどは，先端から1mを限度として算入しない（図2・26）．

なお，国土交通大臣が高い開放性を有すると認めて指定する構造の建築物またはその部分については，端から1m以内の部分は建築面積に算入しない（図2・27）．

c) **床面積**（令第2条第1項第三号）

床面積は，各階や各室など建築物の一部分について，壁などの区画の中心線で囲まれた部分の水平投影面積をいう．

ピロティー，ポーチ，バルコニー，屋外階段などは，旧建設省住宅局建築指導課長通達（昭61住指発第115号）では次に示すような算定方法となっている．

（ア）**ピロティー**：道路や公園に面するなど十分に外気に開放され，通行のみに使用される場合は，床面積に算入しない．しかし，駐車スペースや車路として利用されるなど屋内的用途に使用される部分は算入する（図2・28(a)）．

（イ）**ポーチ**：原則として床面積に算入しないが，シャッターなどで閉鎖的に区画し，屋内的用途に利用する可能性がある場合は算入する（図2・28(b)）．

（ウ）**バルコニー・吹きさらしの廊下**：十分に外気に開放され，屋内的用途に使用しない場合は，床面積に算入しない．この外気への開放性は，図2・28(c)に示すように，隣地境界線などからの距離による．

（エ）**屋外階段**：最上階の部分は，屋根などがなく雨ざらしとなる部分は床面積に算入しない．それ以外の部分は，図2・28(d)に示すように，外気に有効に開放されている部分は算入しない．

（オ）**パイプシャフトとエレベーターシャフト**：パイプシャフトは，各階において横引きして利用されるので各階の床面積に算入する．エレベーターシャフトは，原則として各階で床面積に算入するが，利用上ではなく構造上着床できない階については算入しない（図2・28(e)）．

（カ）**出窓**：図2・28(f)に示す条件を満足するものは，床面積に算入しない．これを満足しないものは，出窓部分を物入や居室の床の一部に転用する可能性があるので，床面積に算入する．

（キ）**給水タンクを設置する地下ピット**：タンクの周囲に点検用の空間のみを有する場合は，建築設備とみなして床面積に算入しないが，用水ポンプや階段を有する場合は，ピット全体を床面積に算入する（図2・28(g)）．

（ク）**自動車または自転車の機械式駐車場**：独立の駐車場については，床として認識することが困難なものは，自動車1台当たり15m²，自転車1台当たり1.2m²として床面積に算入する．建築物の一部に駐車場がある場合は，上記数値と，機械式駐車場の空間に他の部分の床と同じ位置に床があるものとして算定した数値のうち，大きい方の数値を床面積とする（図2・28(h)）．

（ケ）**体育館の観覧席とキャットウォーク**：観覧席のある空間は床面積に算入するが，保守点検のためのキャットウォークなどは算入しない．

d) **延べ面積**（令第2条第1項第四号，第3項）

延べ面積は，建築物の各階の床面積の合計をいう．ただし，容積率の算定においては，自動車や自転車の車庫の床面積のうち延べ面積の1/5までは，延べ面積に算入しない．また，エレベーターシャフト，住宅の地下部分や共同住宅の共用通路部分などについても不算入の規定がある（p.86参照）．

e) **築造面積**（令第2条第1項第五号）

工作物の場合は，その水平投影面積を築造面積という．

2. 高さ・階数の算定

a) **建築物の高さ**（令第2条第1項第六号）

建築物の高さは，一般に，地盤面から最も高い部分までの高さをいう．ただし，次の①〜③に該当する場合は，それぞれの規定に従う．

① 道路斜線制限を適用する場合は，前面道路の中心からの高さとなる．

② 階段室，昇降機塔，装飾塔，物見塔，屋窓などの部分の水平投影面積の合計が，建築面積の1/8以下の場合，その部分の高さのうち12m（絶対高さの制限，日影規制の対象建築物の高さについては5m）までは高さに算入しない．ただし，避雷設備，北側斜線制限，高度地区の規定については，この緩和は適用されない（図2・29）．

③ 棟飾，防火壁の屋上突出部，避雷針，パイプ製の手すりなどは，高さに算入しない．

図 2・23　敷地面積

図 2・24　敷地面積への不算入の例（道路が 4m または 6m 未満の場合）
＊特定行政庁が指定する区域内の数値

（a）道路の反対側が他の敷地の場合
（b）道路の反対側ががけ地などの場合

図 2・25　建築面積

図 2・26　建築面積への不算入
＊ 特例軒等（令5国告第143号）は最大5mまで不算入

図 2・27　高い開放性を有するものの建築面積の緩和（平 5 建告第 1437 号）

（a）ピロティー
（b）ポーチ
（c）バルコニー・吹きさらしの廊下
（d）屋外階段
（e）エレベーターシャフト
（f）出窓
（g）給水タンクを設置する地下ピット
（h）機械式駐車場

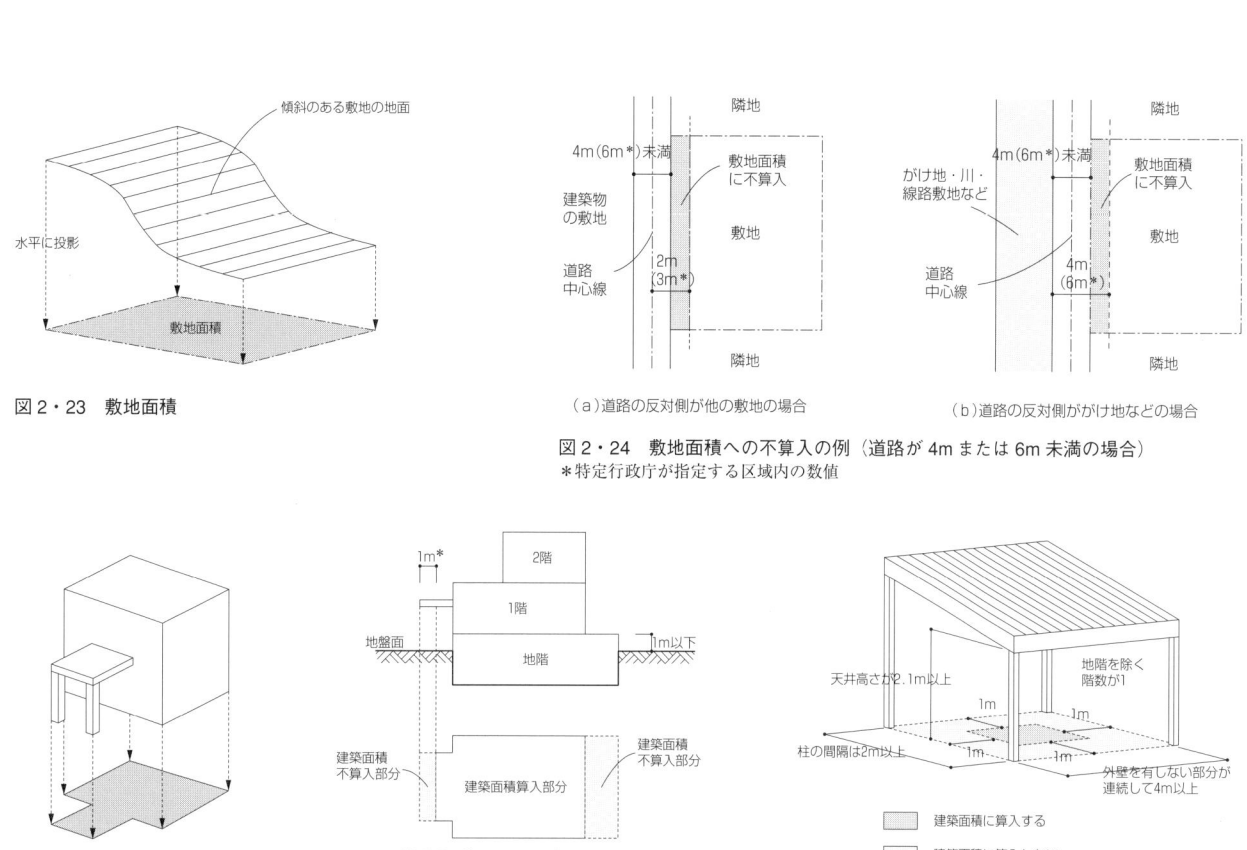

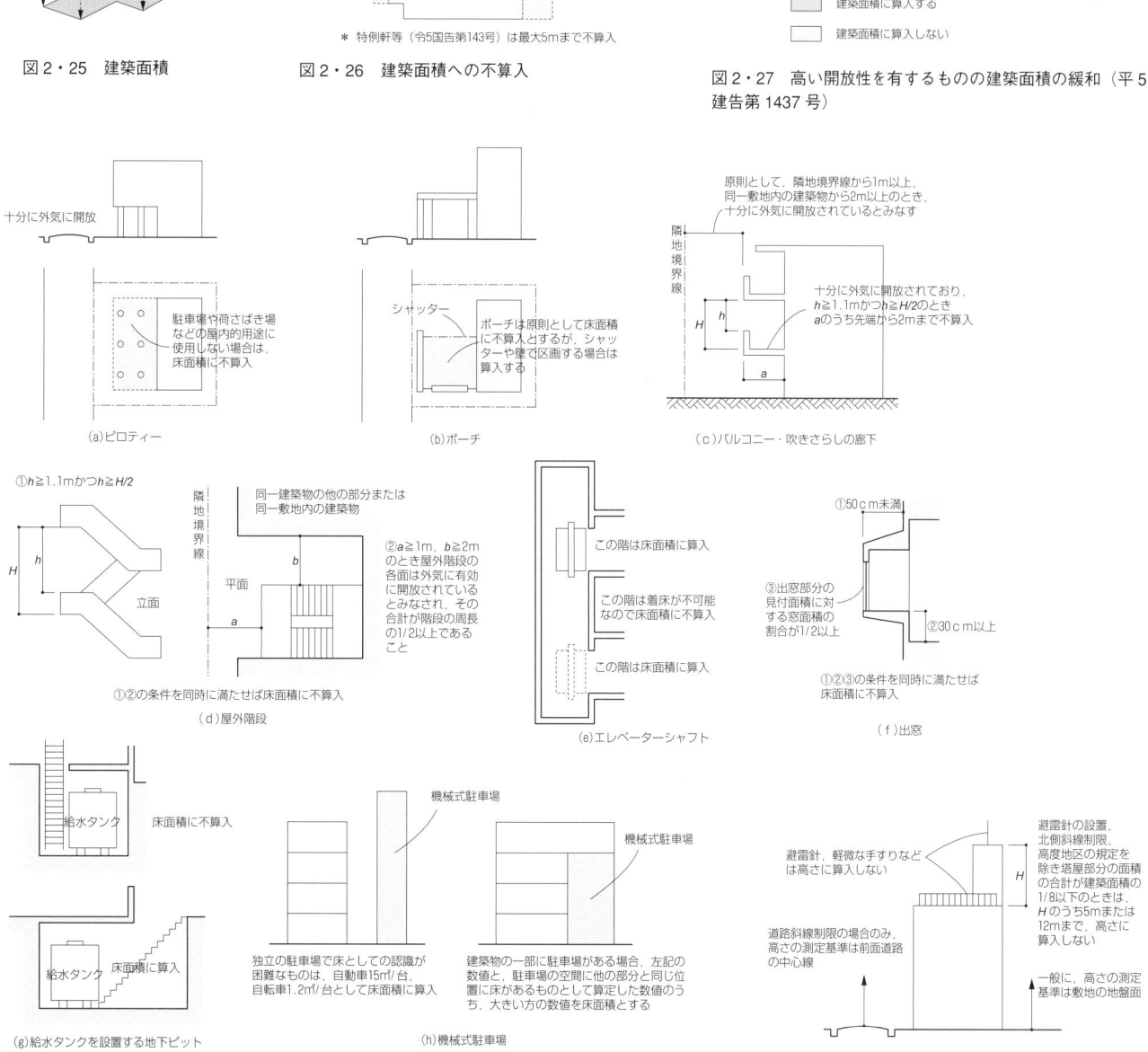

図 2・28　床面積の算定

図 2・29　建築物の高さの算定

第 2 章　建築基準法の基本事項　29

b) 軒の高さ（令第2条第1項第七号）

地盤面から建築物の小屋組またはこれに代わる横架材を支持する壁，敷桁または柱の上部までの高さを軒の高さという（図2・30）．

c) 階数（令第2条第1項第八号）

昇降機塔，装飾塔，物見塔などの屋上部分，または，地階の倉庫や機械室などで，水平投影面積の合計がそれぞれ建築面積の1/8以下の場合は，階数に算入しない．また，建築物の部分によって，階数が異なる場合は，これらの階数のうち最大のものをその建築物の階数とする（図2・31）．

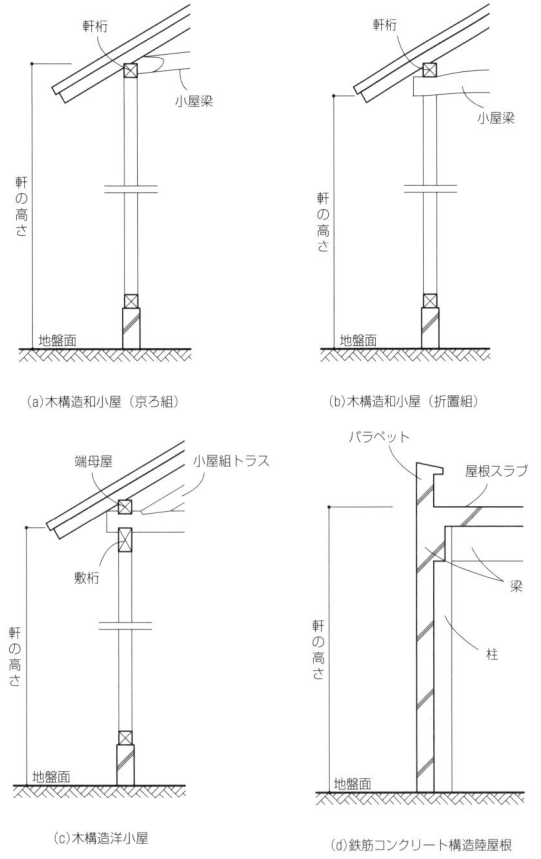

図2・30 軒の高さ

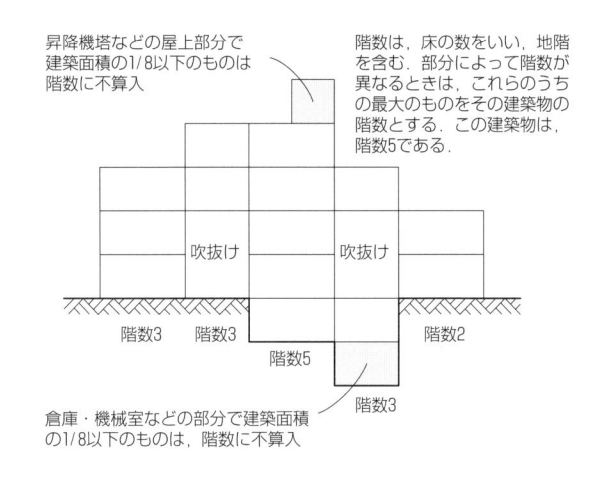

図2・31 階数

【例 題】 図2・32に示す建築物の敷地面積，建築面積および延べ面積を求めよ．ただし，建築物は都市計画区域内にあり，自動車車庫などや地階の住宅用途部分はないものとする．

【解 答】
［敷地面積］
敷地の西側道路は都市計画区域内の幅員4m未満の道路（法第42条第2項による指定道路）なので，道路中心線から2m以内の部分は敷地面積に不算入となる．
したがって，幅員3mの道路中心線の位置から2m以内にある幅0.5mの敷地部分を除いて，敷地面積を計算する．
$10 \times (12 - 0.5) = 115$
　　　　　　　　　　　　　　　答え　敷地面積は115m²

［建築面積］
地階部分は，地盤面から1m以下の突出なので，建築面積には不算入となる．
また，1mを超えてはね出したバルコニーの部分のうち，先端から1mまでは建築面積に不算入となる．以上を考慮して建築面積を計算する．
$5 \times (7 + 0.5) = 37.5$
　　　　　　　　　　　　　　　答え　建築面積は37.5m²

［延べ面積］
延べ面積は，各階床面積の合計である．このとき，自動車車庫や地階の住宅用途部分などがないので，容積率算定用床面積への不算入を考慮しなくてよい．また，バルコニーは開放的で2m以下なので，床面積に不算入となる．以上を考慮して延べ面積を計算する．
$(5 \times 6) + (5 \times 6) + (5 \times 7) = 95$
　　　　　　　　　　　　　　　答え　延べ面積は95m²

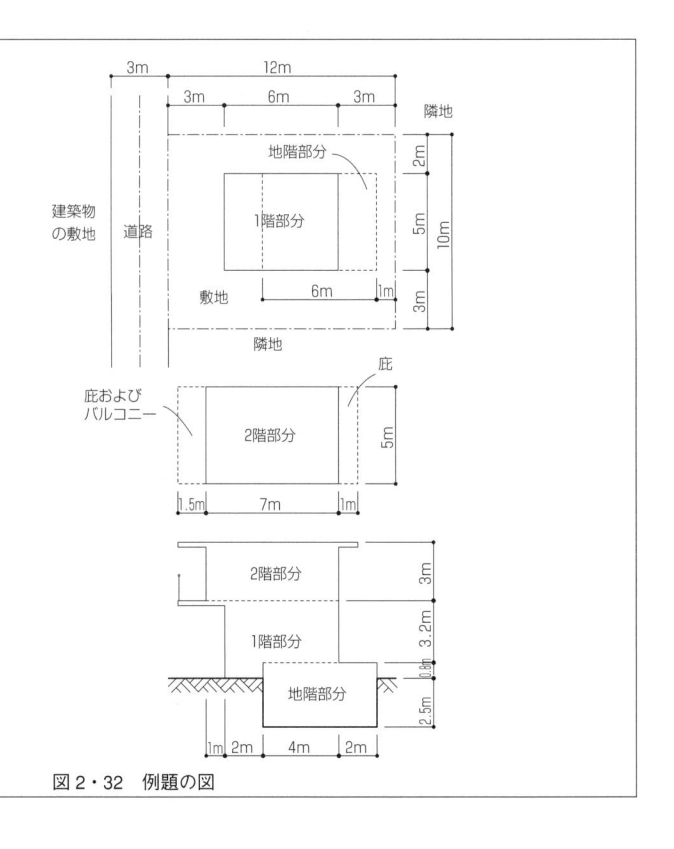

図2・32 例題の図

第3章　単体規定

　建築基準法第2章の規定は，個々の敷地と建築物の衛生，安全，環境に関する最低の基準を定め，生命，健康，財産の確保を図るための規定である．このことから，一般に単体規定と呼ばれるもので，地域や区域などの立地条件に関係なく全国一律に適用される．

　単体規定は，一般構造，構造強度，防火，避難，建築設備の規定からなり，建築物単位に適用される．本章では，これらを順に解説する．

3・1　一般構造

建築物と敷地は，衛生的かつ安全な機能をもっていることが必要である．この機能を確保するために，敷地の衛生・安全，居室の採光・換気・天井高さ・床高さ，界壁，階段などの建築物と敷地の安全性を確保するための最低の技術的基準が定められている．

1. 敷地の衛生と安全（法第19条）

建築物の敷地は，常に衛生的であり，安全な状態を保たなければならない．したがって次に示すような措置を講じなければならない（図3・1）．

①敷地に接する道路の境界よりも高くする．
②建築物の地盤面は，周囲の土地より高くする．ただし，敷地内の排水に支障がない場合，または建築物の用途により防湿の必要がない場合は，このような措置を行わなくてもよい．
③水田を埋め立てたような湿潤な土地，出水のおそれの多い土地，ごみなどで埋め立てられた軟弱な土地に建築する場合には，盛土や地盤改良など，衛生上，安全上の対策が必要である．
④敷地には，雨水や汚水を敷地の外へ排出，処理するための下水管，下水溝，ためますなどの設備を設ける．
⑤傾斜地などにおいて崖崩れの被害を受けるおそれがある場合には，擁壁の設置などの安全対策上の措置が必要である．

2. 居室の採光（法第28条第1項）

住宅，学校，病院などの居室のうち，居住のための居室，学校の教室，病院の病室などは長時間継続的に利用する室であり，衛生的な環境を維持するために自然採光の確保が義務づけられている．事務所ビルや店舗などは，必ずしも自然採光の必要はないが，非常用の照明装置（p.72参照）を設けるなどの防災上の措置が必要となる．

a）採光が必要な居室と開口部の面積（令第19条）

採光が必要な居室は表3・1に示すものであり，これらの居室の窓その他の開口部で採光に有効な部分の面積（有効採光面積）の居室の床面積に対する割合は，同表に示す割合以上としなければならない．ただし，地階や地下工作物内に設ける居室，温湿度調整を必要とする作業室（各種試験室，手術室など）は必ずしも採光を必要としない．また，同表の(1)〜(5)までの居室で国土交通大臣が定める基準に従い，照明設備の設置，有効な採光方法の確保などの措置が講じられているものは，同表の値から1/10までの範囲内において国土交通大臣が定める割合まで低減することができる（表3・2）．なお，図3・2に示すように，ふすま，障子などの随時開放できるもので仕切られた2室は，1室として計算することができる．

b）採光に有効な開口部面積の算定方法（令第20条）

有効採光面積 L は，次式に示すように，それぞれの居室の開口部ごとの面積に採光補正係数を乗じたものを合計して算定する．

$$L = \Sigma \{(開口部の面積) \times (採光補正係数)\}$$

（ア）採光補正係数：採光補正係数は，表3・3に掲げる地域または区域の区分に応じた算定式によって計算した数値とし，次に示す規定に従う．

①開口部が道に面する場合で，算定値が1.0未満となる場合は1.0とする．
②開口部が道に面しない場合で，隣地境界線からの水平距離が表3・3右端欄の数値以上ある場合は，算定値が1.0未満となっても1.0とする．
③天窓の場合は，算定式で得られた数値に3.0を乗じた数値とする．
④外側に幅90cm以上の縁側（ぬれ縁は除く）などがある場合は，0.7を乗じた数値とする．
⑤採光補正係数が3.0を超える場合は，3.0を限度とする．
⑥算定値が負となる場合，採光補正係数は0とする．

（イ）採光関係比率：表3・3の算定式中の D/H を採光関係比率といい次に示す規定に従う．

①水平距離 D は開口部の直上にある建築物の各部分から隣地境界線または同一敷地内の他の建築物までの最短距離をいう（図3・3(a)）．
②開口部が道に面する場合，D は道の反対側の境界線までの距離となる（図3・3(b)）．
③開口部が公園，広場，川などに面する場合，D は隣地境界線までの距離にそれらの幅の1/2を加えることができる（図3・3(c)）．
④垂直距離 H は開口部の直上にある建築物の各部分から開口部中心までの距離をいう（図3・3(d)）．
⑤開口部の直上にある建築物の部分が複数ある場合，D/H は最も小さい数値とする（図3・3(e)）．

以上をまとめた計算例を図3・4に示す．

表3・1 採光が必要な建築物の居室の種類

居室の種類	割合
(1) 幼稚園・小学校・中学校・義務教育学校・高等学校・中等教育学校・幼保連携型認定こども園の教室	1/5
(2) 保育所・幼保連携型認定こども園の保育室	1/7
(3) 住宅（共同住宅の住戸を含む）	
(4) 病院・診療所の病室	
(5) 寄宿舎の寝室・下宿の宿泊室	
(6) 児童福祉施設等[※1]の寝室（入所者が使用するものに限る）児童福祉施設等（保育所を除く）の居室のうち入所者または，通所者に対する保育，訓練，日常生活に必要な便宜の供与などの目的のために使用されるもの	
(7) (1)に掲げる学校以外の学校の教室（大学，専修学校など）	1/10
(8) 病院，診療所，児童福祉施設等の居室のうち，入院患者または，入所者の談話，娯楽などの目的のために使用されるもの	

※1 児童福祉施設等：児童福祉施設（幼保連携型認定こども園を除く），助産所，身体障害者社会参加支援施設，老人福祉施設，地域活動支援施設などで令第19条第1項に規定する施設をいう．

表3・2 照明設備などの設置による割合の緩和（昭55建告第1800号）

建築物の用途	居室の種類	居室に講じられている措置	割合
幼稚園・幼保連携型認定こども園	教室	床面において200ルクス以上の照明設備が設けられていること	1/7
保育所・幼保連携型認定こども園	保育室		
小学校・中学校・義務教育学校・高等学校・中等教育学校	教室	①床面からの高さが50cmの水平面照度が200ルクス以上の照明設備が設けてあること ②床面から50cm以上の窓などの有効採光面積が当該居室の床面積の1/7以上のものであること	
小学校・中学校・義務教育学校・高等学校・中等教育学校	音楽教室 視聴覚教室	①床面からの高さが50cmの水平面照度が200ルクス以上の照明設備が設けてあること ②令第20条の2による換気設備が設けてあること	1/10
住宅	居室	床面において50ルクス以上の照明設備が設けられていること	

表3・3 採光補正係数

用途地域・区域		採光補正係数の算定式	隣地境界線からの水平距離
住居系	第1種低層住居専用地域 第2種低層住居専用地域 第1種中高層住居専用地域 第2種中高層住居専用地域 第1種住居地域 第2種住居地域 準住居地域 田園住居地域	$(D/H) \times 6 - 1.4$	7m
工業系	準工業地域 工業地域 工業専用地域	$(D/H) \times 8 - 1.0$	5m
商業系	近隣商業地域 商業地域 用途地域の指定のない区域	$(D/H) \times 10 - 1.0$	4m

1. 道に面する場合で，算定値が1.0未満となる場合は1.0とする．
2. 道に面しない場合で，隣地境界線からの水平距離が右端欄の数値以上ある場合は，算定値が1.0未満となっても1.0とする．

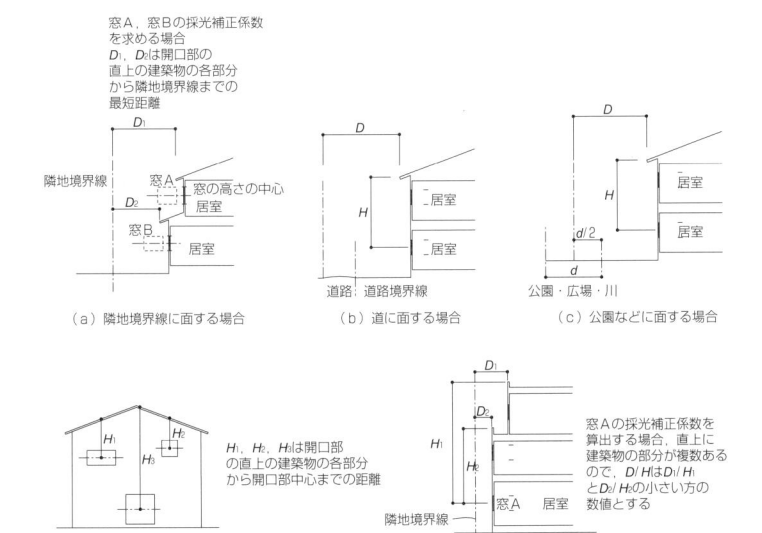

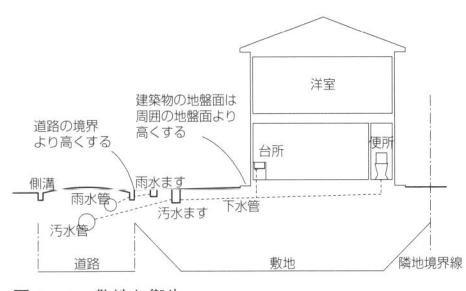

図3・1 敷地と衛生

図3・2 2室を1室とみなす場合

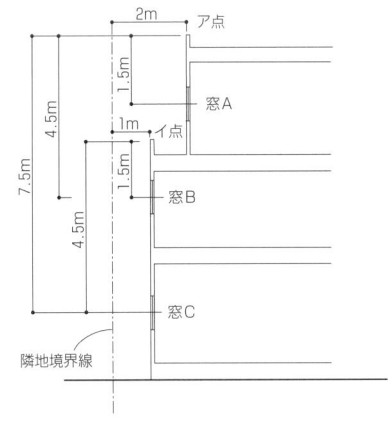

図3・3 採光関係比率 D/H

住居系地域における採光に有効な開口部面積を計算する．

採光補正係数計算式 $(D/H) \times 6 - 1.4$

窓は全て幅2m，高さ1mとする．

(1) 採光関係比率（D/H）の計算

　窓A：2/1.5＝1.3
　窓B：ア点の場合　2/4.5＝0.44　→　0.44を採用
　　　　イ点の場合　1/1.5＝0.66
　窓C：ア点の場合　2/7.5＝0.26
　　　　イ点の場合　4.5/4.5＝0.22　→　0.22を採用

(2) 採光補正係数の算定

　窓A：2/1.5×6－1.4＝6.6　→　3（3を超える場合は3とする）
　窓B：2/4.5×6－1.4＝1.26
　窓C：1/4.5×6－1.4＝－0.06　→　0（数値が負となる場合は0とする）

(3) 採光に有効な開口部面積の計算

　窓A：2×1×3＝6（m²）
　窓B：2×1×1.26＝2.52（m²）
　窓C：2×1×0＝0

図3・4 採光に有効な開口部面積の計算例

3. 居室などの換気(法第28条第2項)

建築物の室内空気汚染には,在室者の活動に伴う汚染とガスや灯油などが燃焼するときに発生する排ガスによる汚染がある.したがって,適切な室内空気環境を維持するには,汚染空気を室外に排出し,新鮮空気を補充することが必要である.このような適切な換気を行う目的で居室の換気設備の構造基準を定めている.

a) 居室の換気（法第28条第2項）

居室には換気のための窓や開口部を設け,換気に有効な部分の面積(有効換気面積)は,居室の床面積に対して1/20以上を確保しなければならない.有効な部分とは,図3・5に示すように直接外気に開放できる部分をいい,たとえば引き違いの場合は開口部の1/2が有効となり,はめごろし窓は無効となる.この場合にも採光と同様にふすま,障子などで仕切られた2室は,1室とみなすことができる.(p.33,図3・2参照).

一般居室で換気のための有効な開口部が不足する場合は,次の(ア)～(エ)の構造方法(自然換気設備,機械換気設備,中央管理方式の空気調和設備,大臣認定換気設備)を用いる換気設備を設けなければならない.また,特殊建築物のうち衛生上特に換気を必要とする劇場,映画館などや火を使用する設備を設けた室には換気設備(自然換気設備を除く)の設置が義務づけられている.

(ア) 自然換気設備（令第20条の2,令第129条の2の5第1項）：自然換気設備の構造は,図3・6に示す構造とし,次の条件を満足すること.

① 排気筒の有効断面積 A_v は,次式によって算定した数値以上とする.

$$A_v = A_f/250\sqrt{h} \quad (\mathrm{m}^2)$$

 A_f：居室の床面積(当該居室が換気上有効な窓その他の開口部を有する場合は,その開口部の換気上有効な面積に20を乗じて得た面積を当該居室の床面積から減じた面積) (m^2)

 h：給気口の中心から排気筒の頂部の外気に開放された部分の中心までの高さ (m)

② 給気口および排気口の有効開口面積は,排気筒の有効断面積 A_v 以上とすること.

③ 排気筒の断面形状は,圧力損失を少なくするため矩形,楕円形または円形とし,扁平にならないように短辺は長辺の1/2以上とすること.

(イ) 機械換気設備（令第20条の2,令第129条の2の5第2項）：図3・7に示すいずれかの方法とし,次の要件を満足しなければならない.

① 有効換気量 (V) は,次式で計算した数値以上とする.

$$V = 20A_f/N \quad (\mathrm{m}^3/\mathrm{h})$$

 A_f：居室の床面積(特殊建築物の居室以外の居室が換気上有効な窓その他の開口部を有する場合には,当該開口部の換気上有効な面積に20を乗じて得た面積を当該居室の床面積から減じた面積) (m^2)

 N：実況に応じた1人当たりの占有面積(特殊建築物の居室にあっては,3を超えるときは3,その他の居室にあっては10を超えるときは10とする) (m^2)

② 一つの換気設備が2以上の居室などで使用される場合はその換気設備の有効換気量は居室のおのおのの部分について必要な有効換気量の合計以上とする.

③ 給気口,排気口の位置や構造は空気分布を均等なものとし,著しく局部的な空気の流れを生じないようにする.

④ 給気機の外気取り入れ口や直接外気に開放された給気口や排気口には,雨水の流入や衛生上有害なものの進入を防ぐ設備を設ける.

⑤ 換気扇を設ける場合は,外気の流れによって著しく換気能力が低下しないものとする.

⑥ 換気風道は,空気を汚染するおそれのないもので造る.

(ウ) 中央管理方式の空気調和設備（令第20条の2,令第129条の2の5第3項）：表3・4に示す基準におおむね適合するように,空気を浄化し,その温度,湿度,流量を調節して供給することができる性能を有し,かつ,国土交通大臣が定めた構造方法を用いるものとしなければならない.

(エ) 大臣認定換気設備（令第20条の2）：(ア)～(ウ)の換気設備以外に換気設備に関する性能基準に適合するものとして,国土交通大臣の認定を受けたものがある.その性能は,当該居室で想定される通常の使用状態において,当該居室の人が通常活動することが想定される空間の炭酸ガス含有率をおおむね1,000/100万(1,000ppm)以下に,当該空間の一酸化炭素の含有率をおおむね6/100万(6ppm)以下に保つ換気ができるものとし,中央管理方式の空気調和設備の場合は,表3・4の(1),(4)～(6)の基準に適合するものとしなければならない.

(オ) 中央管理室（令第20条の2第1項第二号）：高さ31mを超える建築物で非常用エレベーターの設置が必要な建築物または各構えの床面積の合計が1,000m²を超える地下街に設ける機械換気設備及び中央管理方式の空気調和設備の制御および作動状態の監視は,避難階またはその直上階もしくは直下階に設けた中央管理室において行わなければならない.

b) 劇場などの居室の換気（法第28条第3項,令第20条の2,令第129条の2の5）

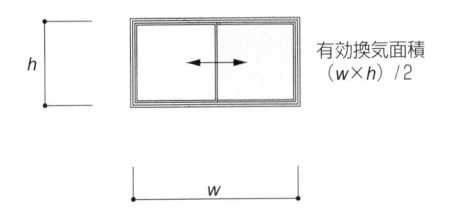

図3・5　有効換気面積（引き違い窓の場合）

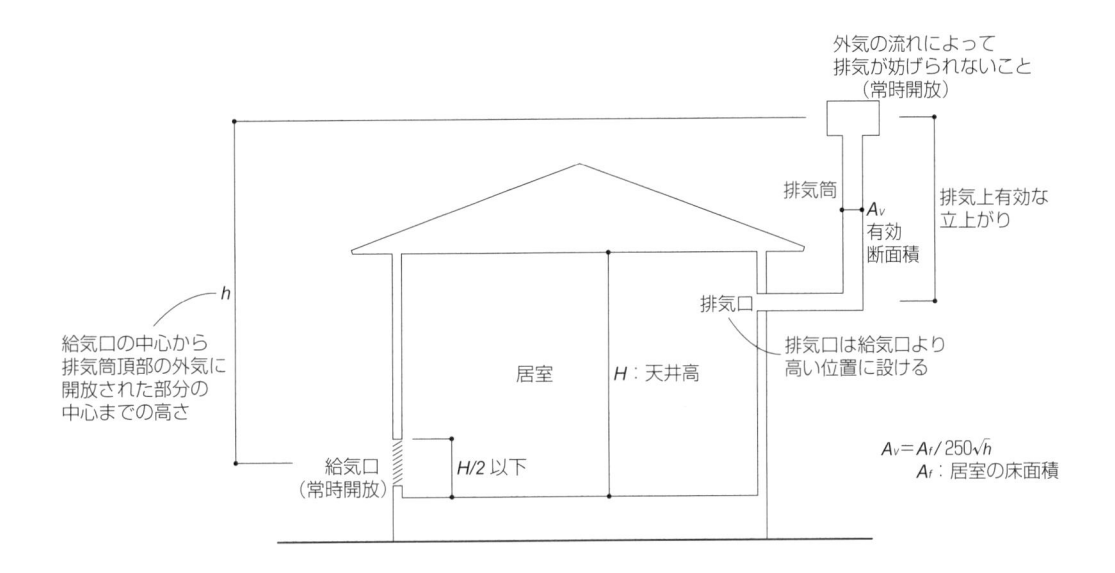

図3・6　自然換気設備

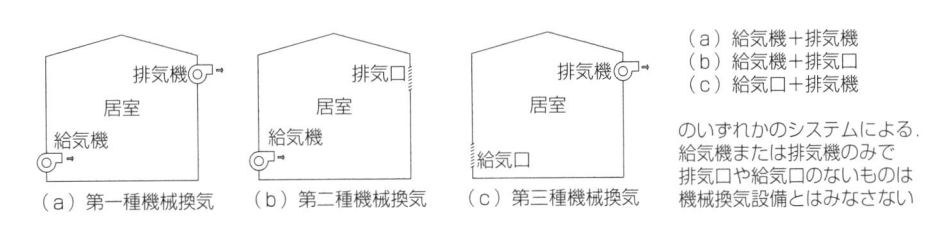

$A_v = A_f / 250\sqrt{h}$
A_f：居室の床面積

図3・7　機械換気設備の方式

（a）第一種機械換気
（b）第二種機械換気
（c）第三種機械換気

（a）給気機＋排気機
（b）給気機＋排気口
（c）給気口＋排気機

のいずれかのシステムによる．給気機または排気機のみで排気口や給気口のないものは機械換気設備とはみなさない

表3・4　空気の浄化レベル

(1)	浮遊粉じんの量	0.15mg/ 空気 1m³ 以下
(2)	一酸化炭素の含有率	6/100万（6ppm）以下
(3)	炭酸ガスの含有率	1,000/100万（1,000ppm）以下
(4)	温度	1）18℃以上28℃以下 2）居室における温度を外気の温度より低くする場合は，その差を著しくしないこと
(5)	相対湿度	40％以上70％以下
(6)	気流	0.5m/sec 以下
この表の各項の右欄に掲げる基準を適用する場合における当該各項の左欄に掲げる事項についての測定方法は，国土交通省令で定める．		

劇場，映画館，観覧場，集会場などの居室は，多人数の集合に伴う空気汚染が著しく，音響効果の確保のため，開口部があっても利用時において閉鎖されていることが多く開口部の開放が期待できないため，強制的に換気を行う機械換気設備，中央管理方式の空気調和設備または大臣認定換気設備を設けなければならない．

c）火を使用する室の換気設備（令第20条の3第2項）

調理室，浴室，その他の室で，かまど，コンロなどの火を使用する設備を設けた室には，図3・8に示す換気設備を設けるかまたは国土交通大臣の認定を受けた構造の換気設備を設けなければならない．ただし次のような室には換気設備を設けなくてもよい．

①火を使用する設備で直接屋外から空気を取り入れ，かつ，廃ガスなどを直接屋外に排出する構造のもので空気を汚染するおそれがない設備（密閉式燃焼器具等）を設けている室．

②床面積の合計が100m²以内の住宅または住戸に設けられた調理室で発熱量の合計が12kW以下の器具（おおむね小型2口ガスコンロ）を設けた室であり，床面積の1/10（0.8m²未満のときは，0.8m²とする）以上の有効開口面積を有する開口部を設けたもの．

③調理室以外で，発熱量の合計が6kW以下の設備を設けた室で，換気上有効な開口部（サッシの換気用小窓，レジスターなど）を設けたもの（図3・9）．

4．石綿その他の物質の飛散・発散に対する衛生上の措置（法第28条の2，令第20条の4～令第20条の9）

建築材料から飛散する石綿による健康被害を防止するための石綿の使用制限の措置や，シックハウスの原因となる建築材料から発生する化学物質による室内環境汚染対策のための措置を定めている．

a）石綿の使用制限措置

すべての建築物について，石綿の飛散による衛生上の支障がないように，次のような基準が定められている．

①建築材料に石綿を添加しないこと．
②石綿をあらかじめ添加した建築材料を使用しないこと．

b）シックハウス対策の措置

居室を有する建築物は，上記a）に定めるほか，建築材料および換気設備について次に定める技術的基準に適合しなければならない．

①建築材料にクロルピリホスを添加しないこと．
②クロルピリホスをあらかじめ添加した建築材料を使用しないこと．
③居室（常時開放された開口部を通じて相互に通気が確保される廊下などを含む）の壁，床，天井および建具の室内に面する部分（窓台などを除く）の仕上げには，第1種ホルムアルデヒド発散建築材料（夏季において0.12mg/m²hを超える量のホルムアルデヒドを発散するものとして国土交通大臣が定める建築材料）を使用しないこと．
④表3・5に示すような第2種・第3種ホルムアルデヒド発散建築材料を使用する居室の内装仕上げ部分の面積に同表の数値を乗じて得た面積が，居室などの床面積を超えないこと．
⑤居室などには，ホルムアルデヒドを発散する建築材料を使用しない場合でも，家具などからの発散があるため，原則として令第129条の2の6第2項の機械換気設備（p.35，図3・7参照）を設けること．また，このとき有効換気量が次式によって計算した必要有効換気量（Vr）以上であること．

$$Vr = nAh \quad (m^3/h)$$

n：換気回数　　住宅等の居室 = 0.5回／h
　　　　　　　　その他の居室 = 0.3回／h
A：居室の床面積（m²）
h：居室の天井高さ（m）

5．居室の天井高さと床高さ

居室においては，良好な居住空間を確保するために，最低の天井高さを定めている．また，最下階の床が木造で造られている場合には，地面から発生する湿気を防ぐために最低の床の高さを定めている．

a）居室の天井高さ（令第21条）

居室の天井高さは，2.1m以上としなければならない．

天井の高さは，床面から天井面までの高さによるが，下がり天井などによって天井の高さが異なる場合には，図3・10のように平均の高さを算定する．

b）居室の床の高さと防湿方法（令第22条）

最下階の居室の床が木造である場合には直下の地面から床の上面までの高さを45cm以上としなければならない．また，外壁の床下部分には，長さ5m以下ごとに面積300cm²以上の換気孔を設け，これにねずみの侵入を防ぐような措置をしなければならない（図3・11）．

ただし，床下をコンクリート，たたきなどで防湿上有効な措置を行えば上記によらなくてもよい．

6．地階における住宅などの居室（法第29条）

地階に居室を設けると地下水や雨水の浸透により，居室内の空気が湿潤な状態になりやすい．したがって，住宅の居室，学校の教室，病院の病室，寄宿舎の寝室については，特にそれを防ぐために衛生上必要な技術的基準を定めている．

a）防湿に関する措置（令第22条の2第1項第一号）

図3・9 換気上有効な開口部の例

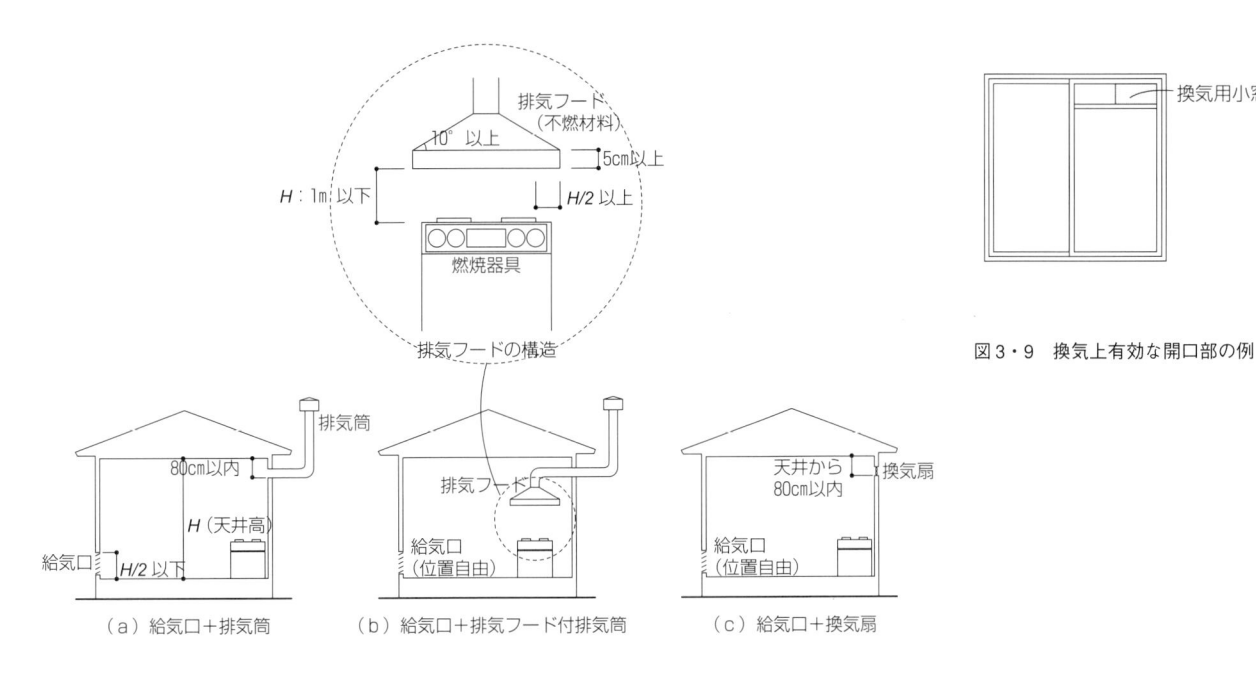

図3・8 火気使用室の換気設備の例
(a) 給気口+排気筒
(b) 給気口+排気フード付排気筒
(c) 給気口+換気扇

表3・5 建築材料の使用面積制限

居室の種類	換気回数（回/h）[*1]	ホルムアルデヒドの発散量により仕上げ部分の面積に乗ずる数値	
		第2種ホルムアルデヒド発散建築材料[*2]	第3種ホルムアルデヒド発散建築材料[*3]
住宅等の居室[*4]	0.7回/h以上[*5]	1.2	0.2
	その他の居室（0.5回/h以上0.7回/h未満）	2.8	0.50
住宅等の居室以外の居室	0.7回/h以上[*5]	0.88	0.15
	0.5回/h以上0.7回/h未満[*5]	1.4	0.25
	その他の居室（0.3回/h以上0.5回/h未満）	3.0	0.50

*1 換気回数 $n = \dfrac{V}{Ah}$
　　V：機械換気設備の有効換気量（m³）
　　A：居室の床面積（m²）
　　h：居室の天井の高さ（m）
*2 夏季において0.02mg/m²hを超え0.12mg/m²h以下の量のホルムアルデヒドを発散するものとして国土交通大臣が定める建築材料．
*3 夏季において0.005mg/m²hを超え0.02mg/m²h以下の量のホルムアルデヒドを発散するものとして国土交通大臣が定める建築材料
*4 住宅の居室，下宿の宿泊室，寄宿舎の寝室，家具などの物品の販売業を営む店舗の売場
*5 これと同等以上の換気回数が確保されるものとして，国土交通大臣が定めた構造方法を用いるものまたは国土交通大臣の認定を受けたものも含む．

①A室：H_3が天井高さ
②B室：平均天井高さをもとめる

$$\left\{\dfrac{(H_1+H_2)L_1}{2}+H_2 \times L_2\right\}/L$$

計算例：$H_1=2.5$m，$H_2=3.0$m，
　　　　$L_1=3.0$m，$L_2=2.0$m，$L=5$m
　　　　のとき，B室の平均天井高さをもとめる

$$\left\{\dfrac{(2.5+3.0) \times 3}{2}+3 \times 2\right\}/5=2.85$$

したがって，平均天井高さは2.85mである．

図3・10 天井高さ

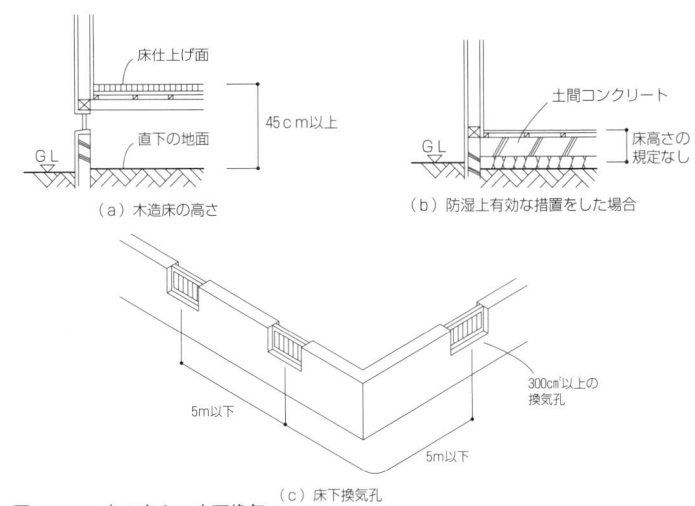

(a) 木造床の高さ
(b) 防湿上有効な措置をした場合
(c) 床下換気孔

図3・11 床の高さ・床下換気

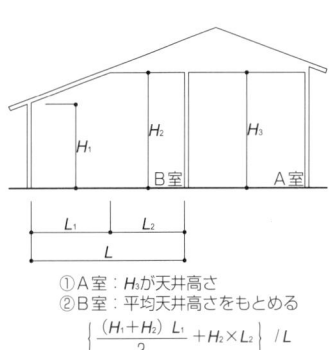

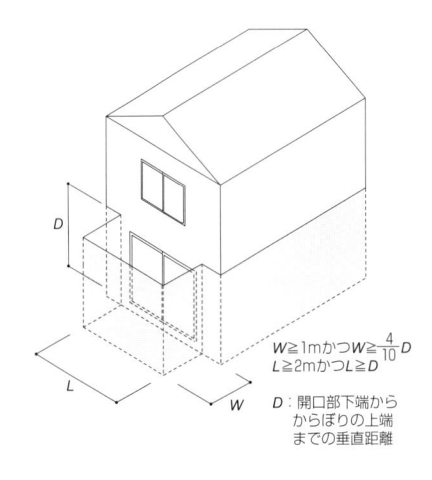

$W≧1$mかつ$W≧\dfrac{4}{10}D$
$L≧2$mかつ$L≧D$
D：開口部下端からからぼりの上端までの垂直距離

図3・12 からぼりの構造

防湿については，次のいずれかを満足すること．
① 図3・12に示すような，からぼりその他の空地に面する開口部が設けられていること．
② 令第20条の2の換気設備が設けられていること．
③ 湿度を調節する設備が設けられていること．

b) 外壁などの防水に関する措置（令第22条の2第1項第二号）

直接土に接する外壁，床，屋根などの部分（以下「外壁等」という）の構造は，次のいずれかに適合するものであること．
① 外壁等の構造が，次のi）またはii）のいずれかに適合するものであること．ただし，外壁等のうち常水面以上の部分にあっては，耐水材料で造り，かつ，材料の接合部およびコンクリートの打継ぎをする部分に防水の措置を行った場合には，この規定によらなくてもよい．
 i) 外壁等は，国土交通大臣が定める方法により，直接土に接する部分に，水の浸透を防止するための防水層を設けること．
 ii) 外壁または床は，直接土に接する部分を耐水材料で造り，かつ，直接土に接する部分と居室に面する部分の間に居室内への水の浸透を防止するための空隙を設けること．
② 外壁等の構造が，外壁等の直接土に接する部分から居室内に水が浸透しないものとして，国土交通大臣の認定を受けたものであること．

7. 界壁の遮音構造（法第30条，令第22条の3）

長屋や共同住宅の界壁は，隣接する住戸からの日常生活に伴い生ずる音を衛生上支障がないように低減するために，小屋裏または天井裏に達するとともに隙間のない構造（図3・13）としなければならない．また，遮音性能に関して表3・6の左欄の振動数の音に対する透過損失が右欄の数値以上を満足するもので，国土交通大臣が定めた構造方法を用いるもの（表3・7），または国土交通大臣の認定を受けたものとしなければならない．

8. 階段と傾斜路

階段は日常生活において転倒などの危険性が高く，また避難施設としても極めて重要な部分であり，事故を防止するために各部の寸法が定められている．

a) 階段各部の寸法（令第23条）

階段と踊場の幅，けあげと踏面の寸法（図3・14）は建築物の用途と床面積に応じて表3・8のように定められている．
ただし屋外階段の幅は，令第120条（直通階段の設置）または令第121条（2以上の直通階段の設置）の規定による直通階段は90cm以上でその他の階段は60cm以上とすることができる．

また，住宅の階段（共同住宅の共用の階段は除く）のけあげは23cm以下，踏面は15cm以上とすることができる．

なお，まわり階段の部分における踏面の寸法は，踏面の狭い方の端から30cmの位置で測るものとする（図3・15）．また，階段および踊場の幅は，有効幅で測定する．このとき手すりおよび高さ50cm以下に設ける階段の昇降を安全に行うための設備（椅子式階段昇降機など）は，幅10cmまではないものとして有効幅を算定する（図3・16）．

b) 踊場（令第24条）

長い直階段は，一時に多数の人が利用すると転倒などの危険性がある．そこで，建築物の用途と階高によって次のような基準を定めている（図3・17）．
① 学校，店舗，劇場などの表3・8の(1)，(2)に該当する階段で高さ3mを超えるものは，高さが3m以内ごとに，踊場を設けなければならない．
② その他の階段で4mを超えるものは，4m以内ごとに踊場を設けなければならない．
③ 上記の規定により設ける直階段の踊場の踏幅は，1.2m以上としなければならない．

c) 手すり（令第25条）

階段および踊場における利用者の昇降の安全を確保するため，手すりなどの基準が次のように定められている．
① 階段には必ず手すりを設けなければならない．
② 階段および踊場の両側には，手すりがある場合を除き側壁またはこれに代わるものを設けなければならない．

階段部分の手すりの高さには規定はないが，吹抜き部分などの転落防止のための手すりの高さは1.1m以上（令第126条，p.70参照）とする．
③ 階段の幅が3mを超える広い階段には，中間に手すりを設けなければならない．ただし，けあげが15cm以下で，かつ，踏面が30cm以上のものには設けなくてもよい．
④ 階段の高さが1m以下の部分には①～③の規定は適用しなくてもよい．

d) 傾斜路（令第26条）

階段に代わる傾斜路の勾配は，1/8を超えないこととし，表面をすべりにくい材料で仕上げなければならない．また，幅，踊場，手すりは階段の規定を適用する．

e) 特殊な階段（令第27条）

昇降機機械室用階段，物見塔用階段その他特殊の用途に専用する階段には，上記のa）～c）の規定は適用しない．ただし，昇降機機械室用階段（令第129条の9，表3・10（p.43）参照）は，けあげ23cm以下，踏面15cm以上とし両側に側壁または手すりを設ける．

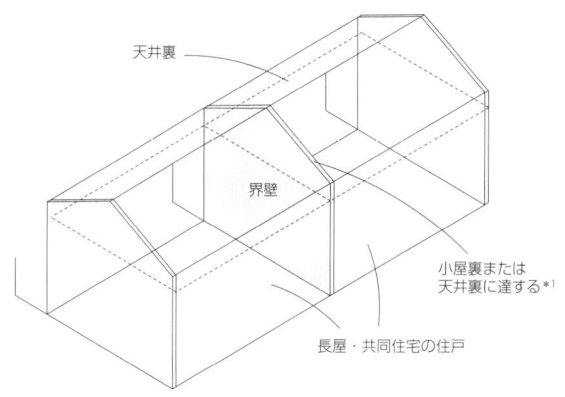

図3・13　界壁の構造
＊1　天井の構造が隣戸の日常生活音を低減する性能に関して政令で定める技術的基準に適合するものは除く．

表3・6　遮音性能基準

振動数[1]（Hz）	透過損失[2]（dB）
125（低音）	25
500（中音）	40
2,000（高音）	50

[1]　音の高さを表す．
[2]　遮音の程度を表す．

表3・7　遮音性能を有する長屋または共同住宅の界壁の構造（昭45建告第1827号）

第1	下地等（間柱・胴縁）を有しない界壁	一	厚さが10cm以上の鉄筋コンクリート造・鉄骨鉄筋コンクリート造・鉄骨コンクリート造
		二	肉厚および仕上材料の厚さの合計が10cm以上のコンクリートブロック造・無筋コンクリート造・れんが造・石造
		三	土蔵造で厚さが15cm以上のもの
		四	厚さが10cm以上の気泡コンクリートの両面に厚さが1.5cm以上のモルタル・プラスター・漆喰を塗ったもの
		五	肉厚が5cm以上の軽量コンクリートブロックの両面に厚さが1.5cm以上のモルタル・プラスター・漆喰を塗ったもの
		六	厚さが8cm以上の木片セメント板（かさ比重が0.6以上のものに限る）の両面に厚さが1.5cm以上のモルタル・プラスター・漆喰を塗ったもの
		七	鉄筋コンクリート製パネルで厚さが4cm以上のもの（1m²当たりの質量が110kg以上のものに限る）の両面に木製パネル（1m²当たりの質量が5kg以上のものに限る）を堅固に取り付けたもの
		八	厚さが7cm以上の土塗真壁造（真壁の四周に空隙のないものに限る）
第2	下地等を有する界壁（堅固な構造としたものに限る）	一　下地等の両面を次のイ～ニまでのいずれかに該当する仕上げとした厚さが13cm以上の大壁造であるもの　イ	厚さが2cm以上の鉄網モルタル塗り・木ずり漆喰塗り
		ロ	木毛セメント板張，石膏ボード張の上に厚さが1.5cm以上のモルタルまたは漆喰を塗ったもの
		ハ	モルタル塗りの上にタイルを張ったもので厚さの合計が2.5cm以上のもの
		ニ	セメント板張・瓦張の上にモルタルを塗ったもので厚さの合計が2.5cm以上のもの
		二　次のイおよびロに該当するもの　イ	界壁の厚さ（仕上材料の厚さを含まないものとする）が10cm以上であり，その内部に厚さが2.5cm以上のグラスウール（かさ比重が0.02以上のものに限る）またはロックウール（かさ比重が0.04以上のものに限る）を張ったもの
		ロ　界壁の両面を次の①②のいずれかに該当する仕上材料で覆ったもの	①　厚さが1.2cm以上の石膏ボード，厚さが2.5cm以上の岩綿保温板，厚さが1.8cm以上の木毛セメント板の上に厚さが0.09cm以上の亜鉛めっき鋼板を張ったもの
			②　厚さが1.2cm以上の石膏ボードを2枚以上張ったもの
第3	厚さが0.95cm以上の石膏ボードまたはロックウールとすること		

表3・8　階段各部の寸法

	階段の種別	階段及びその踊場の幅	けあげの寸法	踏面の寸法
(1)	小学校における児童用のもの	140cm以上	16cm以下	26cm以上
(2)	中学校，高等学校，中等教育学校における生徒用のもの・物品販売業（物品加工修理業を含む）を営む店舗で床面積の合計が1,500m²を超えるもの・劇場，映画館，演芸場，観覧場，公会堂，集会場における客用のもの	140cm以上	18cm以下	26cm以上
(3)	直上階の居室の床面積の合計が200m²を超える地上階または居室の床面積の合計が100m²を超える地階もしくは地下工作物内におけるもの	120cm以上	20cm以下	24cm以上
(4)	(1)～(3)までに掲げる階段以外のもの	75cm以上	22cm以下	21cm以上

注：階段の両側に手すりを設け，踏面の表面を滑りにくい材料で仕上げた場合は，(1)項の階段は「けあげ18cm以下」，(2)項の階段は「けあげ20cm以下，踏面24cm以上」，(4)項の階段は「けあげ23cm以下，踏面19cm以上」とすることができる．また，階数2以下かつ延べ面積200㎡未満の(1)～(4)項の建築物で，上記条件に加え階段付近に注意表示をした階段は，「幅75cm以上，けあげ23cm以下，踏面15cm以上」とすることができる（平26国告第709号）．

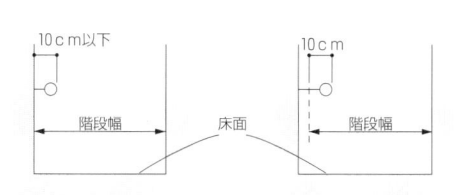

図3・14　けあげと踏面の寸法

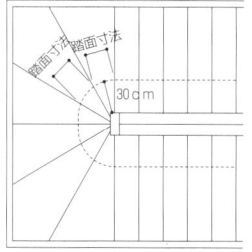

図3・15　回り階段の踏面寸法

図3・16　階段幅の算定
（a）突出部が10cm以下の場合
（b）突出部が10cmを超える場合
（c）椅子式階段昇降機を設置した場合

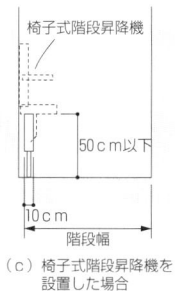

図3・17　踊場の位置

3・2 建築設備

1. 便所と屎尿浄化槽 （法第31条，令第28条）

便所は大別して，くみ取り便所と水洗便所に分けられる．下水道法に規定している処理区域内では，水洗便所以外の便所を設けることができない．また，終末処理場を有する公共下水道以外に水洗便所からの汚水を放流する場合は，屎尿浄化槽または合併処理浄化槽を設けなければならない．

便所には，採光および換気のために直接外気に接する窓を設けなければならない．ただし，水洗便所で，換気扇などの設備を設けている場合は窓を設けなくてもよい．

a) くみ取り便所の構造 （令第29条）

くみ取り便所の構造は，次に示す基準に適合するものとして，国土交通大臣が定めた構造方法を用いるもの，または国土交通大臣の認定を受けたものでなければならない．
① 屎尿に接する部分から漏水しないこと．
② 屎尿の臭気が建築物の他の部分または屋外に漏れないこと．
③ 便槽に，雨水，土砂などが流入しないこと．

b) 屎尿浄化槽 （法第31条第2項，令第32条）

屎尿浄化槽または合併処理浄化槽の構造は，次に示す技術的基準に適合するもので，国土交通大臣が定めた構造方法を用いるもの，または国土交通大臣の認定を受けたものでなければならない．
① 通常の使用状態において，表3・9に示す区域および処理対象人員の区分に応じて同表に定める性能を有するもの．
② 放流水に含まれる大腸菌群数が 3,000個 /cm^3 以下の性能を有するもの．

2. 給排水設備 （令第129条の2の4）

a) 給排水設備の配管設備の構造

建築物に設ける給水管，排水管，配電管，換気ダクトなどの配管設備は，主に次に定める構造としなければならない．
① コンクリートへの埋設により腐食するおそれのある部分には，有効な腐食防止措置をすること．
② エレベーターおよび小荷物専用昇降機の昇降路内には，配管設備を設けないこと．ただし，地震時においても昇降機の機能に支障が生じないものとして，国土交通大臣が定めた構造方法を用いるもの，および国土交通大臣の認定を受けたものは設置できる．
③ 圧力タンク，給湯設備には安全装置を設けること．
④ 地階を除く階数が3以上の建築物，地階に居室を有する建築物または延べ面積が 3,000m^2 を超える建築物に設ける換気，暖房，冷房の風道およびダストシュート，メールシュート，リネンシュートなどは屋外に面する部分などを除き，不燃材料で造ること．
⑤ 給水管，配電管などが防火区画などを貫通する場合は次のいずれかとすること．
● 貫通する部分，および貫通する部分からそれぞれ両側に 1m 以内を不燃材料とする（図3・18）．
● 管の外径が用途，材質その他の事項に応じて国土交通大臣が定める構造とする．
● 管に通常の火災による火熱が加えられたとき，加熱開始後の一定時間，防火区画などの火熱側の反対側に火炎を出す原因となるき裂その他の損傷を生じないものとして国土交通大臣の認定を受けたものとする．
⑥ 3階以上を共同住宅とする建築物の住戸に設けるガスの配管設備は，ガス漏れによる事故の防止のため国土交通大臣が定める基準によること．

b) 飲料水の配管設備

飲料水の配管設備の構造は，上記a)によるとともに，主に次に定める構造としなければならない．
① 飲料水の配管設備とその他の配管設備とは，直結させないこと．
② 水槽などに給水する飲料水の配管設備の水栓の開口部には，これらの設備のあふれ面と水栓の開口部との垂直距離を確保するなどの逆流防止のための措置を講ずること．
③ 配管設備から漏水せず，溶出する物質によって汚染されないものとして国土交通大臣の定めた構造方法を用いるもの，または国土交通大臣の認定を受けたものとすること．
④ 凍結による破壊のおそれがある部分には，凍結を防止するための措置を講ずること．
⑤ 給水タンクなどには，ほこりその他の衛生上有害なものが入らない構造とし，金属製のものはさび止めなどの措置を講ずること．
⑥ 安全上，衛生上支障のないものとして国土交通大臣が定めた構造方法を用いること（図3・19）．

c) 排水のための配管設備

排水設備の構造は，上記a)によるとともに，おもに次に定める構造としなければならない．
① 排出すべき雨水または汚水の量および水質に応じ有効な容量，傾斜および材質を有すること．
② 排水トラップ，通気管を設置するなどの衛生上必要な措置を講ずること．
③ 末端は，公共下水道，都市下水路その他の排水施設に有効に連結すること．
④ 汚水に接する部分は，不浸透質の耐水材料で造ること．

表3・9 屎尿浄化槽の性能

屎尿浄化槽または合併処理浄化槽を設ける区域	処理対象人員[1]	性　能	
		生物化学的酸素要求量（BOD）の除去率（％）[2]	屎尿浄化槽からの放流水の生物化学的酸素要求量（BOD）[3]（mg/ℓ）
特定行政庁が衛生上特に支障があると認めて規則で指定する区域	50人以下	65以上	90以下
	51人以上500人以下	70以上	60以下
	501人以上	85以上	30以下
特定行政庁が衛生上特に支障がないと認めて規則で指定する区域		55以上	120以下
その他の区域	500人以下	65以上	90以下
	501人以上2,000人以下	70以上	60以下
	2,001人以上	85以上	30以下

*1　昭44建告第3184号において処理対象人員の算定方式はJIS A 3302に定められている．
*2　|（流入水のBOD）－（放流水BOD）|／（流入水のBOD）
*3　BODは汚物の分解に必要な酸素の量なので，数値が大きいほど汚染度が高いことを意味する．

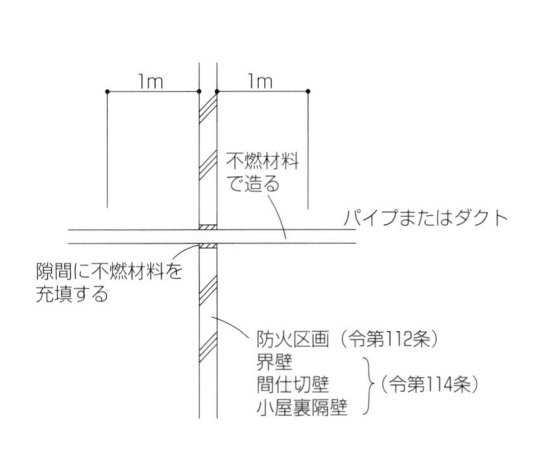

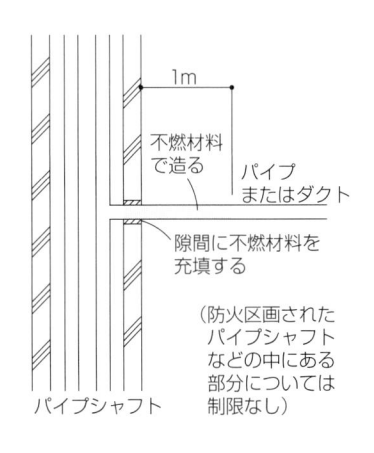

図3・18　防火区画を貫通する場合の処理

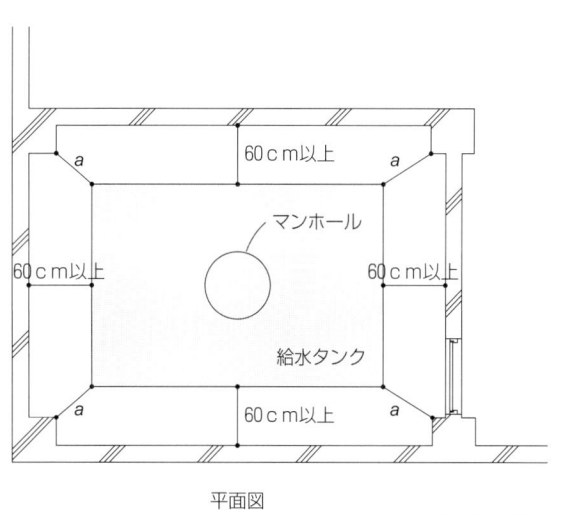

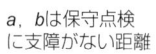

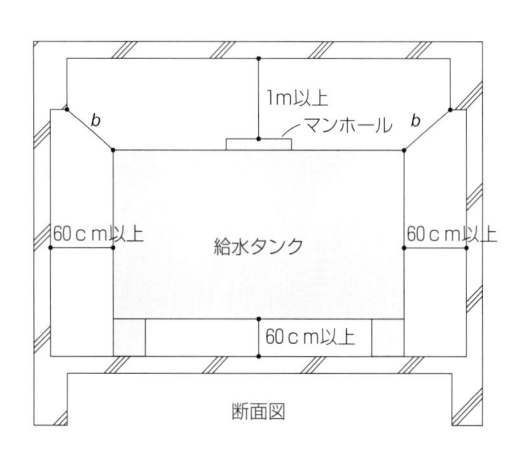

図3・19　給水タンクの保守点検スペース

3. 冷却塔設備（令第129条の2の6）

地階を除く階数が11以上である建築物の屋上に設ける冷房用の冷却塔設備の設置および構造は，次のいずれかとしなければならない．

① 主要な部分を不燃材料で造るか，防火上支障がないものとして国土交通大臣が定めた構造方法を用いるものとすること．
② 冷却塔の構造に応じ，建築物の他の部分までの距離を国土交通大臣が定める距離以上とすること．
③ 冷却塔設備の内部が燃焼した場合においても建築物の他の部分を国土交通大臣が定める温度以上に上昇させないものとして国土交通大臣の認定を受けたものとすること．

4. 昇降機設備

建築物が高層化し，また，高齢化社会に伴い福祉の向上が求められている中で，昇降機の果たす役割が益々重要になってきている．昇降機は，建築物の中を不特定多数の人を乗せて昇降するため，十分な安全性の確保が必要である．このような観点から，強度の検証を行って安全性を確かめるなど，各部の構造などについても詳細な規定が定められている．

a) エレベーター（令第129条の3〜令第129条の10）

エレベーターとは，人や物を運搬する昇降機で，かごの水平投影面積が$1m^2$を超えるもの，または天井の高さが1.2mを超えるものをいう．上記以外で物を運搬するためだけのものを小荷物専用昇降機（図3・20）という．

エレベーターの各部の主な規定を表3・10，図3・21に示す．

b) エスカレーター（令第129条の12）

エスカレーターは，主に次に定める構造としなければならない．

① 通常の使用状態において，人または物が挟まれない構造とする．
② 勾配は，30度以下とする．
③ 踏段の両側に手すりを設け，手すりの上端部が踏段と同一方向に同一速度で連動するようにする．
④ 踏段の幅は，1.1m以下とし，踏段の端から手すりの上端部の中心までの水平距離は25cm以下とする．
⑤ 踏段の速度は，50m/min以下の範囲で勾配に応じて国土交通大臣が定める速度以下とする．
⑥ 昇降口には，踏段の昇降を停止させる装置を設ける．
⑦ 制動装置は，安全装置が働いた場合に自動的に作動し，踏段に生ずる進行方向の加速度が$1.25m/sec^2$以下で安全に停止させる構造とする．

5. 避雷設備（法第33条，令第129条の14，令第129条の15）

高さが20mを超える建築物には，高さが20mを超える部分を雷撃から保護するように避雷設備を設けなければならない．

避雷設備は，雷撃によって生ずる電流を建築物に被害を及ぼすことなく安全に地中に流すことができるものとしてJISに定められている避雷針を用いるか，または国土交通大臣の認定を受けたものでなければならない（図3・22）．

このとき，ペントハウスや広告塔，記念塔などの工作物も高さに算入する．

(a) テーブルタイプ　飲食店などで利用されている

(b) フロアータイプ　工場などで利用されている

図3・20　小荷物専用昇降機の例

表3・10 エレベーターの構造

各 部	構造・装置	条 文
構造上主要な部分	かごおよびかごの支え、または吊る部分の構造は通常の使用状態における摩損や疲労破壊を考慮したエレベーター強度検証法により安全を確かめる。	令第129条の4
荷 重	エレベーターの固定荷重は実況に応じて計算する。	令第129条の5
かごの構造	①原則として、構造上軽微な部分以外は、難燃材料で造り、または覆う。 ②非常の場合に救出することができる開口部を天井部に設ける。 ③用途および積載量を明示した標識をかご内の見やすい場所に掲示する。	令第129条の6
昇降路の構造	①原則として、構造上軽微な部分以外は、難燃材料で造り、または覆う。 ②出入口の戸には、かごがその位置に停止していない場合において、昇降路外の人や物などの昇降路内への落下を防止することができる施錠装置を設ける。 ③出入口の床先とかごの床先との水平距離は、4cm以下とする。 ④常用エレベーター・寝台用エレベーターのかごの床先と昇降路壁との水平距離は、12.5cm以下とする。	令第129条の7
駆動装置・制御器	駆動装置および制御器は、地震などの振動によって転倒または移動しないようにする。	令第129条の8
機械室	①原則として、床面積は昇降路の水平投影面積の2倍以上とする。 ②床面から天井または梁の下端までの垂直距離は下表による。 | 定格速度 V (m/min)	垂直距離 (m)
---	---
$V \leq 60$	2.0
$60 < V \leq 150$	2.2
$150 < V \leq 210$	2.5
$210 < V$	2.8 | ③換気上有効な開口部または換気設備を設ける。 ④出入口の幅は70cm以上、高さは1.8m以上とする。 ⑤機械室に通ずる階段のけ上げは23cm以下、踏面は15cm以上とし、階段の両側に側壁または手すりを設ける。	令第129条の9
安全装置	①かごが昇降路の頂部または底部に衝突するおそれがある場合に、自動的かつ段階的に作動し安全にかごを制止させることができる装置を設ける。 ②かごおよび昇降路のすべての出入口の戸が閉じていなければ、かごを昇降させることができない装置を設ける。 ③昇降路の出入口の戸は、かごがその戸の位置に停止していない場合は、かぎを用いなければ外から開くことができない装置を設ける。 ④非常時にかご内から外に連絡することができる装置を設ける。 ⑤停電時に床面で1ルクス以上の照度を確保することができる照明装置を設ける。	令第129条の10

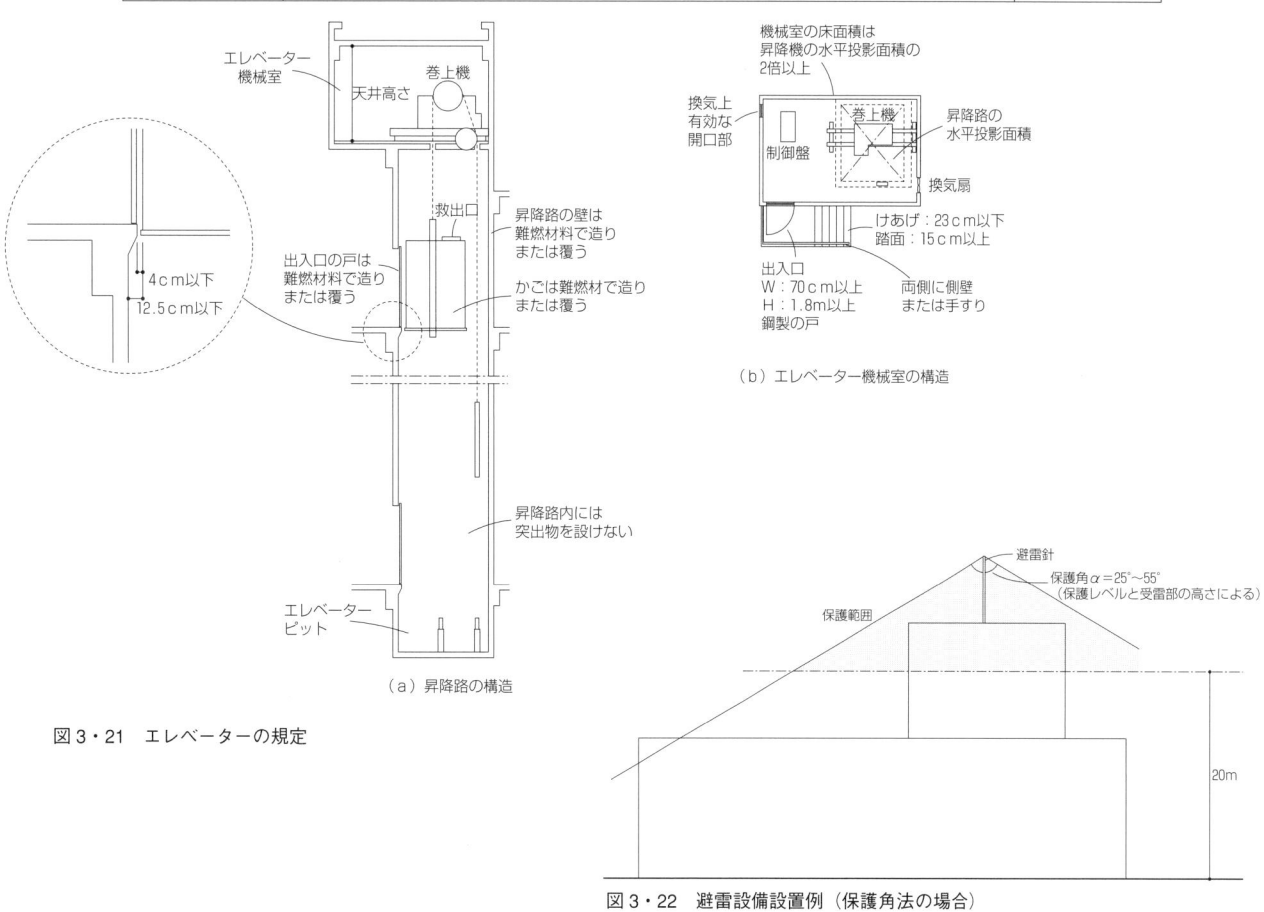

(a) 昇降路の構造

(b) エレベーター機械室の構造

図3・21 エレベーターの規定

図3・22 避雷設備設置例（保護角法の場合）

3・3 構造強度

建築物は，それが存在する限り，荷重や外力に対して構造耐力上安全な状態を保持し続けなければならない．

したがって建築物の構造は，自重および用途に応じた積載荷重を安全に支持し，積雪，強風，地震といった災害においても崩壊せず，在室者が屋外に安全に避難できるように耐力を維持できる構造としなければならない．このようなことから以下に示す構造規定が定められている．

1. 構造耐力と構造方法の基準（法第20条，令第36条，令第36条の3，令第81条）

建築物は，自重，積載荷重（人や家具など），積雪荷重，風圧，土圧，水圧，および地震その他の震動や衝撃に対して安全な構造のものとして，次に示す基準に適合するものでなければならない．

①高さが60 mを超える建築物は時刻歴応答解析による構造計算によって安全性が確かめられ大臣の認定を受けたものであること．

②高さが60 m以下の建築物のうち高さが31 mを超えるものは，保有水平耐力計算または限界耐力計算などの構造計算を行うこと．

③高さが60 m以下の建築物のうち高さが31 m以下のものは，許容応力度等計算などの構造計算を行うこと．

④高さが60 m以下の建築物のうち中規模のものは，構造耐力上主要な部分ごとに応力度が許容応力度を超えないことを確かめる構造計算を行うこと．

⑤構造計算が不要な小規模の建築物は，仕様規定（令第36条～令第80条の3）に適合すること．

以上をまとめたものを表3・11に示す．

構造計算にあたっては，用途，規模および構造の種類や土地の状況に応じて柱，はり，壁などを有効に配置して，荷重や外力に対して，構造耐力上安全でなければならない．

また，構造耐力上主要な部分は，建築物に作用する水平力に耐えるようにつりあいよく配置し，使用上の支障となる変形または振動が生じないような剛性（かたさ）と瞬間的破壊が生じないような靱性（ねばり）をもつようにしなければならない．

2. 構造計算の方法

a）時刻歴応答解析

構造耐力上主要な部分についての地震時応答の性状を把握し検証するもので，荷重や外力によって建築物の各部分に連続的に生ずる力および変形を把握し，その建築物の各部分の耐力および変形限度を超えないことを確かめる構造計算方法である．

b）保有水平耐力計算（令第82条）

保有水平耐力計算は，次の（ア）～（エ）の計算を行う構造計算方法である．

（ア）応力度計算：表3・12に示す荷重や外力の組み合わせによって計算された長期および短期の応力度が，規定された各部材の許容応力度を超えないことを確かめる構造計算である．

（イ）層間変形角の計算（令第82条の2）：地震時の変形による非構造部材や外壁仕上材の落下防止または配管などの損傷を防止することを目的にしており，地震力によって各階に生じる水平方向の層間変位をその階の高さで除した値（層間変形角）が原則として1/200以下であることを確かめる構造計算である（図3・23）．

（ウ）保有水平耐力の計算（令第82条の3）：建築物が終局状態に至るまでの性状を把握した上で大地震時に崩壊に至らないように安全性の検討を行うもので，各階の水平力に対する耐力（保有水平耐力）が必要保有水平耐力以上であることを確かめる構造計算である．

（エ）屋根ふき材等の構造計算（令第82条の4）：屋根ふき材，外装材，屋外に面する帳壁が風圧に対して構造耐力上安全であることを確かめる構造計算である．

c）限界耐力計算（令第82条の5）

限界耐力計算は，耐久性等関係規定（表3・13）以外の仕様規定（令第36条～令第80条の3）に適合しなくても，荷重や外力を受けた建築物の変形および生ずる力を計算することによって安全性を確かめる構造計算方法である．

以下に限界耐力計算による確認事項を示す．

①地震時以外において，長期および短期の応力度が，各部材の許容応力度を超えないことを確かめること．

②極めてまれに発生する大規模な積雪，暴風などについて建築物の構造耐力上主要な部分に生ずる力を表3・14によって計算し，材料強度から算出した部材の耐力と比較し，倒壊，崩壊などをしないこと．

③建築物の存在期間中に1回以上遭遇する可能性の高い地震（まれに発生する地震）について，建築物の地上部分および地下部分が損傷しないこと．

④極めてまれに発生する大地震について，地上部分が倒壊，崩壊する限界の耐力を超えないこと．

⑤使用上の支障となる変形や振動がないこと．

⑥外装材などが構造耐力上安全であること．

d）許容応力度等計算（令第82条の6）

許容応力度等計算は，次の（ア）～（オ）の計算を行う構造計算方法である．

（ア）応力度計算：上記b）（ア）参照．

表3・11 構造計算と構造方法に関する技術的基準

	条項	建築物の種類			構造方法に関する技術的基準（令第36条）		構造計算基準（令第81条）	備考
Ⅰ（超高層建築物）	法第20条第1項第一号	高さ＞60m			耐久性等関係規定（表3・13）に適合すること		時刻歴応答解析 ・荷重・外力によって建築物に連続的に生ずる力・変形を把握すること． ・力・変形が建築物の各部分の耐力・変形限度を超えないことを確かめること．	大臣認定
Ⅱ（大規模建築物）	法第20条第1項第二号*1	高さ≦60m	木造	①階数（地階を除く）≧4 ②高さ＞16m	右のいずれかの基準	仕様規定（令第36条～令第80条の3）に適合すること*2	保有水平耐力計算（令第82条）	・応力度計算 　応力度≦許容応力度 ・層間変形角≦1/200 ・保有水平耐力の計算 　$Q_u ≧ Q_{un}$*3 ・屋根ふき材等の構造計算	・大臣が定めた方法 ・大臣認定プログラム
			鉄骨造	①階数（地階を除く）≧4 ②階数（地階を除く）≦3で高さ＞16m		耐久性等関係規定（表3・12）に適合すること	限界耐力計算（令第82条の5）	p.44 本文参照	
			鉄筋コンクリート造 鉄骨鉄筋コンクリート造	高さ＞20m		仕様規定（令第36条～令第80条の3）に適合すること	許容応力度等計算（令第82条の6）*4	・応力度計算 　応力度≦許容応力度 ・層間変形角≦1/200 ・剛性率≧6/10 ・偏心率≦15/100 ・屋根ふき材等の構造計算	
			組積造・補強コンクリートブロック造	①階数（地階を除く）≧4		高さ≦31m			
			令第36条の2第四号建築物（併用構造）	①階数（地階を除く）≧4 ②高さ＞16m					
Ⅲ（中規模建築物）	法第20条第1項第三号*5	高さ≦60m（Ⅱ以外の建築物）	木造	①階数（地階を除く）≧3 ②延べ面積＞300m²		仕様規定（令第36条～令第80条の3）に適合すること	・応力度計算 　応力度≦許容応力度 ・屋根ふき材等の構造計算		・大臣が定めた方法 ・大臣認定プログラム
			木造以外	①階数≧2 ②延べ面積＞200m²					
Ⅳ（小規模建築物）	法第20条第1項第四号*6	Ⅰ～Ⅲ以外の建築物			仕様規定（令第36条～令第80条の3）に適合すること		―	―

*1：Ⅰの基準によってもよい．
*2：一部の規定は除く．
*3：Q_u は保有水平耐力．Q_{un} は必要保有水平耐力．
*4：保有水平耐力計算または限界耐力計算によってもよい．
*5：Ⅰ，Ⅱの基準によってもよい．
*6：Ⅰ，Ⅱ，Ⅲの基準によってもよい．

表3・12 許容応力度計算における断面に生ずる長期および短期の各応力度

力の種類	荷重・外力について想定する状態	一般の場合	多雪区域（特定行政庁が指定）	備　考
長期に生ずる力	常　時	$G+P$	$G+P$	
	積雪時		$G+P+0.7S$	
短期に生ずる力	積雪時	$G+P+S$	$G+P+S$	建築物の転倒，柱の引抜き等を検討する場合においては，P については，建築物の実況に応じて積載荷重を減らした数値によるものとする．
	暴風時	$G+P+W$	$G+P+W$	
			$G+P+0.35S+W$	
	地震時	$G+P+K$	$G+P+0.35S+K$	

この表において，G, P, S, W, K は，それぞれ次の力（軸方向力，曲げモーメント，せん断力など）を表す．
G：固定荷重によって生ずる力　　W：風圧力によって生ずる力
P：積載荷重によって生ずる力　　K：地震力によって生ずる力
S：積雪荷重によって生ずる力

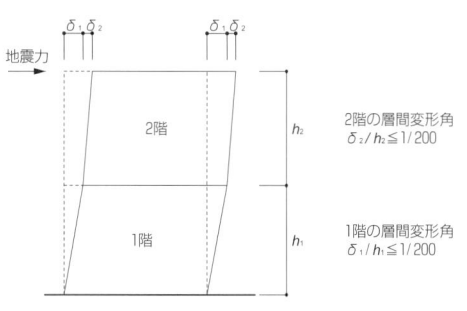

図3・23 層間変形角

2階の層間変形角　$δ_2/h_2 ≦ 1/200$
1階の層間変形角　$δ_1/h_1 ≦ 1/200$

（イ）**層間変形角**：上記 b)（イ）参照．
（ウ）**剛性率**：各階の剛性に大きな違いがあると，地震時には他の階に比べ特に柔らかい階の変形が大きくなる．そのような部分には，応力が集中し，変形も増大し倒壊に至ることになる．それらを防止するために剛性率の検討を行う．

剛性率の検討とは，各階の剛性率を計算し，それらの数値がそれぞれ 0.6 以上であることを確かめることである（図 3・24）．

（エ）**偏心率**：建築物の階の平面で柱，壁などがバランスよく配置されていなければ，地震力を受けた場合にねじれをおこし，壁などの少ない部分に大きな損傷が生じる．そのようなことを防止するために偏心率の検討を行う．

偏心率の検討とは，各階の偏心率を計算し，それらの数値がそれぞれ 0.15 以下であることを確かめることである（図 3・25）．

（オ）**屋根ふき材等の構造計算**：上記 b)（エ）参照．

3. 荷重と外力

建築物の構造計算にあたって，建築物に作用する荷重と外力は次に示すものを採用しなければならない．
①固定荷重
②積載荷重
③積雪荷重
④風圧力
⑤地震力

また，建築物の実況に応じて，土圧，水圧，震動および衝撃による外力も考慮しなければならない（令第83条）．

a) **固定荷重**（令第84条）

建築物の固定荷重は，建築物の躯体や仕上げなどの荷重のことで，実況に応じて計算しなければならない．ただし，令第84条の表にある建築物の部分については，単位面積あたりの重量（N/m^2）に各部の面積を乗じて計算することができる．

b) **積載荷重**（令第85条）

①建築物の各部の積載荷重は実況に応じて計算するが，一般的な用途で比較的積載荷重がはっきりしているものなどで，令第85条の表（表3・15）にある室の床の積載荷重については，同表の数値に床面積を乗じて計算することができる．

②表3・15の（5）以外の積載荷重で，柱または基礎の垂直荷重による圧縮力を計算する場合，表3・15（ろ）欄の数値は，ささえる床の数に応じて低減することができる（表3・16）．

③倉庫業を営む倉庫の床の積載荷重については，実況に応じて計算した数値が $3,900N/m^2$ 未満でも $3,900N/m^2$ としなければならない．

c) **積雪荷重**（令第86条）

積雪荷重は，積雪の単位荷重に屋根の水平投影面積および地方における垂直積雪量を乗じて計算する．

積雪の単位荷重は，積雪量 1cm ごとに $20N/m^2$ 以上とする．ただし，多雪区域では，特定行政庁が規則で別に数値を定めることができる．

垂直積雪量は，国土交通大臣が定める基準に基づいて特定行政庁が規則で定める数値としなければならない．

積雪荷重は，屋根勾配が 60 度を超える場合は 0 とすることができる．また，雪下ろしを行う慣習がある地方では，垂直積雪量が 1m を超える場合でも，雪下ろしの実況に応じて垂直積雪量を 1m まで減らして計算することができる．

さらに，一般地域において，積雪後の降雨による屋根の損壊を防ぐために，軽量で大スパンの緩勾配屋根の場合，積雪荷重を割り増して計算する．

表3・13 耐久性等関係規定

分類	条文	
構造設計に関する原則	令第36条	構造方法に関する技術的基準
	令第36条の2	構造設計の原則
	令第38条第1項	基礎
	令第39条第1項	屋根ふき材等の緊結
品質確保に係る規定	令第41条	木材
	令第72条	コンクリートの材料
	令第74条	コンクリートの強度
耐久性に係る規定	令第37条	構造部材の耐久
	令第38条第6項	基礎
	令第49条	外壁内部等の防腐措置等
	令第79条	鉄筋のかぶり厚さ
	令第79条の3	鉄骨のかぶり厚さ
施工性に関する規定	令第38条第5項	基礎
	令第75条	コンクリートの養生
	令第76条	型枠及び支柱の除去
防火性に係る規定	令第70条	鉄骨造の柱の防火被覆
補則	令第80条の2	構造方法に関する補則

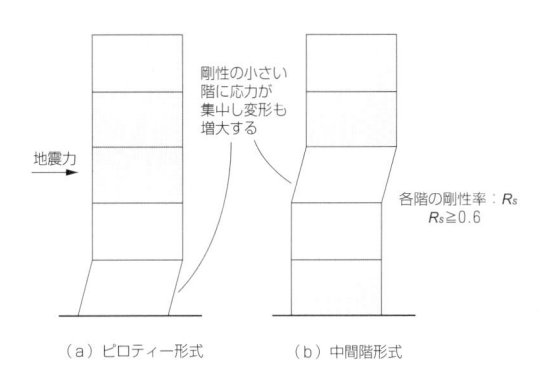

図3・24 剛性率

表3・14 限界耐力計算における積雪時または暴風時に生ずる力

荷重・外力について想定する状態	一般の場合	多雪区域（特定行政庁が指定）	備考
積雪時	$G + P + 1.4S$	$G + P + 1.4S$	建築物の転倒、柱の引抜き等を検討する場合においては、Pについては、建築物の実況に応じて積載荷重を減らした数値によるものとする。
暴風時	$G + P + 1.6W$	$G + P + 1.6W$	
		$G + P + 0.35S + 1.6W$	

この表において、G, P, S, Wは、それぞれ次の力（軸方向力、曲げモーメント、せん断力など）を表す。
　G：固定荷重によって生ずる力
　P：積載荷重によって生ずる力
　S：積雪荷重によって生ずる力
　W：風圧力によって生ずる力

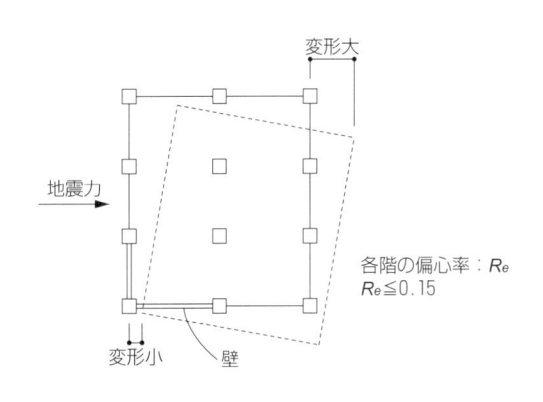

図3・25 偏心率

表3・15 積載荷重

床の種類	構造計算の対象	（い）床の構造計算をする場合 （N/m²）	（ろ）大梁・柱・基礎の構造計算をする場合 （N/m²）	（は）地震力を計算する場合 （N/m²）
(1)	住宅の居室・住宅以外の建築物における寝室・病室	1,800	1,300	600
(2)	事務室	2,900	1,800	800
(3)	教室	2,300	2,100	1,100
(4)	百貨店・店舗の売場	2,900	2,400	1,300
(5)	劇場・映画館・演芸場・観覧場・公会堂・集会場などの客席または集会室　固定席の場合	2,900	2,600	1,600
	その他の場合	3,500	3,200	2,100
(6)	自動車車庫・自動車通路	5,400	3,900	2,000
(7)	廊下・玄関・階段	(3)～(5)までに掲げる室に連絡するものは、(5)の「その他の場合」の数値による。		
(8)	屋上広場・バルコニー	(1)の数値による。ただし、学校・百貨店の用途に供する建築物は、(4)の数値による。		

表3・16 積載荷重の低減

支える床の数	積載荷重を減らすために乗ずべき数値
2	0.95
3	0.9
4	0.85
5	0.8
6	0.75
7	0.7
8	0.65
9以上	0.6

d) 風圧力（令第87条）

風圧力は，速度圧に風力係数を乗じて計算する．
速度圧 q は，次式によって計算する．

$q = 0.6\,E\,V_0^2\ (\text{N/m}^2)$

E：屋根の高さや周辺の建築物や樹木などの風速に与えるものの状況に応じて国土交通大臣が定める方法により算出した数値

V_0：地方における過去の風害の程度に応じて 30m/sec～46m/sec までの範囲で国土交通大臣が定める風速（m/sec）

風の方向に対して有効にさえぎる建築物，防風林などがある場合は，速度圧を 1/2 まで低減することができる．

風力係数は，風洞実験によって定める場合によるとともに，建築物の断面や平面の形状に応じて国土交通大臣が定める数値によらなければならない（図3・26）．

e) 地震力（令第88条）

建築物の地上部分の地震力は，上階からその部分までの固定荷重と積載荷重の和（多雪区域においては積雪荷重を考慮）に次式によって計算される地震層せん断力係数 C_i を乗じて求める（図3・27）．

$C_i = Z\,R_t\,A_i\,C_0$

Z：地域係数（地方における過去の地震の記録に基づく数値で，1.0～0.7の範囲で国土交通大臣が定める数値）

R_t：振動特性係数（固有周期と地盤の種類に応じて国土交通大臣が定める方法により算出した数値）

A_i：層せん断力分布係数（建築物の振動特性に応じて C_i の高さ方向の分布を表すものとして国土交通大臣が定める方法により算出した数値）

C_0：標準せん断力係数

通常 C_0 の数値は，0.2以上とする．ただし，特定行政庁が規則で指定した著しい軟弱地盤地域内の木造の建築物は0.3以上とする．上記2のc)の（ウ）で求める必要保有水平耐力を計算する場合は1.0以上とする．

地下部分の地震力の計算は，令第88条第4項の規定による．

4. 許容応力度と材料強度

a) 許容応力度

許容応力度等計算（p.44参照）に示したように，断面に生ずる応力度は，その断面を構成する材料の許容応力度を超えてはならない．各種材料の許容応力度は圧縮，引張り，曲げ，せん断の長期・短期に生ずる力に対して定められており，令第89条～第92条の2に示されている．

b) 材料強度

保有水平耐力の計算に用いられるもので，計算上の最大応力度とされているものである．各種材料の材料強度は，令第95条～令第98条に示されている．

5. 構造部材など

a) 構造部材の耐久（令第37条）

構造耐力上主要な部分で腐食，腐朽，摩損のおそれがあるものには，有効な錆止めや防腐，摩損防止の措置を施した材料を使用すること．

b) 基礎（令第38条）

建築物の基礎は建築物に作用する荷重および外力を安全に地盤に伝え，地盤の沈下や変形に対して安全なものとしなければならない．また，主に下記のような規定がある．

①直接基礎と杭基礎というような異なる構造方法の基礎（異種基礎）を併用してはならない（図3・28）．

②基礎の構造は，建築物の構造，形態および地盤の状況を考慮して国土交通大臣が定めた構造方法としなければならない．この場合において，高さ13mまたは延べ面積が3,000m^{2}を超える建築物で，作用する荷重が100kN/m^{2}を超えるものの基礎の底部または杭の先端は良好な地盤に達しなければならない．

③木杭を用いる場合は，常水面下にあるようにしなければならない．

c) 屋根ふき材などの緊結（令第39条）

構造上主要な部分ではない屋根ふき材（瓦など），内装材，外装材，帳壁の取り付けや，屋外に取り付ける広告塔，装飾塔なども，風圧，地震その他の震動や衝撃によって脱落しないように，国土交通大臣が定めた構造方法を用いるものとしなければならない．

風力係数C_fの計算式
$C_f = C_{pe} - C_{pi}$
C_{pe}：外圧係数
C_{pi}：内圧係数（0及び−0.2）

HとZの条件		k_z
$H \leq Z_b$		1.0
$H > Z_b$	$Z \leq Z_b$	$(Z_b/H)^{2\alpha}$
	$Z > Z_b$	$(Z/H)^{2\alpha}$

Z_b：下表の数値
Z：当該部分の地盤面からの高さ

（b）k_zの値

地表面粗度区分	Z_b	α
Ⅰ	5	0.10
Ⅱ	5	0.15
Ⅲ	5	0.20
Ⅳ	10	0.27

Ⅰ：都市計画区域外の極めて平坦な区域
Ⅱ：都市計画区域外でⅠの区域以外の区域または都市計画区域内でⅣの区域以外の区域で海岸線までの距離が500m以内の地域
Ⅲ：Ⅰ，Ⅱ，Ⅳ以外の区域
Ⅳ：都市計画区域内で都市化が極めて著しい区域

（c）Z_bとαの値

H：建築物の高さと軒の高さの平均
B：風向きに対する見付幅
k_z：右の表によって計算した数値
a：BとHの2倍の数値のうち小さい方の数値

（a）外圧係数C_{pe}の分布

図3・26　風力係数の例（閉鎖型建築物の桁行方向に風を受ける場合）（平12建告第1454号）

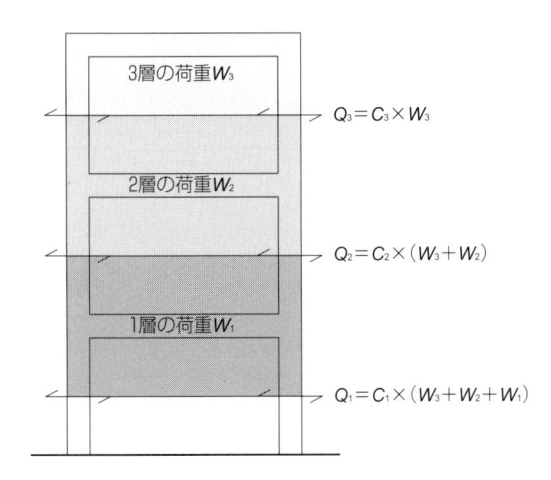

Q_i：i階に作用する地震力
C_i：地震層せん断力係数

図3・27　地震力の算定

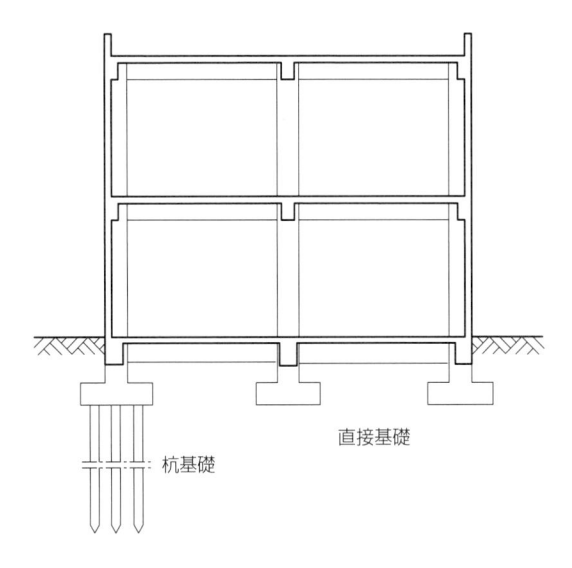

図3・28　異種基礎の例（直接基礎と杭基礎というような異なる構造方法の基礎（異種基礎）を併用してはならない）

6. 木造

　令第41条～令第49条の規定は，木造の建築物または木造とその他の構造とを併用する建築物の木造部分に適用する．ただし，茶室，あずまやなどの建築物，または，延べ面積が10m²以内の物置，納屋などの建築物には適用しない．

a) 木材（令第41条）

　構造耐力上主要な部分に用いられる木材は，節，腐れ，繊維の傾斜，丸みなどの耐力上の欠点がないものを用いなければならない．

b) 土台と基礎（令第42条）

　構造耐力上主要な部分の柱で，最下階に使用するものの下部には土台を設けなければならない．ただし，柱を基礎に緊結した場合または平屋建ての建築物で足固めをした場合は，土台を設けなくてもよい．また，土台は，基礎に緊結しなければならない．ただし，平屋建ての建築物で延べ面積が50m²以内のものはこの規定によらなくてもよい（図3・29）．

c) 柱の小径（令第43条）

　構造耐力上主要な柱の梁間方向および桁行方向の小径 d は，横架材間の垂直距離 H（図3・30）に対して，国土交通大臣が定める割合以上でなければならない．この割合は次式で計算する．

$$\frac{d}{H} = 0.027 + \frac{22.5W}{H^2}$$

　　W：当該階が負担する単位面積あたりの固定荷重と積載荷重の和（N/m²）

　d/H の値は，表3・17の早見表から知ることができる．なお，特に荷重が大きい場合などは，別の計算式によってより精緻に算定する．また，構造計算をする場合を除き2階を超える建築物の1階の柱の小径は13.5cm以上とする．

　柱の断面積の1/3以上を欠き取る場合は，その部分を補強しなければならない．また，階数が2以上の建築物における隅柱は，通し柱としなければならない．ただし，接合部をこれと同等以上の耐力を有するように補強した場合は，管柱とすることができる．

　柱の有効細長比（断面の最小二次率半径に対する座屈長さの比）は，150以下とする．

d) 梁などの横架材（令第44条）

　梁，桁などの横架材の中央部付近の下側に耐力上支障のある欠込みをしてはならない．

e) 筋かい（令第45条）

　地震力や風圧力による水平力に対して軸組の変形を防ぐために筋かいや壁は重要な役割を持っており，次のような規定が定められている（図3・31）．

①引張り力を負担する筋かいは，厚さ1.5cm以上で幅9cm以上の木材もしくは径9mm以上の鉄筋，またはこれらと同等以上のものを用いなければならない．

②圧縮力を負担する筋かいは，厚さ3cm以上で幅9cm以上の木材またはこれと同等以上のものを用いなければならない．

③筋かいの端部は，柱または梁などの横架材にボルト，かすがい，くぎなどの金物で緊結する．筋かいの一方の端部を緊結する位置は，柱と横架材との仕口の部分とする．

④筋かいには欠込みをしてはならない．ただし，たすき掛けにするためにやむを得ない場合は，この限りでない．この場合には，補強を行う．

f) 構造耐力上必要な軸組（令第46条）

　木造の建築物（大断面木造建築物を除く）では，すべての方向の水平力に対して安全であるように，各階の梁間方向および桁行方向に，壁や筋かいを設けた軸組をバランス良く配置しなければならない．また，構造計算による場合を除き，床組および小屋組の隅角には火打材を使用し，小屋組には振れ止めを設けなければならない．

g) 主要な継手と仕口（令第47条）

　構造耐力上主要な部分の継手や仕口は，ボルト，かすがいなどの金物を用い，国土交通大臣が定める構造方法（図3・32）により存在応力を確実に伝えるように緊結しなければならない．

　また，梁せいが大きい場合などにより，柱に局部応力が生ずるおそれのあるときは，柱を添木などによって補強しなければならない．

h) 外壁などの防腐措置（令第49条）

　木造の外壁などで鉄網モルタル塗とする場合は，内部の通気性が悪く腐朽しやすいので，下地には防水紙などを使用しなければならない．

　また，地面から1m以内にある柱，筋かい，土台などは有効な防腐措置を行い，必要に応じて，防蟻措置を講じなければならない．

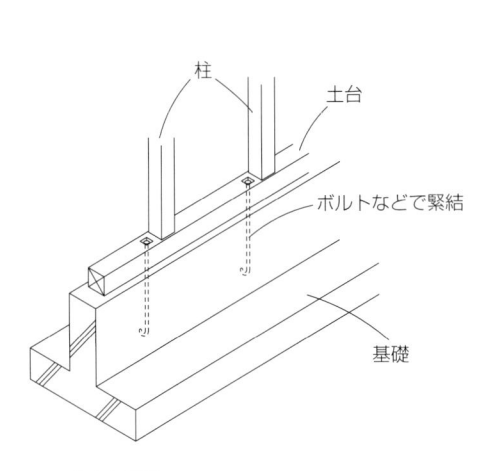

図 3・29　土台と基礎

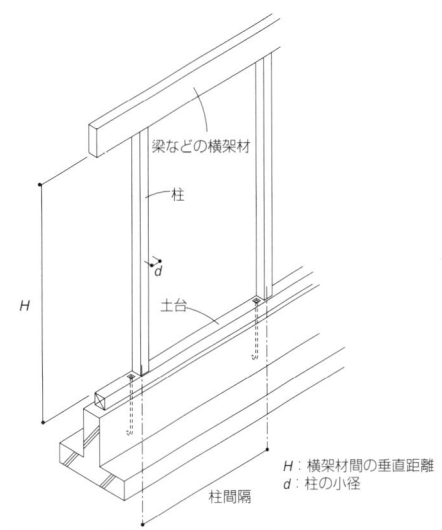

図 3・30　横架材間の垂直距離

表 3・17　柱の小径の例（日本住宅・木材技術センターによる）

屋根と外壁の仕様			柱の必要小径 d ／横架材間の垂直距離 H		
太陽光パネル	屋根	外壁	平屋	2階建ての1階	2階建ての2階
あり	瓦葺き	モルタルなど	1/30	1/23	1/29
		サイディング		1/26	
	金属板葺き	モルタルなど			
		サイディング			
なし	瓦葺き	モルタルなど	1/30	1/26	1/29
		サイディング			
	金属板葺き	モルタルなど			
		サイディング			

注 1）1 階階高 2.9m 以下，2 階階高 2.8m 以下，2 階床面積／1 階床面積 = 0.8 以上 1.0 未満の場合．
注 2）国土交通大臣が定める基準に従った構造計算によって安全であることが確認された場合を除く．

（a）引張り力を負担する筋かい

（b）圧縮力を負担する筋かい

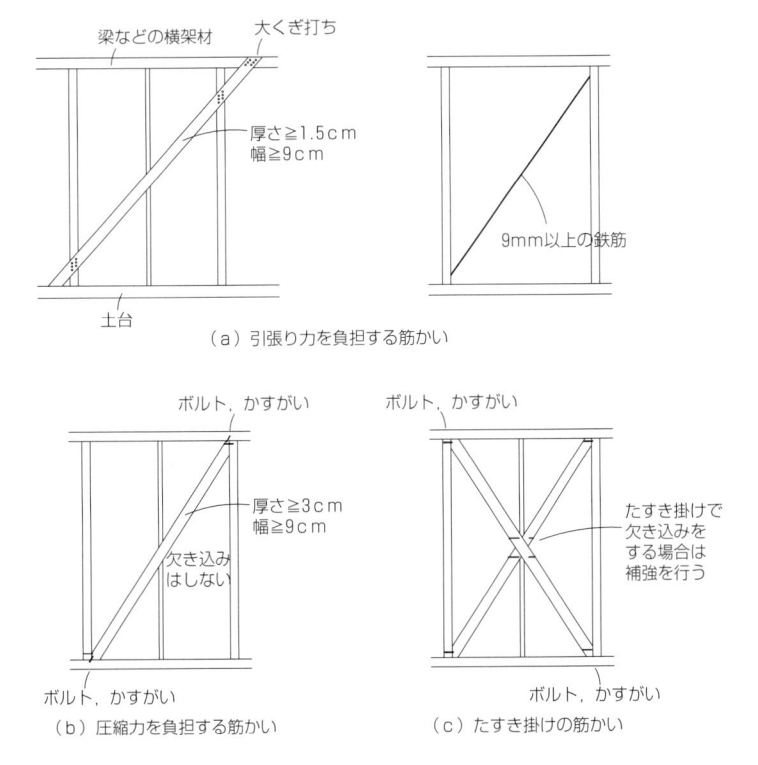

（c）たすき掛けの筋かい

図 3・31　筋かいの例

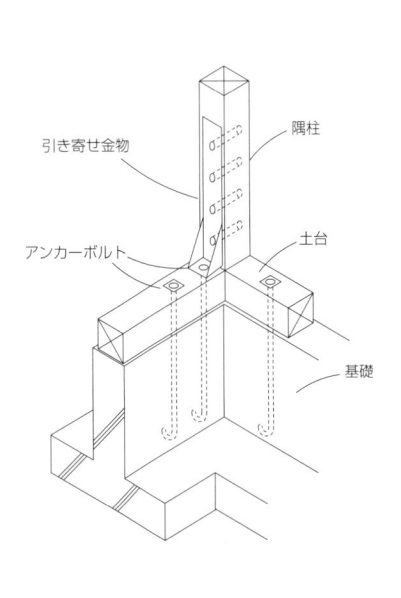

図 3・32　柱と土台との仕口の例

i) 軸組長さの検討（令第46条第4項）

　階数が2以上または延べ面積が50m²を超える木造建築物の軸組は，次式のように梁間方向，桁行方向について，軸組の長さに表3・18に示す軸組の種類に応じて同表の倍率欄の数値を乗じて得た長さの合計（存在壁量）が，その階の床面積に地震力に対する単位面積あたりの必要壁量 L_w（表3・19）の数値を乗じて得た数値（必要壁量）以上で，かつ，その階の見付面積（床面から1.35m以上の部分）に表3・20（風圧力）の数値を乗じて得た数値（必要壁量）以上となるように軸組を配置しなければならない．

（地震力について）
$\Sigma\{(軸組の長さ) \times (表3・18の数値)\}$
　　　$\geq$ (その階の床面積) $\times L_w$

（風圧力について）
$\Sigma\{(軸組の長さ) \times (表3・18の数値)\}$
　　　$\geq$ (床面から1.35m以上の見付面積) $\times$ (表3・20の数値)

j) 軸組のバランスの検討

　軸組のバランスの検討を以下のように行う．
① 令第82条の3に定める方法で偏心率を求め，その値が0.3以下であることを確認する．
② ①によらない場合は，平12建告第1352号により側端部分（梁間方向，桁行方向のおのおのについて，両端から1/4の部分）の存在壁量*1を必要壁量*2で除した数値（壁量充足率）を計算する．計算した値が1.0を超えていれば壁量が釣合いよく配置されているとみなす．1.0以下の場合は，壁率比（小さい方の壁量充足率／大きい方の壁量充足率）を求め，0.5以上であれば一定のバランスが保たれているとみなす．

　上記i)とj)をまとめた計算例を下記に示す．

*1　$\Sigma\{(表3・18) \times (側端部分の軸組の長さ)\}$
*2　$L_w \times$ (側端部分の床面積)

【例　題】　図3・33に示した耐力壁図および立面図により，軸組長さの検討と軸組のバランスの検討を行え．
設計条件　・屋根は金属板葺き（太陽光パネルなし），L_w の値は2階 0.21m/m²，1階の0.42m/m² とする
　　　　　・特定行政庁が定める強風区域以外とする
　　　　　・2階の床面積は48m² ／ 1階の床面積は60m²
　　　　　・2階X方向の軸組長さは17.0m ／ 2階Y方向の軸組長さは14.0m
　　　　　・1階X方向の軸組長さは21.0m ／ 1階Y方向の軸組長さは18.0m

【解　答】

1. 軸組長さの検討
a) 存在壁量の計算
表3・18より
　4.5cm × 9cm 筋かいたすき掛けの倍率は4.0
　4.5cm × 9cm 筋かいの倍率は2.0
　　　（軸組の長さ）×（表3・18の数値）
　2階 X方向　17.0m × 2.0 = 34
　1階 X方向　21.0m × 4.0 = 84
　2階 Y方向　14.0m × 2.0 = 28
　1階 Y方向　18.0m × 4.0 = 72

b) 必要壁量の計算
ア) 地震力について
　　L_w の値：2階は 0.21m/m²（21cm/m²），1階 0.42m/m²（42cm/m²）．
　　　（その階の床面積）×（L_w の値）
　2階 XY方向とも　48.0m² × 0.21m/m² = 10.1
　1階 XY方向とも　60.0m² × 0.42m/m² = 25.2

イ) 風圧力について
　　表3・20より各階の床面からの高さ1.35m以上の部分の見付面積×0.5m/m²（50cm/m²）の壁が必要である．
　　（床面から1.35m以上の見付面積）×（表3・20の数値）
　2階 X方向　14.2m² × 0.5m/m² = 7.1
　1階 X方向　(14.2 + 16.6) m² × 0.5m/m² = 15.4
　2階 Y方向　28.0m² × 0.5m/m² = 14.0
　1階 Y方向　(28.0 + 27.4) m² × 0.5m/m² = 27.7

ウ) 上記ア)，イ)より必要壁量は以下のとおりである．
　2階 X方向　10.1（地震力で決まる）
　1階 X方向　25.2（地震力で決まる）
　2階 Y方向　14.0（風圧力で決まる）
　1階 Y方向　27.7（風圧力で決まる）

c) 上記a)，b)より
　(その階の床面積)×(表3・19の数値)
　(床面から1.35m以上の見付面積)×(表3・20の数値) $\leq$ (軸組の長さ)×(表3・18の数値)
　2階 X方向　10.1 < 34.0　OK
　1階 X方向　25.2 < 84.0　OK
　2階 Y方向　14.0 < 28.0　OK
　1階 Y方向　27.7 < 72.0　OK

2. 軸組のバランスの検討
a) 2階 X方向
ア) 上側端部分の存在壁量　5.0m × 2.0 = 10.0
イ) 下側端部分の存在壁量　6.0m × 2.0 = 12.0
ウ) 上側端部分の必要壁量　1.5m × 8.0m × 0.21m/m² = 2.5
エ) 下側端部分の必要壁量　1.5m × 8.0m × 0.21m/m² = 2.5
オ) 上側端部分の充足率（ア）÷ウ）　10.0 ÷ 2.5 = 4.0
カ) 下側端部分の充足率（イ）÷エ）　12.0 ÷ 2.5 = 4.8
ともに1.0を超えているので壁はつりあいよく配置されている．

b) 2階 Y方向
ア) 左側端部分の存在壁量　4.0m × 2.0 = 8.0
イ) 右側端部分の存在壁量　4.0m × 2.0 = 8.0
ウ) 左側端部分の必要壁量　2.0m × 6.0m × 0.21m/m² = 2.5
エ) 右側端部分の必要壁量　2.0m × 6.0m × 0.21m/m² = 2.5
オ) 左側端部分の充足率（ア）÷ウ））　8.0 ÷ 2.5 = 3.2
カ) 右側端部分の充足率（イ）÷エ））　8.0 ÷ 2.5 = 3.2
ともに1.0を超えているので壁はつりあいよく配置されている．

c) 1階 X方向
ア) 上側端部分の存在壁量　7.0m × 4.0 = 28.0
イ) 下側端部分の存在壁量　7.0m × 4.0 = 28.0
ウ) 上側端部分の必要壁量　1.5m × 10.0m × 0.42m/m² = 6.3
エ) 下側端部分の必要壁量　1.5m × 10.0m × 0.42m/m² = 6.3
オ) 上側端部分の充足率（ア）÷ウ））　28.0 ÷ 6.3 = 4.4
カ) 下側端部分の充足率（イ）÷エ））　28.0 ÷ 6.3 = 4.4
ともに1.0を超えているので壁はつりあいよく配置されている．

d) 1階 Y方向
ア) 左側端部分の存在壁量　4.0m × 4.0 = 16.0
イ) 右側端部分の存在壁量　7.0m × 4.0 = 28.0
ウ) 左側端部分の必要壁量　2.5m × 6.0m × 0.42 = 6.3
エ) 右側端部分の必要壁量　2.5m × 6.0m × 0.42 = 6.3
オ) 左側端部分の充足率（ア）÷ウ））　16.0 ÷ 6.3 = 2.5
カ) 右側端部分の充足率（イ）÷エ））　28.0 ÷ 6.3 = 4.4
ともに1.0を超えているので壁はつりあいよく配置されている．

上記1. 2. の結果より軸組長さ，軸組バランスともに満足しているので令第46条に適合している．

表 3・18　軸組の種類に応じた倍率の例（昭 56 建告第 1100 号）

	軸組の種類	倍率
(1)	土塗壁または木ずりなどを柱および間柱の片面に打ち付けた壁を設けた軸組	0.5
(2)	木ずりなどを柱および間柱の両面に打ち付けた壁を設けた軸組	1
	厚さ 1.5cm 以上で幅 9cm 以上の木材または径 9mm 以上の鉄筋の筋かいを入れた軸組	
(3)	厚さ 3cm 以上で幅 9cm 以上の木材の筋かいを入れた軸組	1.5
(4)	厚さ 4.5cm 以上で幅 9cm 以上の木材の筋かいを入れた軸組	2
(5)	9cm 角以上の木材の筋かいを入れた軸組	3
(6)	(2)〜(4)までの筋かいをたすき掛けに入れた軸組	(2)〜(4)までのそれぞれの数値の 2 倍
(7)	(5)の筋かいをたすき掛けに入れた軸組	5
(8)	(1)または(2)の壁と(2)〜(7)までの筋かいとを併用した軸組	(1)または(2)のそれぞれの数値と(2)〜(7)までのそれぞれの数値との和

注）軸組の倍率は同告示の第 1・第 2 に示されており，併用する場合はその数値の和とする（7 を超える場合は 7）．

表 3・19　単位面積あたりの必要壁量の例（日本住宅・木材技術センターによる）

屋根と外壁の仕様			単位面積あたりの必要壁量 L_w（cm/m²）		
太陽光パネル	屋根	外壁	平屋	2 階建ての 1 階	2 階建ての 2 階
なし	瓦葺き	モルタルなど	22	48	28
		サイディング	20	43	26
	金属板葺き	モルタルなど	15	42	21
		サイディング	14	37	18

注 1）1 階階高 2.9 m 以下，2 階階高 2.8 m 以下，2 階床面積／1 階床面積＝0.8 以上 1.0 未満の場合．
注 2）L_w は，次式で計算できる．
　　$L_w = (A_i \cdot C_o \cdot \Sigma W_i) 0.0196 A_{fi}$
　　A_i：層せん断力分布係数
　　C_o：標準せん断力係数 0.2（令第 88 条第 2 項の指定区域は 0.3）
　　ΣW_i：当該階が負担する固定荷重と積載荷重の和（kN）
　　A_{fi}：当該階の床面積
注 3）構造計算によって安全性を確認する場合は，壁量の計算は不要．

表 3・20　単位見付面積あたりの必要軸組長さ

	区　域	見付面積に乗ずる数値（cm/m²）
(1)	特定行政庁がその地方における過去の風の記録を考慮してしばしば強い風が吹くと認めて規則で指定する区域	50 を超え，75 以下の範囲内において特定行政庁がその地方における風の状況に応じて規則で定める数値
(2)	(1)の区域以外の区域	50

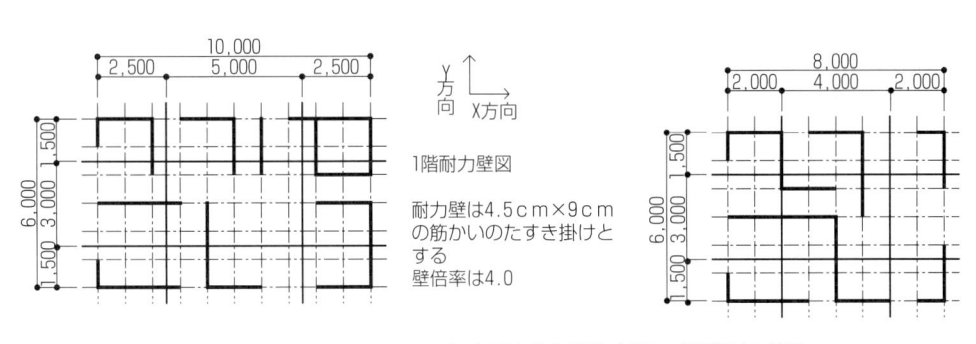

（a）耐力壁の位置（グリッド間隔は 1,000）

1 階耐力壁図
耐力壁は 4.5cm×9cm の筋かいのたすき掛けとする
壁倍率は 4.0

2 階耐力壁図
耐力壁は 4.5cm×9cm の筋かいとする
壁倍率は 2.0

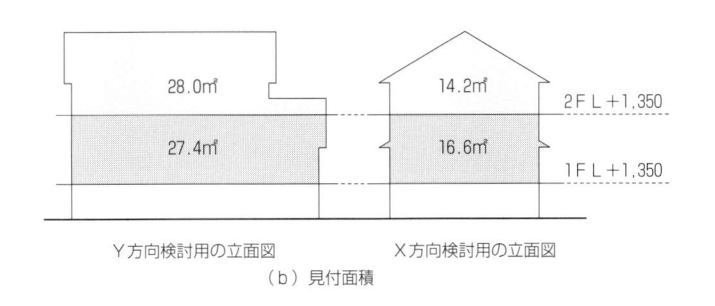

（b）見付面積

Y 方向検討用の立面図　　X 方向検討用の立面図

図 3・33　例題の図

7. 組積造

　れんが造，石造，コンクリートブロック造（補強コンクリートブロック造は除く）の建築物を組積造という．令第52条〜令第62条までの規定は，組積造の建築物または組積造とその他の構造を併用する組積造の部分に適用する．

a) 壁・臥梁・開口部（令第54条，令第55条，令第56条，令第57条）

　組積造は，れんが，石，コンクリートブロックをモルタルで積み上げた構造であり，特に壁の構造が重要である．したがって，表3・21，図3・34のような規定が定められている．

b) 組積造の塀（令第61条）

　組積造の塀の高さは，1.2m以下としなければならない．その他の規定は，図3・35に示す構造とする．

8. 補強コンクリートブロック造

　補強コンクリートブロック造とは，コンクリートブロックを鉄筋で補強した構造の建築物である．令第62条の4〜令第62条の8までの規定は，補強コンクリートブロック造の建築物または補強コンクリートブロック造とその他の構造を併用する建築物の補強コンクリートブロック造の部分に適用する．ただし，高さが4m以下，延べ面積が20m²以内の建築物は，令第62条の6（目地及び空洞部）および第62条の7（帳壁）の規定のみ適用する．

a) 耐力壁と臥梁（令第62条の4，令第62条の5）

　耐力壁は補強コンクリートブロック造の構造上最も重要な部分であり，図3・36，図3・37のような詳細な規定が定められている．また，地震力などの水平力に対して抵抗するように水平剛性を保つ必要があるため，耐力壁の各階の壁頂には鉄筋コンクリート造の臥梁を設けなければならない．

b) 目地および空洞部（令第62条の6）

　コンクリートブロックは，目地塗り面の全部にモルタルが行きわたるように施工し，鉄筋を入れた空洞部および縦目地に接する空洞部は，モルタルまたはコンクリートを充填する．また，縦筋の継手は溶接などをする場合を除いて空洞部で継いではならない．

c) 帳壁（令第62条の7）

　帳壁は鉄筋などで構造耐力上主要な部分に緊結し，地震力や風圧力などによって脱落しないようにする．

d) 塀（令第62条の8）

　補強コンクリートブロック造の塀の構造は，図3・38に示すような規定を満足しなければならない．

9. 鉄骨造

　鉄骨造の建築物は，軽量で断面の効率がよく，架構形式も比較的自由なので，大スパンの建築物や高層建築物に適している．令第64条〜令第70条までの規定は，鉄骨造の建築物または鉄骨造とその他の構造を併用する建築物の，鉄骨造の部分に適用する．

a) 圧縮材の有効細長比（令第65条）

　圧縮による座屈破壊を防止するために，圧縮材の有効細長比（座屈長さ／断面の最小二次率半径）が定められており，柱は200以下その他は250以下とする．この値が大きいと座屈をおこす．

b) 柱脚部（令第66条）

　柱の脚部は，ピン構造以外は，アンカーボルトで基礎に緊結しなければならない．

c) 接合部（令第67条，令第68条）

　鋼材の接合は，ボルトが緩まないように次のいずれかの措置を講じなければならない．

①ボルトをコンクリートで埋め込むこと．
②ボルトに使用するナットの部分を溶接すること．
③ナットを二重に使用すること．
④上記と同等以上の効力を有する戻り止めをすること．

　また，延べ面積が3,000m²を超える建築物，軒の高さが9mを超える建築物，梁間が13mを超える建築物で，接合される鋼材が炭素鋼であるときは高力ボルト接合，溶接接合，リベット接合などとし，鋼材がステンレス鋼であるときは高力ボルト接合，溶接接合などとしなければならない．

　部材相互間の応力をスムーズに伝えるために，高力ボルトなどの相互間の中心距離や高力ボルトの孔径，ボルトの孔径の大きさなどが，表3・22，図3・39のように規定されている．

d) 斜材などの配置（令第69条）

　軸組，床組および小屋組には，水平力に対して均等に力が分布するように，ブレース，鉄筋コンクリート造の壁，屋根版もしくは床版を配置しなければならない．

e) 柱の防火被覆（令第70条）

　地階を除く階数が3以上の建築物では，一の柱のみの火熱による耐力の低下によって建築物全体が容易に倒壊しないように，通常の火災による火熱が加えられた場合に，加熱開始後30分間構造耐力上支障のある変形などの損傷を生じないように防火被覆などの措置を講じなければならない．

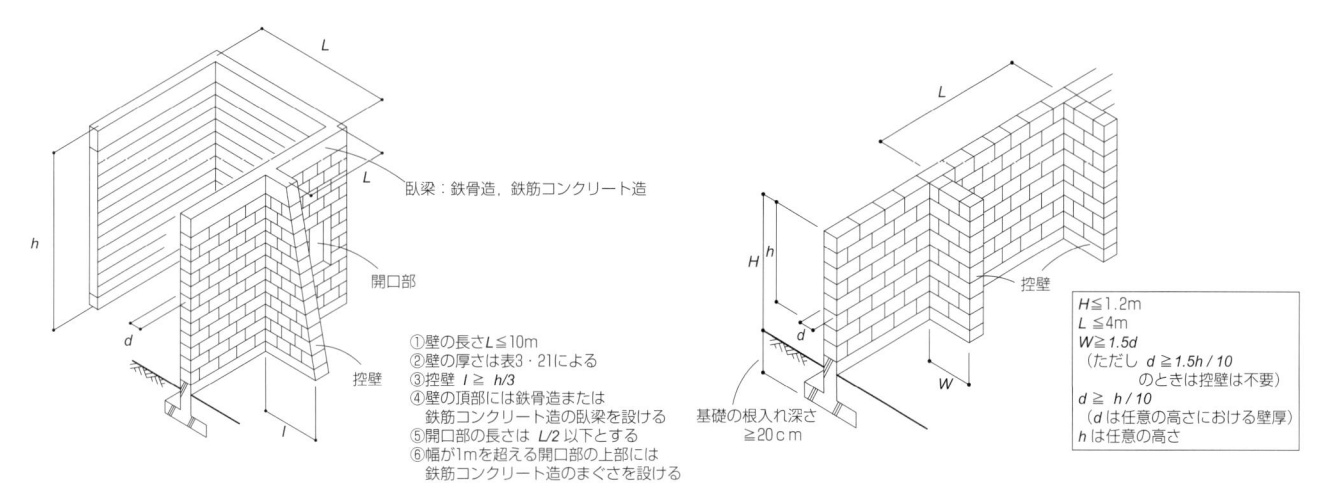

図3・34 組積造の規定

① 壁の長さ $L ≦ 10m$
② 壁の厚さは表3・21による
③ 控壁 $l ≧ h/3$
④ 壁の頂部には鉄骨造または鉄筋コンクリート造の臥梁を設ける
⑤ 開口部の長さは $L/2$ 以下とする
⑥ 幅が1mを超える開口部の上部には鉄筋コンクリート造のまぐさを設ける

図3・35 組積造の塀

$H ≦ 1.2m$
$L ≦ 4m$
$W ≧ 1.5d$
（ただし $d ≧ 1.5h/10$ のときは控壁は不要）
$d ≧ h/10$
（dは任意の高さにおける壁厚）
hは任意の高さ

表3・21 組積造の壁の厚さ

階数＼壁の長さ	5m 以下の場合	5m を超える場合
階数が2以上の建築物	30cm 以上かつ $h/15$cm 以上	40cm 以上かつ $h/15$cm 以上
階数が1の建築物	20cm 以上かつ $h/15$cm 以上	30cm 以上かつ $h/15$cm 以上

1. 間仕切壁の厚さは，表の数値より10cmを減らすことができる
2. ただし，20cm以下としてはならない．
h：その階の壁の高さ

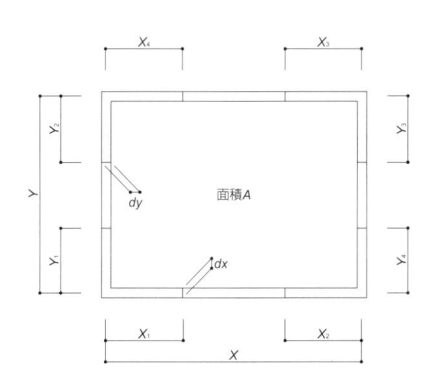

図3・36 補強コンクリートブロック造の耐力壁の配置

面積 $A = X \cdot Y ≦ 60m^2$

壁量
$\Sigma X/A = (X_1+X_2+X_3+X_4)/A ≧ 15cm/m^2$
$\Sigma Y/A = (Y_1+Y_2+Y_3+Y_4)/A ≧ 15cm/m^2$

壁の厚さ
$dx ≧ X/50$ かつ $dx ≧ 15cm$
$dy ≧ Y/50$ かつ $dy ≧ 15cm$

図3・37 補強コンクリートブロック造の耐力壁の構造

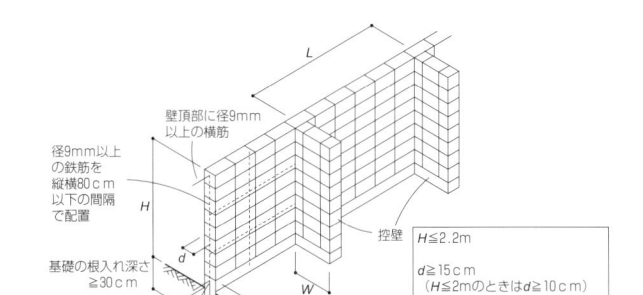

- 20cm以上かつ壁の長さの1/20以上
- 端部，隅角部に径12mm以上の縦筋を配置
- 径9mm以上
- ≦80cm
- 末端はフックを付ける（耐力壁端部以外の異形鉄筋は不要）
- ≦80cm
- 25d 壁手の重ね長さ
- 40d以上アンカーする
- 臥梁
- 基礎

図3・38 補強コンクリートブロック造の塀

- 壁頂部に径9mm以上の横筋
- 径9mm以上の鉄筋を縦横80cm以下の間隔で配置
- 基礎の根入れ深さ ≧30cm
- 基礎に径9mm以上の横筋
- 基礎の丈は35cm以上
- 控壁
- $H ≦ 2.2m$
- $d ≧ 15cm$（$H ≦ 2m$のときは$d ≧ 10cm$）
- $L ≦ 3.4m$
- $W ≧ H/5$

表3・22 高力ボルトなどの孔径

ボルトの種類	ボルトの孔径	
高力ボルト	軸径＜27mm	軸径≧27mm
	孔径≦軸径＋2mm	孔径≦軸径＋3mm
ボルト	軸径＜20mm	軸径≧20mm
	孔径≦軸径＋1mm	孔径≦軸径＋1.5mm
リベット	リベット孔に充分埋まるように打つ	

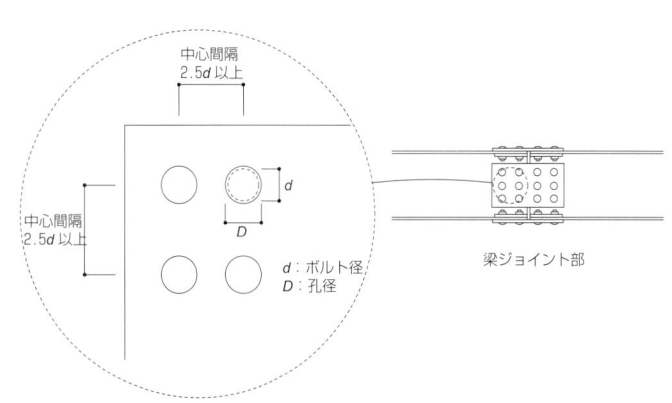

図3・39 高力ボルトの中心距離

中心間隔 2.5d 以上
d：ボルト径
D：孔径
梁ジョイント部

10. 鉄筋コンクリート造

鉄筋コンクリート造は，鉄筋とコンクリートが一体となってお互いの長所，短所を補っている構造で一般に広く使用されている．令第72条～令第79条の規定は，鉄筋コンクリート造の建築物または鉄筋コンクリート造とその他の構造を併用する建築物の，鉄筋コンクリート造の部分に適用する．

a) コンクリートの材料（令第72条）

コンクリートの材料は，品質確保のために次に定めるものとする．

① 骨材，水，および混和材料は，鉄筋をさびさせ，またはコンクリートの硬化を妨げるような酸，塩，有機物，泥土を含まないこと．

② 骨材は，鉄筋相互間隔および鉄筋とせき板との間を容易に通る大きさで，適切な粒度および粒形のもので，かつ，必要な強度，耐久性，耐火性が得られるものであること．

b) 鉄筋の継手と定着（令第73条）

鉄筋の末端は，フックを付け，コンクリートから抜け出ないように定着しなければならない．ただし，異形鉄筋を使用した場合で，柱や梁の出隅部分，煙突以外ではフックを付けなくてもよい．

また，主筋などの継手は，引張力が十分に伝わるように一定の長さを確保する（図3・40，表3・23）．

柱に接合される梁の引張鉄筋は，柱の主筋に溶接をする場合を除き，鉄筋径の40倍以上の定着長さとする（図3・41，表3・23）．

c) コンクリートの強度（令第74条）

鉄筋コンクリート造に使用するコンクリートの4週圧縮強度は，$12N/mm^2$（軽量骨材は$9N/mm^2$）以上とする．

d) コンクリートの養生（令第75条）

コンクリートの硬化時における初期養生は特に重要であり，コンクリート打込み中および打込み後5日間はコンクリートの温度が2度を下がらないようにし，かつ，乾燥，振動などによってコンクリートの凝結，硬化が妨げられないように養生しなければならない．

e) 型枠および支柱の除去（令第76条）

構造耐力上主要な部分に係る型枠および支柱は，コンクリートが自重および工事の施工中の荷重によって変形やひび割れなどの損傷を受けない強度になるまでは，取りはずしてはならない．

f) 柱・床版・梁の構造（令第77条，令第77条の2，令第78条）

柱・床版・梁の構造は，原則として図3・42～図3・44に定めるものとしなければならない．

g) 耐力壁（令第78条の2）

耐力壁の構造は，原則として次に定めるものとしなければならない（図3・45）．

① 耐力壁の厚さは，12cm以上とする．

② 開口部周囲には径12mm以上の補強筋を配置する．

③ 径9mm以上の鉄筋を縦横に30cm（ダブル配筋とする場合は，45cm以下）以下の間隔で配置する．ただし，平屋建ての場合は，35cm（ダブル配筋とする場合は，50cm）以下の間隔で配置する．

④ 壁式構造の耐力壁は，上記①～③を満足し，かつ，長さは45cm以上とし，端部および隅角部には径12mm以上の鉄筋を縦に配置する．また，存在応力を相互に伝えるために耐力壁の頂部および脚部には耐力壁の厚さ以上の幅の壁梁を配置する．

h) 鉄筋のかぶり厚さ（令第79条）

鉄筋のかぶり厚さは，鉄筋の錆の防止や火災時の鉄筋の強度低下防止などの耐久性と耐火性の上でも重要であり，部材の位置によって表3・24のように定められている．

11. 鉄骨鉄筋コンクリート造（令第79条の2～令第79条の4）

鉄骨鉄筋コンクリート造の建築物は，一部の規定を除いて鉄骨の部分は上記の鉄骨造の規定を適用し，鉄筋コンクリートの部分は上記の鉄筋コンクリート造の規定を適用する．

図 3・40　鉄筋の継手長さ

図 3・41　鉄筋の定着長さ

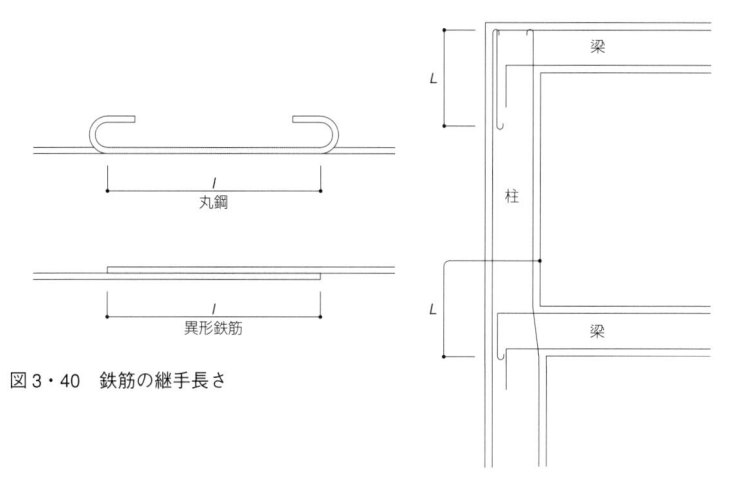

表 3・23　鉄筋の継手長さと定着長さ

コンクリートの種類	継手の重ね長さ		柱に接合される梁の引張鉄筋の定着長さ
	引張力の最も小さい部分	その他の部分	
普通コンクリート	$25d$ 以上	$40d$ 以上	$40d$ 以上
軽量コンクリート	$30d$ 以上	$50d$ 以上	$50d$ 以上

径の異なる主筋をつなぐ場合は細い主筋の径とする

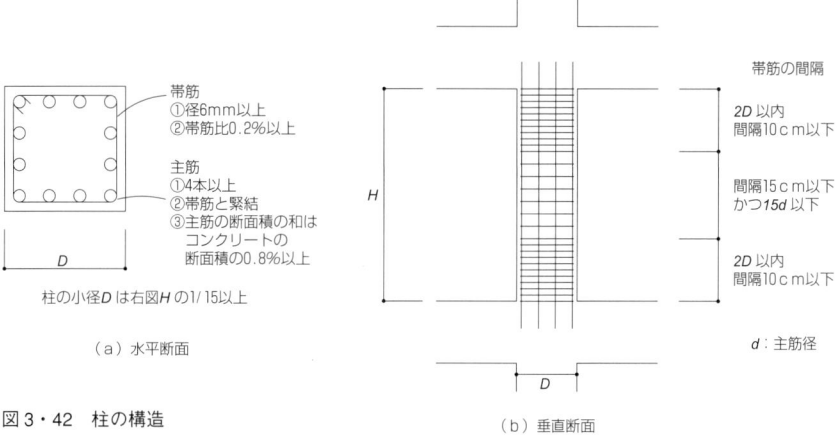

図 3・42　柱の構造

帯筋
①径6mm以上
②帯筋比0.2%以上

主筋
①4本以上
②帯筋と緊結
③主筋の断面積の和はコンクリートの断面積の0.8%以上

柱の小径Dは右図Hの1/15以上

（a）水平断面

帯筋の間隔
$2D$ 以内
間隔10cm以下

間隔15cm以下
かつ$15d$以下

$2D$ 以内
間隔10cm以下

d：主筋径

（b）垂直断面

図 3・43　床版の構造

配力筋
30cm以下
かつ$3D$以下

主筋
20cm以下

Ly：長辺方向

配力筋
30cm以下かつ$3D$以下の間隔で配筋

$D \geq 8$cm
かつ$Lx/40$

主筋
20cm以下の間隔で配筋

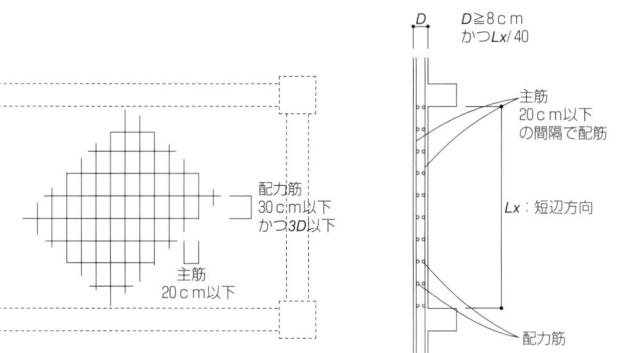

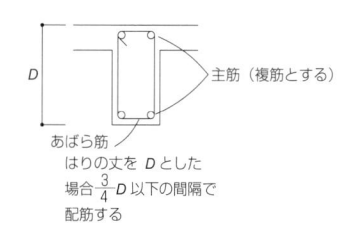

Lx：短辺方向

配力筋

図 3・44　梁の構造

主筋（複筋とする）

あばら筋
はりの丈をDとした場合$\frac{3}{4}D$以下の間隔で配筋する

図 3・45　耐力壁の構造

径12mm以上の開口部補強筋

径9mm以上の鉄筋を縦横に30cm以下の間隔で配筋する
（複配筋の場合は45cm以下）

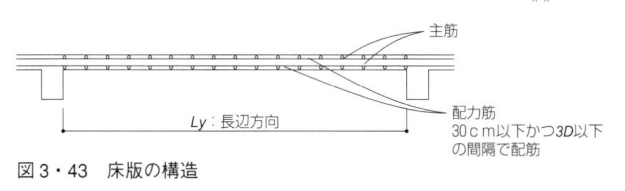

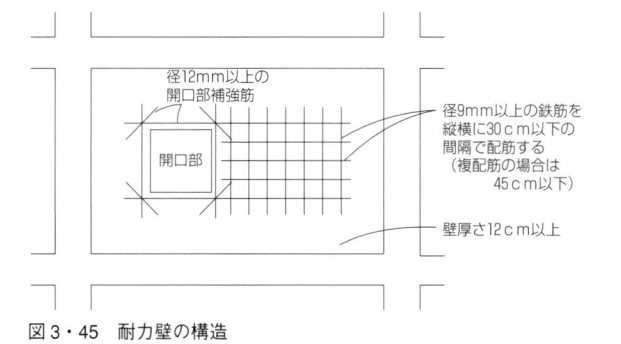

壁厚さ12cm以上

表 3・24　鉄筋のかぶり厚さ

構造部分	かぶり厚さ
耐力壁以外の壁・床	2cm 以上
耐力壁・柱・梁	3cm 以上
直接土に接する壁・柱・床・梁・布基礎の立上り部分	4cm 以上
基礎（布基礎の立上り部分を除く）[*1]	6cm 以上

＊1　捨てコンクリートの部分は除く

3・4 防火関係の規定

建築物の防火とは，建築物すべてが耐火構造を要求されるというものではなく，万一火災が発生した場合に，火災から人命と財産を守るために，内装制限により火災の急激な成長を抑え，防火区画により火災の拡大を防ぎ，建築物が火災により簡単に倒壊しないように耐火性能を高め，隣家からの延焼により市街地の大火を防ぐことなどをいう．

1. 大規模建築物の主要構造部 （法第21条）

大規模な建築物の一部に木材，プラスチックなどの可燃性の材料を使用したものは，火災時に被害が拡大する可能性が高い．したがって，次の①～④に示す建築物で，自重・積載荷重を支える主要構造部（床，屋根，階段を除く）の全部または一部に木材，プラスチックなどの可燃材料を用いたものは，その特定主要構造部に高い防耐火性能が求められる（表3・25）．

① 地上の階数が4以上の建築物
② 高さが16mを超える建築物
③ 法別表第1(ぃ)欄(5)項・(6)項の特殊建築物（倉庫・自動車車庫・自動車修理工場など）で高さが13mを超える建築物
④ 延べ面積が3,000m²を超える建築物

①～③の建築物は原則として，特定主要構造部を耐火構造（または同等のもの）とするか，通常火災終了時間が経過するまで倒壊・延焼を防止するための技術的基準（令第109条の5）に適合するものとしなければならない．ただし，周囲に延焼防止上有効な空地を有するものは除外される（令第109条の6）．

④の建築物は原則として，特定主要構造物を①～③の建築物と同等とするか，壁・柱・床・防火設備などを周辺危害防止構造*¹とする．なお，建築物が火熱遮断壁等*²で区画されている場合，各部分は別々の建築物とみなす．

2. 法22条指定区域内の建築制限

法22条指定区域とは，特定行政庁が防火地域および準防火地域以外の市街地において広域的な防火をめざすために指定する区域である．この区域においては，表3・26に示すように，各部位に防火上の制限がある．

a) 屋根の構造 （法第22条，令第109条の9）

法22条指定区域内の建築物の屋根の構造は，通常の火災を想定した火の粉による火災の発生を防止するために，次のような性能に適合するもので国土交通大臣が定めた構造方法を用いるもの（表3・27），または国土交通大臣の認定を受けたものでなければならない．

① 通常の火災による火の粉により，防火上有害な発炎をしないもの．
② 通常の火災による火の粉により，屋内に達する防火上有害な溶融，き裂などの損傷を生じないもの．

また，不燃性物品を保管する倉庫などで，屋根以外の主要構造部を準不燃材料で造られた建築物の屋根の構造は，上記①の性能を有するものでよい．

ただし，茶室，あずまやなどの建築物または10m²以内の物置，納屋などの延焼のおそれのある部分以外はこの性能を必要としない．

b) 外壁の構造 （法第23条，令第109条の10）

法22条指定区域内の木造建築物等*³で延焼のおそれのある部分の外壁の構造は，準防火性能（p.23，表2・7参照）に関して次の技術的基準に適合する土塗壁などで，国土交通大臣が定めた構造方法を用いるもの，または国土交通大臣の認定を受けたものでなければならない．

① 耐力壁である外壁が，周囲において発生する通常の火災による火熱が加えられた場合に，加熱開始後20分間の非損傷性（p.22参照）を有すること．
② 外壁が，周囲において発生する通常の火災による火熱が加えられた場合に，加熱開始後20分間の遮熱性（p.22参照）を有すること．

c) 建築物が法22条指定区域の内外にわたる場合 （法第24条）

建築物の一部のみが法22条指定区域にある場合でも，建築物全体が指定区域内にあるものとみなす（図3・46）．

3. 大規模木造建築物等の防火措置 （法第25条）

大規模な木造建築物等は火災による延焼の危険性が高く，防火性能を強化する必要がある．

したがって，延べ面積（同一敷地内に2以上ある場合は，その合計）が1,000m²を超える木造建築物等の外壁および軒裏で延焼のおそれのある部分は防火構造とし，屋根の構造は上記2のa)の構造としなければならない．

---

*1 周囲への延焼を防止し，避難および消火活動に支障のない構造（令第109条の7第1項第一号）．
*2 その部分の壁・柱・床・防火設備が，延焼を遮断できる高い耐火性能と自立性を有するもの（令第109条の8）．
*3 主要構造部のうち自重または積載荷重（多雪区域は積雪荷重を加える）を支える部分が木材，プラスチックなどの可燃材料で造られた建築物．

表 3・25　大規模建築物の主要構造部等の規制（法第 21 条）

規制対象大規模建築物[*1]		特定主要構造部等の要件
自重・積載荷重（多雪区域は積雪荷重を加える）を支える主要構造部（床・屋根・階段を除く）に，木材，プラスチックなどの可燃材料を用いたもの	地上階数≧4	通常火災終了まで倒壊・延焼を防止するために必要とされる性能が，令第 109 条の 5 の技術的基準に適合するもので，大臣が定めた構造方法（令元国告第 193 号）を用いるもの又は大臣認定を受けたもの[*2]
	高さ＞16m	
	法別表第 1(い)欄(5)項・(6)項の特殊建築物（倉庫，自動車車庫，自動車修理工場など）で，高さ＞13m	
	延べ面積＞3,000m²	壁・柱・床・防火設備等を，通常火災時の火熱が周囲に防火上有害な影響を及ぼさないために必要とされる性能が，令第 109 条の 7 の技術的基準に適合するもので，大臣が定めた構造方法（令 6 国告第 284 号）（周辺危害防止構造（p.58＊1 参照）または令第 109 条の 5 に適合する一定の構造）を用いるもの又は大臣認定を受けたもの

＊1　建築物が火熱遮断壁等（p.58＊2 参照）で区画されている場合の各分離された部分は，それぞれ別の建築物とみなす．
＊2　ただし，その周囲に延焼防止上有効な空地で令第 109 条の 6 で定める技術的基準に適合するものを有する建築物については，この限りでない．

表 3・26　法 22 条指定区域内の建築制限

建　築　物	部　位	制限の内容	条　文
すべての建築物	屋根	①防火上有害な発炎をしない． ②屋内に達する防火上有害な損傷を生じない．	法第 22 条 令第 109 条の 9
木造建築物等	外壁（延焼のおそれのある部分）	①耐力壁が加熱開始後 20 分間の非損傷性を有する． ②耐力壁以外が加熱開始後 20 分間の遮熱性を有する．	法第 23 条 令第 109 条の 10

表 3・27　法 22 条指定区域内の屋根の構造方法

(1)	不燃材料で造るか，またはふいたもの．
(2)	準耐火構造（屋外に面する部分を準不燃材料で造ったものに限る）とするもの．
(3)	耐火構造（屋外に面する部分を準不燃材料で造ったもので，かつ，その勾配が水平面から 30 度以内のものに限る．）の屋外面に断熱材（ポリエチレンフォーム，ポリスチレンフォーム，硬質ポリウレタンフォームなどの材料を用いたもので，その厚さの合計が 50mm 以下のものに限る．）および防水材（アスファルト防水工法，改質アスファルトシート防水工法，塩化ビニル樹脂系シート防水工法，ゴム系シート防水工法または塗膜防水工法を用いたものに限る．）を張ったもの．

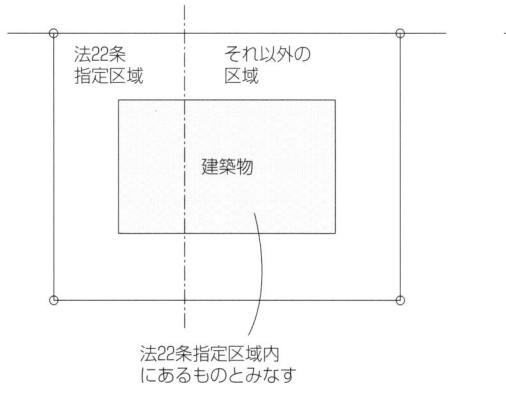

（a）建築物が区域の内外にわたる場合　　　（b）敷地が区域の内外にわたる場合

図 3・46　法 22 条指定区域の内外にわたる場合

4. 防火壁等

a) 防火壁等の設置（法第26条）

延べ面積が1,000m²を超える建築物は、防火上有効な防火壁または防火床（以下、防火壁等という）によって床面積を1,000m²以内ごとに区画しなければならない。ただし、次に示すものは防火壁等を設けなくてもよい。

① 耐火建築物または準耐火建築物。
② 卸売市場の上家、機械製作工場などの火災の発生のおそれの少ない建築物で、主要構造部が不燃材料で造られたものなど。
③ 畜舎などで周辺地域が農業に利用され、避難上および延焼防止上支障がないものとして国土交通大臣が定める基準に適合するもの。

なお、防火壁等で区画された部分については、特定主要構造部が耐火構造（同等含む）である場合や、主要構造部が準耐火構造（同等含む）である場合、所定の防火設備を有するものは、それぞれ耐火建築物、準耐火建築物とみなす。

b) 防火壁等の構造（令第113条）

防火壁等は次に示す構造などとする。

① 耐火構造とし、かつ防火壁は自立する構造とする。
② 通常火災時において防火壁等以外の部分が倒壊しても倒壊しない構造方法とすること。
③ 通常火災時において防火壁等で区画された部分から屋外に出た火炎により他の防火壁等で区画された部分へ延焼防止できる構造方法とすること（図3・47）。
④ 防火壁等に設ける開口部の幅および高さは、それぞれ2.5m以下とし、令第112条第19項第一号に規定する特定防火設備（常時閉鎖または、煙感知・熱感知器連動の自動閉鎖）とすること（図3・48）。
⑤ 給水管・配電管などが防火壁等を貫通する場合は、モルタルなどの不燃材料を充てんし、換気などのダクトが防火壁等を貫通する場合は、令第112条第21項に規定する特定防火設備（常時閉鎖、または煙感知・熱感知器連動の自動閉鎖）を設けること。

なお、火熱遮断壁等は、防火壁等とみなすことができる。

5. 耐火建築物等としなければならない特殊建築物
（法第27条、法別表第1）

建築物の用途は様々であり、不特定多数の人が集まるスペース、多数の者が就寝を伴う建築物、大規模な建築物などは、火災の発生の際に人々を安全に避難させるまで、倒壊しないように建築物の耐火性能の基準が定められている。

a) 一定の耐火性能を有する建築物とすべき建築物

次の特殊建築物は特定主要構造部を当該建築物の在館者の避難が終了するまで、通常の火災による倒壊及び延焼を防止するために必要とされる技術的基準（表3・29）に適合するもので、大臣が定めた構造方法を用いるもの等としなければならない（d)参照）。

また、その外壁の開口部で延焼のおそれのある部分にあるもの、当該建築物の他の外壁の開口部から通常の火災時における火炎が到達するおそれがあるものに一定の防火設備を設けたものとしなければならない。ただし、①については、階数が3で延べ面積が200m²未満のもの（表3・28(2)項の用途に供するもののうち政令で定めるものについては政令で定める警報設備を設けたものに限る）を除く。

① 表3・28の(ろ)欄の階を(い)欄(1)～(4)項の用途に供するもの。
② 表3・28の(い)欄(1)～(4)項の用途に供するもので、その用途に供する部分の床面積の合計が(は)欄に該当するもの。
③ 表3・28の(い)欄(1)項の劇場・映画館・演芸場で、客席が1階にないもの。

b) 耐火建築物とすべき建築物

次の特殊建築物は耐火建築物としなければならない。

① 表3・28の(い)欄(5)項の用途に供するもので、その用途に供する部分の床面積の合計が(は)欄に該当するもの。
② 表3・28の(ろ)欄の階を(い)欄(6)項の用途に供するもの。

c) 耐火建築物または準耐火建築物とすべき建築物

次の特殊建築物は耐火建築物または準耐火建築物としなければならない。

① 表3・28の(い)欄(5)項および(6)項の用途に供するもので、その用途に供する部分の床面積の合計が(に)欄に該当するもの。ただし(6)項の場合は外壁が耐火構造で法第2条第9号の三ロに該当する準耐火建築物（ロ準耐一号）以外のものとしなければならない。
② 表3・28の(い)欄(7)項に該当するもの。

d) 一定の耐火性能を有する建築物の技術的基準

特定主要構造部を次のいずれかのものとしなければならない。

① 令第110条第一号（表3・29）の技術的基準に適合するもので、大臣が定めた構造方法（平27国告第255号第1第1項）を用いるもの、または大臣の認定を受けたもの。
② 令第110条第二号（令第109条の5）の技術的基準に適合するもので、大臣が定めた構造方法（平27国告第255号第1第8項（令元国告第193号第1第1項第1号、第2号または第2)）を用いるもの、または大臣の認定を受けたもの。

なお、平27国告第255号第1には、避難時倒壊防止構造（特定避難時間に基づく準耐火構造）、準耐火構造、令第109条の3の構造（ロ準耐）、1時間準耐火構造（一定の3階建て共同住宅・学校等）、火災時倒壊防止構造（通常火災終了時間に基づく準耐火構造）、耐火構造、耐火性能検証法によって確かめられたものなどが規定されている。

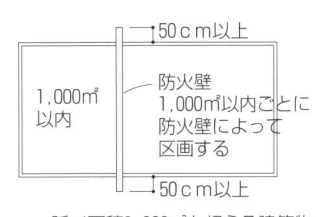

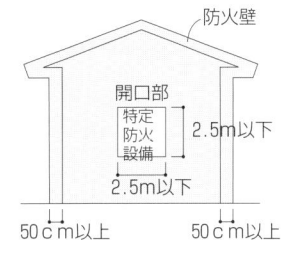

図3・47　防火壁の端部の構造　　図3・48　防火壁に設ける開口部

表3・28　耐火建築物等としなければならない特殊建築物

		(い)	(ろ)	(は)	(に)
		建築物の用途	当該用途に供する階	当該用途に供する床面積の合計	当該用途に供する床面積の合計
(1)		劇場，映画館，演芸場	客席が1階にない[*8] / 3階以上の階	200m²以上（客席） 1,000m²以上（屋外観覧席の場合）	
		観覧場，公会堂，集会場	3階以上の階		
(2)		病院[*1]，診療所（患者の収容施設があるもの），ホテル，旅館，児童福祉施設等[*2]	3階以上の階	2階部分の床面積が300m²以上（病院・診療所は2階に患者の収容施設があるもの）[*7]	
		下宿，共同住宅，寄宿舎	3階以上の階[*5]		
(3)		学校，体育館，博物館，美術館，図書館，ボーリング場，スキー場，スケート場，水泳場，スポーツの練習場	3階以上の階[*6]	2,000m²以上[*7]	
(4)		百貨店，マーケット[*3]，キャバレー，カフェー，ナイトクラブ，バー，ダンスホール，遊技場[*4]，公衆浴場，待合，料理店，飲食店，物品販売店舗（床面積＞10m²）	3階以上の階	2階部分の床面積が500m²以上[*7] 3,000m²以上	
(5)		倉庫		3階以上の床面積が200m²以上	1,500m²以上
(6)		自動車車庫，自動車修理工場，映画スタジオ，テレビスタジオ	3階以上の階		150m²以上
(7)		危険物[*9]の貯蔵場または処理場			

*1　病院：病床数20床以上，診療所：病床数19床以下
*2　令第19条第1項に定められたもので，児童福祉施設のほか，助産所，身体障害者参加支援施設，保護施設，婦人保護施設，老人福祉施設，有料老人ホーム，母子保護施設，障害者支援施設，地域活動支援センター，福祉ホーム，障害福祉サービス事業の用に供する施設
*3　マーケットとは共用通路に面して専門店が並ぶ形式のものをいい，スーパーマーケットは物品販売店舗に該当する
*4　マージャン屋，ぱちんこ屋など
*5　防火地域外で地階を除く階数3のとき，特定主要構造部を1時間準耐火基準に適合する準耐火構造とすることができる
*6　地階を除く階数3のとき，特定主要構造部を1時間準耐火基準に適合する準耐火構造とすることができる
*7　特定主要構造部を準耐火構造またはロ準耐（令109条の3）の構造とすることができる
*8　階数3以下かつ延べ面積200m²未満のものを除く
*9　法別表第2(と)項第4号に規定する危険物（令116条で定めるものを除く）

表3・29　政令で定める技術的基準（令第110条第一号）

建築物の部分				通常の火災		屋内側からの通常の火災
				非損傷性	遮熱性	遮炎性
壁	間仕切壁	耐力壁		特定避難時間[*1]	特定避難時間[*1]	―
		非耐力壁		―		―
	外壁	耐力壁		特定避難時間[*1]		特定避難時間[*1]
		非耐力壁	延焼のおそれのある部分	―		
			上記以外の部分	―	30分間	30分間
柱				特定避難時間[*1]	―	―
床				特定避難時間[*1]	特定避難時間[*1]	―
はり				特定避難時間[*1]	―	―
屋根	下記以外			30分間[*2]	―	30分間
	軒裏	延焼のおそれのある部分		―	特定避難時間[*1]	
		上記以外の部分		―	30分間	
階段				30分間[*2]	―	―

*1　特殊建築物の構造，建築設備および用途に応じて当該特殊建築物に存する者のすべてが当該特殊建築物から地上までの避難を終了するまでに要する時間（特定避難時間が45分間未満である場合は45分間）
*2　特定避難時間が30分未満である場合にあっては，特定避難時間

6. 防火区画（令第112条）

防火区画は，火災の拡大を防ぎ，火災の被害を最小限にとどめるとともに避難経路を確保するために必要である．

a) 防火区画の種類

防火区画には「面積区画」，「高層区画」，「竪穴区画」，「異種用途区画」がある（表3・30）．

（ア）面積区画：火災の被害を局部的なものにおさえ，火災の平面的な拡大を防止するために，一定の面積以内ごとに区画をする．ただし，次のような場合は区画をしなくてもよい．

① 用途上区画できないような，劇場，映画館，体育館などの用途に供する建築物の部分．
② 階段室の部分またはエレベーターシャフトの部分で1時間の非損傷性を有する準耐火構造の床，壁または特定防火設備で区画されたもの．

（イ）高層区画：高層階で火災が発生した場合，一般のはしご車が届かないため，消火活動や避難が困難となる．そのために区画単位を小さくし，人命の安全をより一層確保する．

（ウ）竪穴区画：火災時の垂直方向への延焼および煙の伝搬を防止するために，主要構造部を準耐火構造とした建築物で地階または3階以上に居室があるものは，階段や吹抜き，ダクトスペースなどの垂直方向に連続する空間とその他の部分を区画する．

ただし，避難階の直上階または直下階のみに通ずる吹抜きなどで，壁および天井の仕上げ下地とも不燃材料としたものや，階数が3以下で延べ面積が200m²以下の一戸建ての住宅などは，区画しなくてもよい．

（エ）異種用途区画：不特定多数の利用する用途，火災荷重の大きな用途，就寝を伴う用途などが混在する複合建築物では，それぞれの用途の安全性を図るために，その用途の部分とその他の部分を区画する．

b) 防火区画に接する外壁の構造（令第112条第16項，第17項）

防火区画である床，壁，または防火設備などに接する外壁は，区画した部分の相互間の延焼を防ぐため，接する部分を含み幅90cm以上の部分を準耐火構造とするか，外壁面より50cm以上突出した準耐火構造のひさし，そで壁などの防火上有効な構造とする．また，開口部がある場合は防火設備とする（図3・49）

c) 防火区画に設ける防火設備の構造（令第112条第19項）

防火区画に設ける防火設備および特定防火設備は，次の（ア），（イ）の区分に応じてそれぞれの用件を満たすものとして，国土交通大臣が定めた構造方法を用いたもの，または国土交通大臣の認定を受けたものとする．

（ア）「面積区画」，「高層区画」に設ける特定防火設備・防火設備：下記の①から③の要件を満たすとともに，常時閉鎖の状態にあるもの以外は，火災により煙が発生した場合（煙感知）または火災により温度が急激に上昇した場合（熱感知）のいずれかによって自動的に閉鎖するもの．

① 常時閉鎖もしくは作動状態にあるか，または随時閉鎖もしくは作動できるもの．
② 閉鎖または作動するに際して，特定防火設備または防火設備の周囲の人の安全を確保することができるもの．
③ 居室から地上に通じる廊下，階段などに設ける場合は，閉鎖または作動した状態で避難上支障がないもの．

（イ）「竪穴区画」，「異種用途区画」に設ける特定防火設備・防火設備：上記の①から③の要件を満たすとともに，避難上および防火上支障のない遮煙性能を有し，かつ，常時閉鎖の状態にあるもの以外は，火災により煙が発生した場合（煙感知）に自動的に閉鎖するもの．

d) 給水管などが防火区画を貫通する場合の措置（令第112条第20項）

給水管，配電管などが防火区画を貫通する場合は，当該管と防火区画とのすき間をモルタルなどの不燃材料を充填し，防火区画の性能を低下させないようにする．

また，区画貫通部の管の構造は次のいずれかとする．ただし，他の部分と防火区画されたパイプシャフト，パイプダクトなどの中にある部分を除く（令第129条の2の5第1項第七号）．

① 貫通部から，それぞれ両側に1m以内にある部分を不燃材料とすること（p.41，図3・18参照）．
② 管の外径が，管の用途，材質に応じて国土交通大臣が定める数値未満であること．
③ 管に通常の火災による火熱が加えられた場合に，加熱開始後一定の時間の遮炎性（p.22参照）を有するものとして，国土交通大臣の認定を受けたものとすること．

e) 換気設備などの風道が防火区画を貫通する場合の措置（令第112条第21項）

換気，暖冷房設備などの風道が防火区画を貫通する場合は，原則として，その部分または近接する部分に，次の要件を満たし，国土交通大臣が定めた構造方法を用いるもの，または国土交通大臣の認定を受けた特定防火設備，または防火設備を国土交通大臣が定める方法により設けなければならない（図3・50）．

① 火災により煙が発生した場合または火災により温度が急激に上昇した場合に，自動的に閉鎖するものであること．
② 閉鎖した場合に，防火上支障のない遮煙性能を有するものであること．

表3・30 防火区画（令第112条）

区画の種類	対象建築物		区画の基準	区画の構造基準	制限を除外するもの	緩和措置
面積区画	①特定主要構造部が耐火構造 ②主要構造部が準耐火構造 ③②と同等の準耐火性能を有するもの		床面積1,500m²以内に区画*	1時間準耐火構造の床・壁・特定防火設備	①劇場，映画館，演芸場，観覧場，公会堂または集会場の客席，体育館，工場など ②1時間準耐火構造の床・壁・特定防火設備で区画された階段室，昇降機の昇降路（乗降ロビーを含む）の部分	自動式スプリンクラーなどの自動式消火設備を設けた部分の床面積の1/2に相当する部分を，防火区画面積より控除できる．
	①法第21条第1項により非損傷性が確保された建築物（通常火災終了時間が1時間未満のものに限る） ②法第27条第1項により表3・28の非損傷性が確保された建築物（通常火災終了時間が1時間未満のものに限る） ③法第27条第3項により準耐火建築物としたもの（ロ準耐第2号，1時間準耐火基準に適合する建築物を除く） ④法第61条の規定により準耐火建築物としたもの（ロ準耐第2号，1時間準耐火基準に適合する建築物を除く） ⑤法第67条第1項により準耐火建築物としたもの（ロ準耐第2号，1時間準耐火基準に適合する建築物を除く）		①床面積500m²以内ごとに区画 ②防火上主要な間仕切りは準耐火構造とし小屋裏または天井裏に達する（強化天井の部分は除く）		①体育館，工場などで天井（天井のない場合は屋根），壁の仕上げを準不燃材料とした部分 ②1時間準耐火構造の床・壁・特定防火設備で区画された階段室，昇降機の昇降路（乗降ロビーを含む）の部分	
	①法第21条第1項により非損傷性が確保された建築物（通常火災終了時間が1時間以上のものに限る） ②法第27条第1項により表3・28の非損傷性が確保された建築物（通常火災終了時間が1時間以上のものに限る） ③法第27条第3項により準耐火建築物としたもの（ロ準耐第2号，1時間準耐火基準に適合する建築物） ④法第61条の規定により準耐火建築物としたもの（ロ準耐第2号，1時間準耐火基準に適合する建築物） ⑤法第67条第1項により準耐火建築物としたもの（ロ準耐第2号，1時間準耐火基準に適合する建築物）		床面積1,000m²以内ごとに区画			
高層区画	11階以上の部分	内装制限をしない場合	床面積100m²以内ごとに区画	耐火構造の床・壁・防火設備	階段室，昇降機の昇降路（乗降ロビーも含む），廊下，その他避難のための部分，または床面積の合計200m²以内の共同住宅の住戸で耐火構造の床・壁・特定防火設備で区画した部分	
		壁（床から1.2m以下の部分を除く）・天井の仕上げ，下地とも準不燃材料	床面積200m²以内ごとに区画	耐火構造の床・壁・特定防火設備		
		壁（床から1.2m以下の部分を除く）・天井の仕上げ，下地とも不燃材料	床面積500m²以内ごとに区画			
竪穴区画	主要構造部を準耐火構造とした建築物，これと同等以上の延焼防止性能を有する建築物で，地階または3階以上の階に居室のある階		竪穴部分とその他の部分を区画 ただし，竪穴部分とその他の部分が一の竪穴部分とみなせる場合で，下地仕上げが準不燃材料で造られたもの，用途上区画できないものは除く	準耐火構造の床・壁・防火設備	①避難階の直上階，直下階のみに通ずる吹抜き，階段の部分で壁・天井の仕上げ・下地とも不燃材料でしたもの ②階数が3以下で延べ面積が200m²以内の一戸建て住宅，長屋，共同住宅の住戸の吹抜き，階段の部分，昇降機の昇降路の部分など	
	特殊建築物 小規模	3階を病院，診療所（患者の収容施設があるもの），児童福祉施設等（入所者の寝室があるもの）とし，階数が3で延べ面積が200m²未満のもの		間仕切壁，防火設備	居室，倉庫の部分でスプリンクラー設備などを設けた建築物は，10分間防火設備で区画できる	
		3階をホテル，旅館，下宿，共同住宅，寄宿舎とし，階数が3で延べ面積が200m²未満のもの		間仕切壁・戸（ふすま，障子などは除く）		
異種用途区画	複合用途の建築物で，その一部が法第27条第1項〜第3項に該当する建築物		該当する部分とその他の部分を区画	1時間準耐火構造に適合する準耐火構造の床・壁・特定防火設備	国土交通大臣が定める基準により警報設備を設けたものなど	

* 特定主要構造部を耐火構造とした建築物の2以上の部分が吹抜きなどの空間部分に接する場合で，当該部分が相互に火熱による有害な影響を及ぼさない場合は，当該部分と空間部分が特定防火設備で区画されているものとみなす．また，空間部分の床面積が1,500m²を超えていても，当該空間部分に防火区画を設ける必要はない．

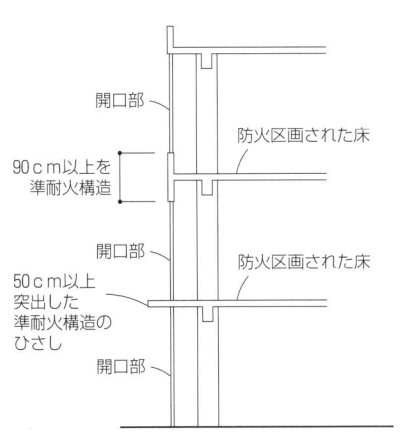

図3・49 防火区画に接する外壁の構造

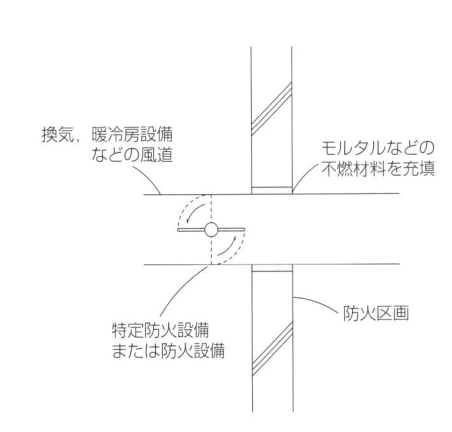

図3・50 換気設備などの風道が防火区画を貫通する場合

第3章 単体規定

7. 防火上主要な間仕切壁などの構造 (令第114条)

防火上主要な間仕切壁は，天井裏や小屋裏からの延焼防止のため，建築物の用途に応じて次に示す構造とする．

① 長屋，共同住宅の各戸の界壁や学校，病院，診療所，児童福祉施設等，ホテルなどの防火上主要な間仕切りは準耐火構造とし，小屋裏または天井裏に達するようにする．

② 建築面積が300m²を超える建築物の小屋組が木造である場合は，小屋裏の直下の天井を強化天井とするか，または桁行間隔12m以内ごとに，小屋裏に準耐火構造の隔壁を設けなければならない．ただし，主要構造部を耐火構造とする建築物などや，周辺地域が農業上の利用に供され，周囲の状況に関し避難上および延焼防止上支障がないものとして国土交通大臣が定める基準に適合する畜舎などの上家は，この限りではない．

③ 延べ面積がそれぞれ200m²を超える建築物で耐火建築物以外のものを相互に連絡する渡り廊下で，小屋組が木造であり，かつ，桁行が4mを超えるものは，小屋裏に準耐火構造の隔壁を設けなければならない．

④ 給水管や換気設備などの風道が上記の界壁や隔壁を貫通する場合の措置は，6のd），e）と同様とする．

ただし，②と③において，当該部分が火熱遮断壁等で区画されている場合，各部分は別の建築物とみなす．

8. 無窓の居室の主要構造部 (法第35条の3, 令第111条)

次に示すような居室は防災上問題があるので，その居室を区画する主要構造部を耐火構造とし，または不燃材料で造らなければならない．ただし，劇場，映画館などの用途の部分は除かれる．

① 採光に有効な部分の面積が居室の床面積の1/20以上確保できない居室（採光無窓）．

② 直接外気に接する避難上有効な開口部で直径1mの円が内接することができない居室，または幅が75cm以上高さが1.2m以上の開口部が確保できない居室．

9. 内装制限 (法第35条の2)

建築物で火災が発生する際には，火元から壁などの内装材料を伝って燃え広がり，可燃物から発生するガスが室の上部に滞留する．このガスが一定の濃度と温度に達するとフラッシュオーバーと呼ばれる急激な爆発的燃焼が起こり，火災が一気に拡大する．このフラッシュオーバー現象は，内装材料が可燃材料であると極めて短時間に起こる．内装を不燃化することは，フラッシュオーバーに至るまでの時間を遅らせ，避難と消火活動を円滑に行う上で効果的である．したがって，法において特殊建築物や一定規模以上の建築物，火気使用室などの内装材料の制限を規定している．

a) 内装制限を受ける建築物 (法第35条の2, 令第128条の3の2, 令第128条の4)

内装制限を受ける建築物や居室は表3・30に示す特殊建築物，大規模建築物，無窓の居室を有する建築物，火気使用室である．

表中(7)の排煙無窓の居室とは，天井の高さが6m以下の居室で床面積が50m²を超え，天井から下方80cm以内の開口部で開放できる部分の面積が，居室の床面積の1/50未満のもの，または温湿度調整を必要とする作業室（各種試験室，手術室）などの用途上やむを得ず必要な採光面積が確保されないものをいう．

火気使用室は，階数が2以上の住宅の最上階以外の階にあるものが対象となる．住宅以外の場合はすべてが対象となる．いずれの場合も主要構造部を耐火構造としたものは除かれる．

b) 内装制限を受ける部分に適用される防火材料 (令第128条の5)

内装制限を受ける箇所と防火材料の種別は，表3・31に示すとおりである．内装制限を受ける箇所は，上記の居室および居室から地上に通ずる廊下，階段などの壁や天井の部分であり，床の制限はない．また，回り縁，窓台などは制限されない（図3・51）．

なお，スプリンクラー設備，水噴霧消火設備，泡消火設備などの自動式のものを設置し，かつ，排煙設備を設けた部分など，火災が発生した際，避難上支障のある高さまで煙・ガスの降下が生じない部分（令2国告第251号）には，内装制限は適用されない．また，建築物の部分が耐火構造の床・壁で区画されるなど，相互に防火上・避難上有害な影響を及ぼさない場合は，各部分を別棟とみなして規定を適用する．

表3・31 内装制限

建築物の用途など	対象建築物*1			内装制限	
	特定主要構造部が耐火構造	主要構造部が準耐火構造	その他の建築物	居室など	避難経路（廊下，階段）
(1) 劇場・映画館・演芸場・観覧場・公会堂・集会場など	客席の床面積の合計が400m²以上	客席の床面積の合計が100m²以上		①壁（床から1.2m以下の部分を除く）・天井を難燃材料 ②3階以上の部分の天井は準不燃材料 ③またはこれに準ずるもの*2	壁・天井を準不燃材料またはこれに準ずるもの*3
(2) 病院・診療所（患者の収容施設があるものに限る）・ホテル・旅館・下宿・共同住宅・寄宿舎など	3階以上の床面積の合計が300m²以上	2階の床面積の合計が300m²以上（病院・診療所は2階以上に患者の収容施設があるものに限る）	床面積の合計が200m²以上		
(3) 百貨店・マーケット・展示場・キャバレー・カフェー・ナイトクラブ・バー・ダンスホール・遊技場など	3階以上の床面積の合計が1,000m²以上	2階の床面積の合計が500m²以上	床面積の合計が200m²以上		
(4) 自動車車庫・自動車修理工場	すべて			壁・天井を準不燃材料またはこれに準ずるもの	
(5) 地階・地下工作物内に設ける居室で(1)(2)(3)の用途のもの	すべて				
(6) すべての建築物（学校等*4または，(2)の用途で31m以下の部分は除く）	階数3以上で延べ面積500m²を超える			壁（床から1.2m以下の部分を除く）・天井を難燃材料*5またはこれに準ずるもの	
	階数2以上で延べ面積1,000m²を超える				
	階数1で延べ面積3,000m²を超える				
(7) 床面積50m²を超える排煙無窓の居室*6（天井の高さが6mを超えるものは除く）	すべて			壁・天井を準不燃材料またはこれに準ずるもの	
(8) 用途上やむを得ない居室*7（天井の高さが6mを超えるものは除く）					
(9) 調理室・浴室などの火気を使用する室（特定主要構造部を耐火構造としたものを除く）	①階数2以上の住宅（兼用住宅も含む）で最上階以外の階にある火気使用室 ②住宅以外のすべての火気使用室				

＊1 法第27条第1項の特殊建築物のうち，1時間準耐火基準に適合するものは耐火構造の項に含み，適合しないものは準耐火構造の項に含む．
＊2 (2)において耐火建築物または主要構造部が準耐火構造の準耐火建築物または法第27条第1項の避難時倒壊防止建築物で，100m²以内（共同住宅の住戸は200m²以内）ごとに準耐火構造の床，壁，防火設備で区画された居室部分は除く．
＊3 準ずるものとして国土交通大臣が定める方法により国土交通大臣が定める材料の組合せによるものがある．
＊4 学校・体育館・ボーリング場・スキー場・スケート場・水泳場・スポーツの練習場
＊5 法別表第1の特殊建築物の居室以外で，100m²以内ごとに準耐火構造の床，壁，防火設備で区画された耐火建築物または準耐火建築物（主要構造部が準耐火構造のもの）で，高さ31m以下の部分にある居室を除く．
＊6 天井または天井から下方80cm以内にある開口部の開口できる部分の面積が当該居室の床面積の1/50未満のもの．
＊7 手術室，研究室などの温湿度調整を必要とする作業室．

図3・51 内装制限の部位

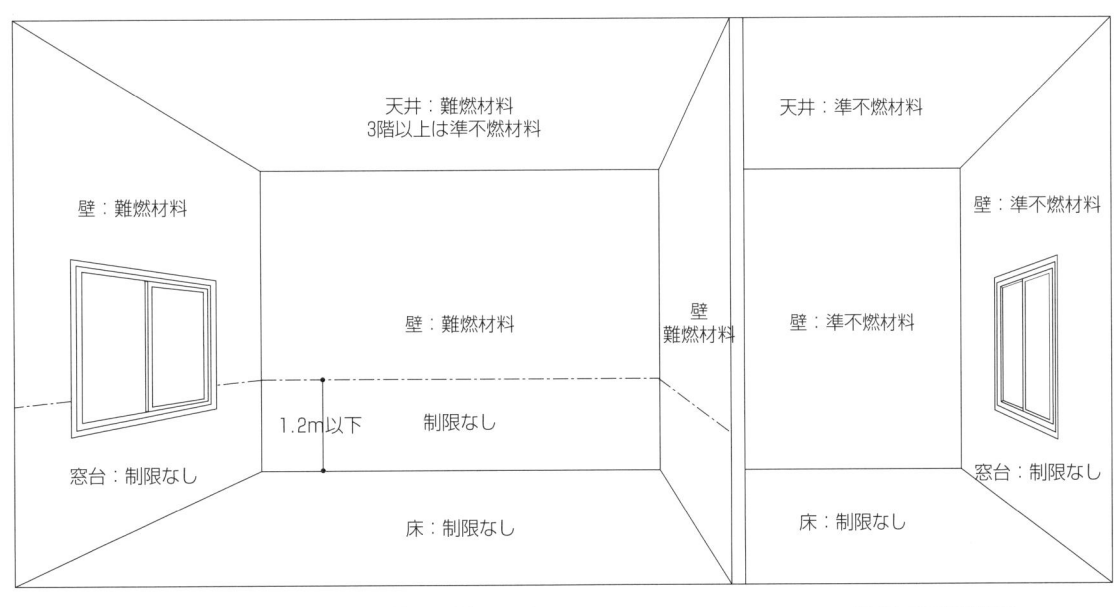

表3・30 (1)〜(3)の居室　　　廊下などの避難経路

3・5 避難施設など

火災時に建築物内からできるだけ迅速に，かつ，安全に屋外へ避難できるように廊下，階段，出入口などの避難施設や，避難を補助するための設備の基準を定めている．

1. 避難施設に関する適用範囲（法第35条，令第117条）

避難施設に関する規定は，次の建築物に適用される．
① 法別表第1(い)欄(1)項～(4)項までの特殊建築物．
② 階数が3以上の建築物．
③ 採光に有効な部分の面積が居室の床面積の1/20以上を確保できない居室（採光無窓）を有する階．
④ 延べ面積が1,000m²を超える建築物．

また，建築物が開口部のない耐火構造の床または壁で区画されている場合，この規定はそれぞれ別の建築物とみなす．

2. 避難経路など

直接地上へ出られる出入口のある階を避難階という．火災時に人が安全に避難階に避難できるように避難経路を確保することは避難計画上最も重要な事である．そのために，直通階段や階段の数などの規定を定めている．

a) 劇場などの出入口の戸（令第118条）

劇場，映画館，演芸場，観覧場，公会堂，集会場の客席からの出口の戸は，内開きとしてはならない．避難時に人の集中が予想され，戸を手前に引くとスムーズな避難が困難となるので，扉は必ず避難方向に開くようにしなければならない．

b) 廊下の幅（令第119条）

廊下の幅は表3・32に示す数値以上とする．幅の測定は有効幅で行い，柱型や手すりなどの突出部がある場合は，内法の寸法とする（図3・52）．

なお，メゾネット型共同住宅の住戸の出入口のない階の床面積は，出入口のある階にあるものとして床面積を算定する．

c) 直通階段の設置（令第120条）

直通階段とは，建築物のある階においてとぎれることなく連続して避難階に到達できる階段をいう．建築物の避難階以外の階で火災が発生した場合に上層階や地階にいる人を安全に，避難階に避難できるようにするために，直通階段に関する規準を定めている．

また，避難階以外の階において，居室の各部分から直通階段までの歩行距離が長くならないように，直通階段までの歩行距離が定められている．

直通階段までの距離は表3・33に定める数値以下とする．

d) 2以上の直通階段の設置（令第121条）

建築物の用途や規模より，直通階段を2以上設け，二方向への避難経路を確保することは，火災の際に1の直通階段が通行不可となった場合でも，他の直通階段による避難が可能となる．二方向への避難は，建築物の用途，規模，構造によって，表3・34に示すような規定がある．このとき，二方向の原則を確保しうることが望ましいが，居室の各部分からそれぞれの直通階段までの歩行経路が平面計画上やむをえず重複する場合には，その重複区間の長さは表3・33（令第120条）の数値の1/2以下としなければならない（図3・53）．

表3・32 廊下の幅

建築物の用途・規模	廊下の配置	両側に居室がある廊下の幅（中廊下形式）	その他の廊下の幅（片廊下形式）
(1)	小学校・中学校・高等学校・中等教育学校の児童用または生徒用	2.3m 以上	1.8m 以上
(2)	病院の患者用	1.6m 以上	1.2m 以上
(3)	共同住宅の共用の廊下（住戸，住室の床面積が100m²を超える階）		
(4)	地上階の居室の床面積が200m²を超える階　地階の居室の床面積が100m²を超える階（ただし3室以下の専用のものは除く）		

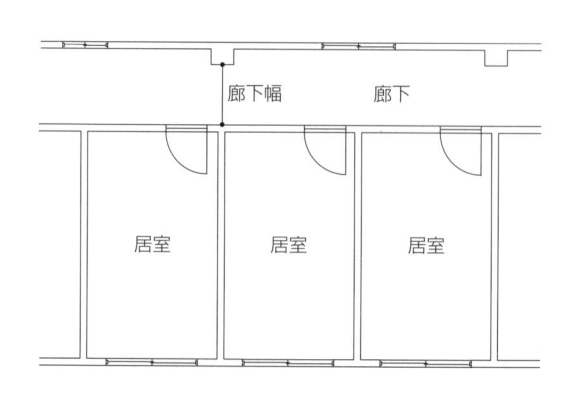

図3・52 廊下の幅

表3・33 歩行距離

居室の種類 \ 建築物の構造	主要構造部が準耐火構造*4 または不燃材料		その他
	内装を不燃化しないもの	居室及び避難経路を準不燃材料としたもの	
(1) 採光無窓の居室*1	30m 以下 (20m 以下)*3	40m 以下 (30m 以下)*3	30m 以下
(2) 百貨店，マーケット，展示場，キャバレー，カフェー，ナイトクラブ，バー，ダンスホール，遊技場，物品販売店舗（床面積が10m² 以内のものを除く）など	30m 以下 (20m 以下)*3	40m 以下 (30m 以下)*3	30m 以下
(3) 病院，診療所（患者の収容施設があるものに限る），ホテル，旅館，下宿，共同住宅*2，寄宿舎，児童福祉施設等	50m 以下 (40m 以下)*3	60m 以下 (50m 以下)*3	
(4) (1)〜(3)以外の居室			40m 以下

*1 有効採光面積が居室の床面積の1/20未満の居室．居室の床面積，避難用通路の構造，消火・排煙・非常用照明・警報の各設備の設置・構造に関し，避難上支障がないものとして国土交通大臣が定める基準に適合するものは除く．
*2 特定主要構造部を耐火構造または主要構造部を準耐火構造としたメゾネット型共同住宅の住戸で出入口のない階は，住戸内専用階段を通って出入口のある階の直通階段までの歩行距離を40m以下とする．
*3 15階以上の居室については（ ）内の数値とする．
*4 特定主要構造部が耐火構造のものを含む．

表3・34 2以上の直通階段を設けなければならない建築物

建築物または階の用途	対象となる階		対象階の居室の床面積	
			主要構造部が準耐火構造（特定主要構造部が耐火構造を含む）または不燃材料	その他
(1) 劇場，映画館，演芸場，観覧場，公会堂，集会場，床面積の合計が1,500m²を超える物品販売業を営む店舗	客席，集会室，売場などのある階		すべて適用	
(2) キャバレー，カフェー，ナイトクラブ，バー	客席のある階		原則としてすべて適用*1	
(3) 病院，診療所，児童福祉施設等	病室，主たる居室のある階		当該居室の床面積の合計が100m²を超えるもの*2	当該居室の床面積の合計が50m²を超えるもの*2
(4) ホテル，旅館，下宿，共同住宅，寄宿舎	宿泊室，居室，寝室のある階		当該居室の床面積の合計が200m²を超えるもの	当該居室の床面積の合計が100m²を超えるもの*2
(5) (1)〜(4)以外の居室	6階以上の階		原則としてすべて適用*3	
	5階以下の階	避難階の直上階	400m²を超えるもの	200m²を超えるもの
		その他の階	200m²を超えるもの	100m²を超えるもの

以下の（ ）内は主要構造部が準耐火構造（特定主要構造部が耐火構造のものを含む）または不燃材料で造られている場合に適用する．
*1 原則としてすべて2以上の直通階段を設けなければならないが，次のものは，直通階段を一つとすることができる．
　①5階以下の階で，その居室の床面積の合計が100m²（200m²）以下で，その階に避難上有効なバルコニー，屋外通路などおよび屋外避難階段，特別避難階段を設けたもの．
　②避難階の直上階または直下階である5階以下の階で，その階の居室の床面積の合計が100m²（200m²）以下のもの．
*2 階数3以下で延べ面積200m²未満の建築物で，階段部分とその他の部分とが間仕切り壁などで区画されている建築物や火災時に避難安全性のある一定の建築物は適用除外．
*3 原則としてすべて2以上の直通階段を設けなければならないが，(1)〜(3)の用途以外に使用する階で，その居室の床面積の合計が100m²（200m²）以下で，その階に避難上有効なバルコニー，屋外通路などおよび屋外避難階段，特別避難階段を設けたものは，直通階段を一つとすることができる．

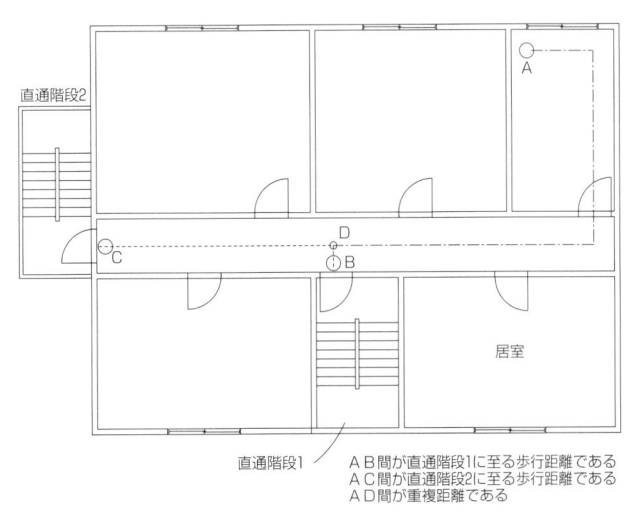

図3・53 歩行距離と重複距離

第3章 単体規定

3. 避難階段

建築物の高層階または地階に通ずる直通階段は，避難上不利な条件が伴うことが多い．このような建築物に設ける直通階段は，火災の際の避難をより一層安全にするため，高度な水準での避難の確保が期待できる避難階段とする必要がある．

a) 避難階段の設置（令第122条）

建築物の5階以上の階（特定主要構造部が耐火構造，主要構造部が準耐火構造または不燃材料で造られている建築物で5階以上の階の床面積の合計が100m²以下のものは除く），または地下2階以下の階（特定主要構造部が耐火構造，主要構造部が準耐火構造または不燃材料で造られている建築物で地下2階以下の階の床面積の合計が100m²以下のものは除く）に通ずる直通階段は，避難階段または特別避難階段とし，建築物の15階以上の階または地下3階以下の階に通ずる直通階段は特別避難階段としなければならない（表3・35）．ただし，主要構造部が耐火構造である建築物で床面積の合計100m²以内ごとに耐火構造の床もしくは壁または特定防火設備で区画されている場合はこの規定によらなくてもよい．

床面積の合計が1,500m²を超え，かつ，3階以上の階を物品販売業を営む店舗の用途に供する建築物は，各階の売場および屋上広場に通ずる2以上の直通階段を設け，避難階段または特別避難階段としなければならない．また，5階以上の売場に通ずるものはその1以上を，15階以上の売場に通ずるものはそのすべてを，特別避難階段としなければならない．

b) 避難階段・特別避難階段の構造（令第123条）

避難階段には，屋内避難階段と屋外避難階段があり，特別避難階段には，バルコニーを設けるものと付室を設けるものがある．

（ア）屋内避難階段：屋内避難階段は次に示す構造とする（図3・54(a)）．

① 階段は，耐火構造とし避難階まで直通すること．
② 階段室は耐火構造の壁で囲み，天井，壁の仕上げ・下地とも不燃材料で造ること．
③ 階段室には，採光上有効な開口部または予備電源を有する照明設備を設けること．
④ 階段室の屋外に面する開口部は，階段室以外の開口部や階段室以外の壁および屋根（耐火構造を除く）から90cm以上離すか，または50cm以上突出した庇そで壁などの防火上有効に遮るものを設けること．ただし開口部の面積がおのおの1m²以内の防火設備（法第2条九号の二ロ）ではめごろし窓の場合はこの規定によらなくてもよい．
⑤ 階段室の屋内に面する壁に窓を設ける場合は，おのおの1m²以内の防火設備（法第2条九号の二ロ）ではめごろし窓とすること．
⑥ 階段に通ずる出入口には，常時閉鎖式または煙感知器連動で自動的に閉鎖する防火設備を設け，かつ，直接手で避難方向に開くことができるものとすること．

（イ）屋外避難階段：屋外避難階段は，次に示す構造とする（図3・54(b)）．

① 階段は，耐火構造とし，地上まで直通すること．
② 階段室に隣接する開口部は階段室から2m以上の距離に設けること．ただし，階段に通ずる出入口や開口面積がおのおの1m²以内の防火設備（法第2条第九号の二ロ）で，はめごろし窓は設けることができる．
③ 屋内から階段に通じる出入口の戸は，上記⑥と同様の構造とすること．

（ウ）特別避難階段：特別避難階段は，次に示す構造とする（図3・55）．

① 階段は耐火構造とし，避難階まで直通すること．
② 屋内と階段室とは，バルコニーまたは付室（外気に向かって開くことができる窓もしくは排煙設備を有するもの）を通じて連絡すること．
③ 階段室，バルコニーおよび付室は耐火構造の壁で囲み，天井，壁の仕上げ・下地とも不燃材料で造ること．
④ 階段室には，採光上有効な開口部または予備電源を有する照明設備を設けること．
⑤ 階段室・バルコニー・付室の屋外に面する壁に設ける開口部（おのおの1m²以内の法第2条第九号の二ロに規定する防火設備ではめごろし窓は除く）は，当該部分以外の開口部から90cm以上離し，延焼のおそれのある部分以外に設けること．また，階段室・バルコニー・付室以外の壁および屋根（耐火構造を除く）からも同様の離隔距離を確保すること．ただし，50cm以上突出した庇・そで壁などの防火上有効に遮るものを設けた場合はこの規定によらなくてもよい．
⑥ 階段室には，バルコニーまたは付室に面する部分以外に屋内に面して開口部を設けないこと．
⑦ 階段室のバルコニーまたは付室に面する部分に窓を設ける場合は，はめごろし戸とすること．
⑧ バルコニーおよび付室には，階段室以外の屋内に面する壁に出入口以外の開口部を設けないこと．
⑨ 屋内からバルコニーまたは付室に通ずる出入口には特定防火設備を，バルコニーまたは付室から階段に通じる出入口には防火設備を設けること．いずれも閉鎖機能は屋内避難階段（上記（ア）―⑥）と同じとする．
⑩ 15階以上の各階または地下3階以下の各階における階段

表3・35 避難階段の設置

直通階段の通ずる階		避難階段・特別避難階段の種類
(1)	5階以上14階まで	避難階段または特別避難階段とする[*1][*2]
(2)	15階以上の階	特別避難階段とする[*2]
(3)	地下2階	避難階段または特別避難階段とする[*1][*2]
(4)	地下3階以下	特別避難階段とする[*2]
(5) 床面積の合計が1,500m²を超える物品販売業を営む店舗	3階以上4階まで	各階の売場および屋上広場[*3]に通ずる2以上の直通階段を設けこれを避難階段または特別避難階段とする
	5階以上14階まで	各階の売場および屋上広場に通ずる2以上の直通階段を設けこれを避難階段または特別避難階段とし,1以上を特別避難階段とする
	15階以上	各階の売場および屋上広場に通ずる2以上の直通階段を設けすべてを特別避難階段とする

*1 特定主要構造部が耐火構造,主要構造部が準耐火構造または準不燃材料で造られている建築物で,5階以上の階または地下2階以下の階の床面積の合計が100m²以下の場合は除く.

*2 特定主要構造部が耐火構造の建築物(階段室,乗降ロビーを含む昇降機の昇降路の部分,廊下などで耐火構造の床,壁,特定防火設備で区画されたものを除く)で床面積の合計100m²(共同住宅の住戸では200m²)以内ごとに耐火構造の床,壁,特定防火設備で区画された場合は除く.

*3 屋上広場を義務づけたものではなく,屋上広場を設けた場合の規定である.

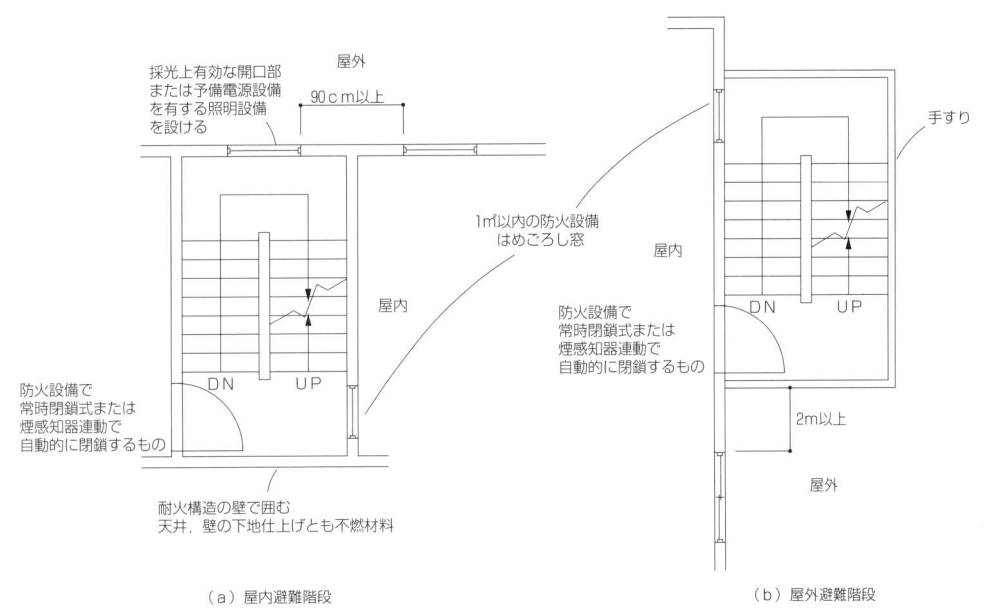

(a)屋内避難階段　　　(b)屋外避難階段

図3・54　避難階段の構造

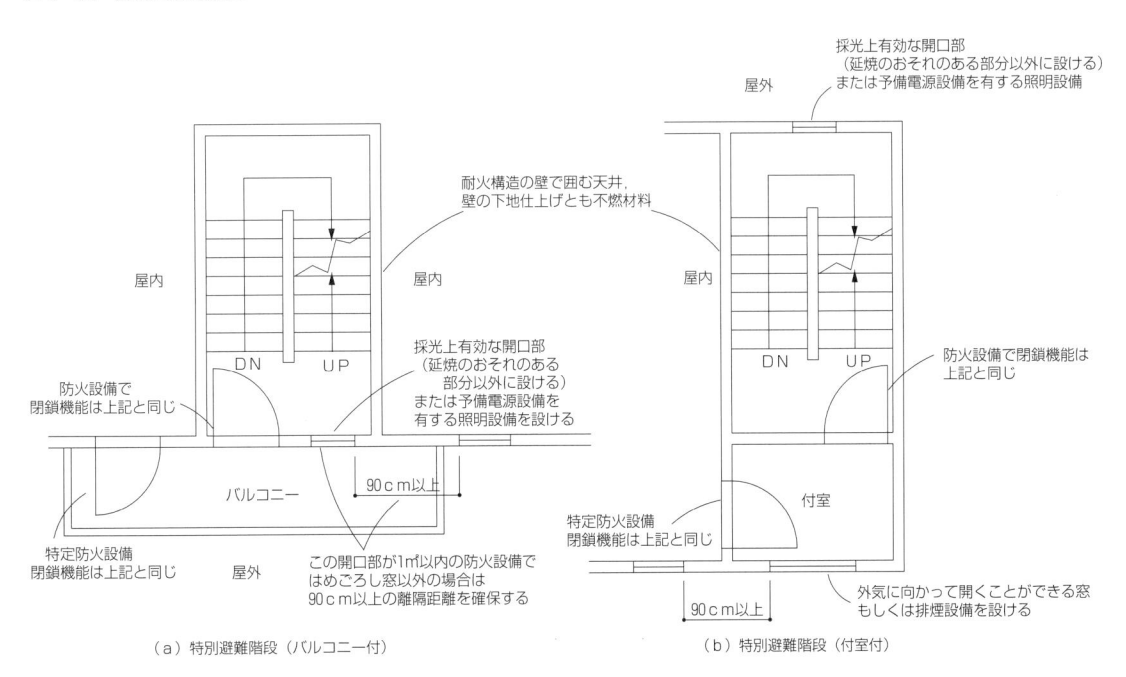

(a)特別避難階段(バルコニー付)　　　(b)特別避難階段(付室付)

図3・55　特別避難階段の構造

室と屋内とを連絡するバルコニーまたは付室の床面積の合計は，当該階の居室の床面積に法別表第1（い）欄（1）項または（4）項の用途に供する居室の場合（劇場，物品販売店舗など）は8/100を，その他の居室の場合は3/100を乗じた面積以上とすること．

c）**物品販売店舗の避難階段などの幅**（令第124条）

大規模な物品販売店舗は不特定多数の人が集まり，火災荷重が大きいので重大な事故につながる可能性がある．火災の際には，階段への人の集中が予想されパニック状態に陥ることが考えられる．そこで，床面積が1,500m²を超える物品販売店舗に設ける避難階段，特別避難階段の幅やこれらに通じる出入口の幅を次のように定めている．

① 各階の避難階段，特別避難階段の幅の合計は，その直上階以上の階（地階では当該階以下の階）のうち床面積が最大の階の床面積100m²につき60cmの割合で計算した数値以上とする．

② 各階の避難階段，特別避難階段に通ずる出入口の幅の合計は，その階の床面積100m²につき地上階は27cm，地下階は36cmの割合で計算した数値以上とする．

③ 上記①，②の算定に関して，地上階で1または2の階で専用に使う避難階段，特別避難階段の幅またはこれらに通ずる出入口の幅は，1.5倍あるものとみなす（図3・56）．

4．屋外への出口，屋上広場

a）**屋外への出口**（令第125条，令第125条の2）

避難階における階段から屋外への出口までの歩行距離は，令第120条に定めた数値以内とし（p.67，表3・33），居室の各部分から屋外への歩行距離はこの数値の2倍以下とする．

劇場，映画館，演芸場，観覧場，公会堂，集会場の施設の屋外への出口の戸は，内開きとしてはならない．

床面積が1,500m²を超える物品販売店舗の避難階に設ける屋外への出口の幅の合計は，床面積が最大の階における床面積100m²につき60cmの割合で計算した数値以上とする．

屋内から屋外避難階段に通ずる出口や避難階における避難階段から屋外に通ずる出口は，屋内から鍵を用いることなく解錠できるものとし，かつ，見やすい場所に解錠方法を表示する．

b）**屋上広場**（令第126条）

屋上広場または2階以上の階にあるバルコニーなどの周囲には転落防止のために安全上必要な高さが1.1m以上の手すり壁などを設けなければならない．

5階以上の階に百貨店の売場がある場合は避難用の屋上広場を設ける．百貨店は，旧百貨店法に基づく旧用語であり，一般に床面積が1,500m²を超える物品販売店舗をそれに該当するものとして扱う．

5．避難と防災のための設備

a）**排煙設備**

（ア）**排煙設備の設置**（令第126条の2）：建築物で火災が起こると煙やガスが発生し，生命を危険な状態に陥らせるだけではなく，避難や消火活動に支障をきたす．このため，一定規模以上の特殊建築物，階数が3以上で延べ面積が500m²を超える建築物，排煙上の無窓の居室，延べ面積が1,000m²を超える建築物の居室で床面積が200m²を超えるものには，原則として排煙設備を設ける（表3・36）．

ただし，建築物が開口部のない準耐火構造の床，壁または常時閉鎖式もしくは煙感知器連動で自動的に閉鎖する防火設備であって国土交通大臣が定めた構造方法を用いるものまたは国土交通大臣の認定を受けたもので区画されている場合や，2以上の部分が火災時に相互に避難上有害な影響を及ぼさない場合は，設置の適用についてそれぞれ別の建築物とみなす．

（イ）**排煙設備の構造**（令第126条の3）：排煙設備には自然排煙設備と機械排煙設備があり，それぞれ次に示す構造のものをいう（図3・57）．

ⅰ）**自然排煙設備**：自然排煙設備とは，排煙口を直接外気に面して設けることによって自然に煙を排出するものであり，次の構造を満足するものをいう．

① 建築物を床面積500m²以内ごとに不燃材料で造られた間仕切壁，天井から下方50cm以上突出した垂れ壁など（以下「防煙壁」という）で区画すること．

② 排煙口は天井から80cm以内に設けること．ただし防煙壁の丈が80cmに満たない場合はその数値の範囲にある排煙口の面積を有効とする．

③ 排煙口は区画された各部分から水平距離30m以内に設けること．

④ 排煙口には，手動開放装置を設けること．手動開放装置で壁に設置する場合は床から80cm以上1.5m以下の位置に設け，天井からつり下げる場合はおおむね1.8mの高さに設けること．

⑤ 排煙口は，火災時に開放された場合以外は閉鎖状態を保持し，開放された場合は気流により閉鎖されない構造とすること．

⑥ 排煙口の開口面積は排煙区画部分の床面積の1/50以上を確保すること．

ⅱ）**機械排煙設備**：機械排煙設備とは排煙機により排煙口から排煙風道を通じて煙を屋外へ強制的に排出するものであり，上記①〜⑥の構造を満足し，かつ，次に示す構造のものをいう．

① 排煙口には，手動開放装置もしくは煙感知器連動の自動

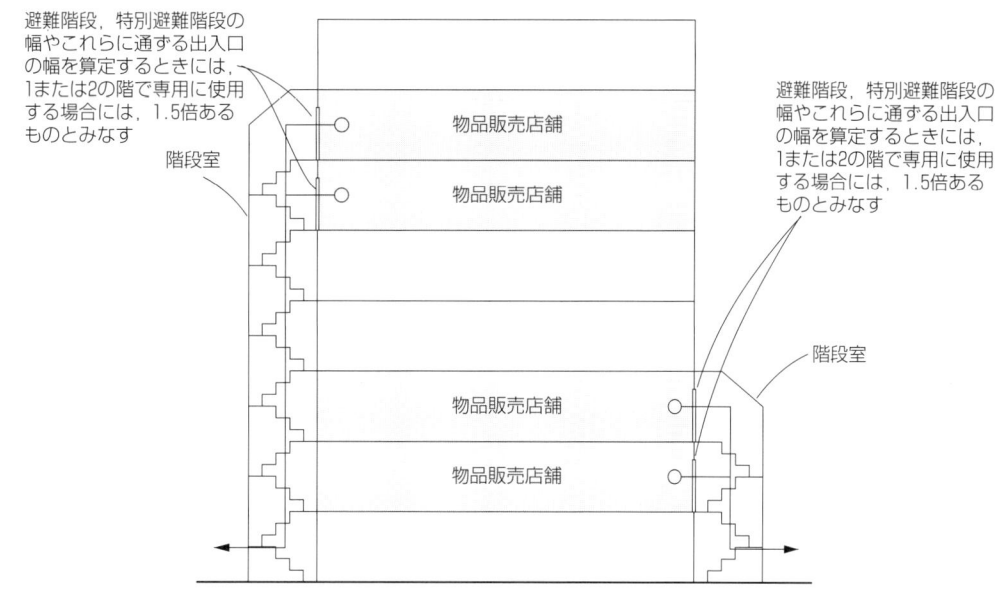

図 3・56 物品販売店舗の階段幅などの緩和

表 3・36 排煙設備の設置を必要とする建築物

	設置が必要な建築物の用途と規模	適用が除外される部分
(1)	法別表第1(い)欄(1)項～(4)項までの特殊建築物で延べ面積が500m²を超えるもの.	①法別表第1(い)欄(2)項(病院,ホテル,共同住宅など)の特殊建築物で100m²以内(共同住宅の住戸は200m²)ごとに準耐火構造の床,壁,防火設備で区画された部分. ②学校,体育館,ボーリング場,スキー場,スケート場,水泳場,スポーツの練習場(以下学校等という) ③階段の部分,乗降ロビーを含む昇降機の昇降路の部分. ④機械製作工場,不燃性物品を保管する倉庫などで主要構造部が不燃材料で造られたものその他これらと同等以上に火災の発生の少ない構造のもの. ⑤火災が発生した場合に避難上支障のある高さまで煙またはガスが降下しない部分として,天井の高さや壁,天井の仕上材料の種類を考慮して国土交通大臣が定めるもの(平12建告第1436号).
(2)	階数が3以上で延べ面積が500m²を超える建築物.	①上記(1)の①～⑤の部分. ②建築物の高さが31m以下の部分で床面積100m²以内ごとに防煙壁で区画された居室.*1
(3)	開放できる部分(天井または天井から下方80cm以内の部分)の面積が当該居室の床面積の1/50未満である排煙上の無窓の居室.	上記(1)の①～⑤の部分.
(4)	延べ面積が1,000m²を超える建築物の居室で居室の床面積が200m²を超えるもの.	①上記(1)の①～⑤の部分 ②上記(2)の②の部分.

*1 (2),(4)の設置免除の規定であって,(1),(3)の検討は行わなければならない.

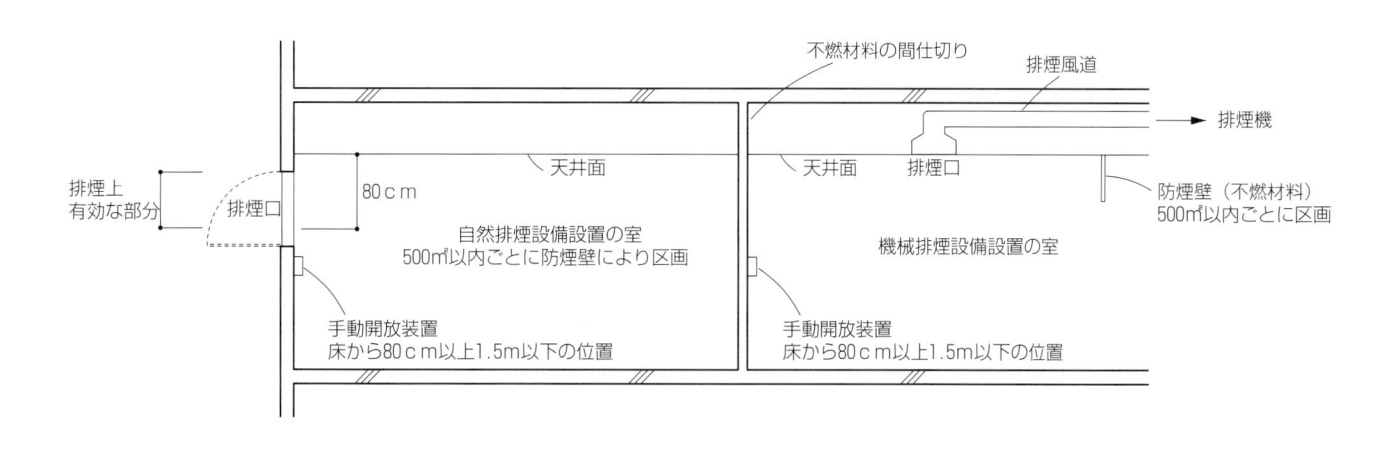

図 3・57 排煙設備

開放装置または遠隔操作方式による開放装置を設けること．手動開放装置で壁に設置する場合は床から80cm以上1.5m以下の位置に設け，天井からつり下げる場合はおおむね1.8mの高さに設けること．
②排煙機は，排煙口の開放に伴い自動的に作動し，かつ，120m³/min以上で，かつ，防煙区画部分の床面積1m²につき1m³/min以上の空気を排出する能力を有すること．なお，2以上の防煙区画部分に用いる排煙機は，120m³/min以上，かつ，最大区画部分の床面積1m²につき2m³/min以上の能力を有すること．
③電源を必要とする排煙設備は，予備電源を設けること．

b）**非常用の照明装置**（令第126条の4，令第126条の5）

地震や火災などの災害時に発生する停電は，在館者に不安感や恐怖感を与え，避難や消火活動に支障をきたす．避難時にそのようなことがなくスムーズな避難を行うために，一定規模以上の特殊建築物の居室，階数が3以上で延べ面積が500m²を超える建築物の居室，延べ面積が1,000m²を超える建築物の居室，採光上の無窓の居室などには，原則として非常用の照明装置を居室および，居室から避難に通ずる廊下，階段などに設けなければならない（表3・37）．

非常用の照明装置は，予備電源を設けた直接照明とし，床面において1ルクス以上の照度を確保できるものとすること．また，照明器具の構造は，火災時において温度が上昇した場合であっても著しく光度が低下しないものとして国土交通大臣が定めた構造方法を用いるものまたはこれと同等の性能をもつものとして国土交通大臣の認定を受けたものとすること．

c）**非常用の進入口**（令第126条の6，令第126条の7）

非常用の進入口とは，火災時に消防用梯子車により消防隊が進入し救助活動や消火活動を行うためのバルコニーのある開口部である（図3・58）．設置場所は高さ31m以下の部分にある3階以上の階で，道または道に通ずる幅員4m以上の通路などに面する外壁面に間隔が40m以下となるように設置する（図3・59(a)）．

バルコニーは，奥行き1m以上，長さ4m以上とし，進入口は，幅75cm以上，高さ1.2m以上で，床面からの高さは80cm以下とし，外部から開放または破壊して室内に進入できる構造とする．また，外部から見やすい方法で赤色灯を掲示し，進入口であることを赤色で表示する（図3・59(b)）．

ただし，次のいずれかに該当する場合は非常用の進入口を設けなくてもよい．
①不燃性の物品を保管する倉庫などで，火災の発生のおそれの少ない用途の階，または，国土交通大臣が定める特別の理由により屋外からの進入を防止する必要がある階（放射性物質，細菌などを扱う建築物，冷蔵倉庫，金庫室，無菌室など）で，その直上階または直下階から進入することができるもの．
②非常用の昇降機を設置している場合．
③道または道に通ずる幅員4m以上の通路などに面する各階の外壁面の長さ10m以内ごとに，直径1mの円が内接することができる開口部や幅75cm以上高さ1.2m以上の開口部（格子などの屋外から進入を妨げる構造を有しないもの）を設けている場合．

d）**非常用エレベーター**（法第34条，令第129条の13の2，令第129条の13の3）

（ア）**非常用エレベーターの設置**：高さが31mを超える高層の建築物は，災害時に外部からの消火活動が困難なので，非常用のエレベーターを設けなければならない．ただし31mを超える部分が次のいずれかに該当する場合は，設けなくてもよい．
①階段室，昇降機その他の建築設備の機械室，装飾塔，物見塔，屋窓など．
②各階の床面積の合計が500m²以下の建築物．
③階数が4以下の主要構造部を耐火構造とした建築物で，床面積の合計100m²以内ごとに耐火構造の床，壁または特定防火設備で区画されているもの．
④機械製作工場，不燃性の物品を保管する倉庫などの建築物で，主要構造部が不燃材料でつくられたものなどで火災の発生のおそれの少ない構造のもの．

（イ）**非常用エレベーターの構造**：非常用エレベーターの設置台数は，高さが31mを超える階で，床面積が最大の階の床面積が1,500m²以下の場合は1基とし，1,500m²を超える場合は，3,000m²以内を増すごとに1基ずつ増加する．例えば1,500m²を超え4,500m²以内の場合は2基必要となる．2以上の非常用エレベーターを設置する場合は避難上および消火活動上有効な間隔を保って配置する．

非常用エレベーターには，原則として1基につき10m²以上の専用の乗降ロビーを設けなければならない．乗降ロビーの出入口は特定防火設備とし，その他の部分は耐火構造の床，壁で囲むこと．

昇降路は2基以内ごとに耐火構造の床，壁でかこむこと．避難階においては，昇降路の出入口から屋外への出口までの歩行距離は30m以下とする．

非常用エレベーターのかごの定格速度は，60m/min以上とし，見やすい方法で非常用エレベーターである旨の標識を掲示し（図3・61），予備電源，かごを呼び戻す装置，かご内と中央管理室との連絡装置，ドアが開いたまま昇降する装置などの設備が必要である．

表 3・37 非常用の照明装置

	非常用の照明装置を設ける建築物の部分[1]	設置を除外する建築物の部分
(1)	法別表第1(い)欄(1)項から(4)項までの特殊建築物の居室.	①一戸建ての住宅,長屋,共同住宅の住戸 ②病院の病室,下宿の宿泊室,寄宿舎の寝室などの居室 ③学校等 ④避難階,避難階の直上階,避難階の直下階で避難上支障がないものとして国土交通大臣が定めるもの.（平12建告第1411号）[3],[4]
(2)	階数が3以上で延べ面積が500m²を超える建築物の居室.	
(3)	採光上有効な窓その他の開口部の面積が当該居室の床面積の1/20未満である採光上の無窓の居室.	
(4)	延べ面積が1,000m²を超える建築物の居室.	
(5)	①上記(1)〜(4)の居室から地上に通ずる廊下,階段その他の通路.[2] ②その他通常照明装置の設置を必要とする部分.	

*1 建築物の部分が耐火構造の床・壁で区画されるなど,相互に防火上・避難上有害な影響を及ぼさない場合,別棟とみなして規定を適用する.
*2 採光上有効に直接外気に開放された通路を除く.
*3 有効採光面積が床面積の1/20以上を有する居室およびこれに類する部分（居室等）で,次のいずれかに該当するもの.
　①避難階にある居室で,居室等の各部分から屋外の出口の一に至る歩行距離が30m以下であり,避難上支障がないもの.
　②避難階の直上階または直下階にある居室等で,屋外への出口または屋外避難階段に通ずる出入口までの歩行距離が20m以下であり,避難上支障がないもの.
*4 床面積が30m²以下の居室で,地上への出口を有するものまたは採光上有効に外気に開放された部分.

図3・58 非常用進入口の例

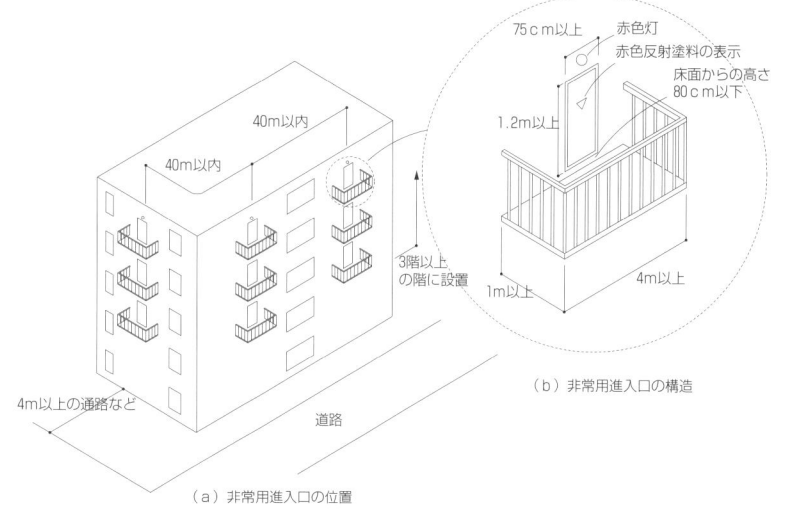

図3・59 非常用進入口

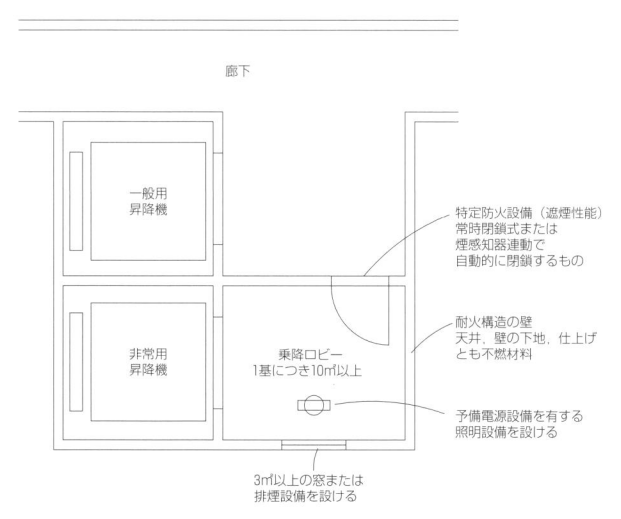

図3・60 非常用昇降機の乗降ロビー

図3・61 非常用エレベーターの例

6. 敷地内の避難通路

一定の特殊建築物や一定規模以上の建築物には，火災などの災害時において避難活動を容易にするために建築物の周囲に一定幅員以上の通路を設けなければならない．

a) 敷地内通路（令第128条）

避難階においては屋外避難階段の出口および建築物の出口から道，公園，広場などに通ずる幅員1.5m（階数3以下で延べ面積200m²未満の建築物の敷地内は90cm）以上の通路を設けなければならない．

b) 大規模木造建築物等の敷地内通路（令第128条の2）

主要構造部の全部または一部が木造の建築物で1棟の延べ面積が1,000m²を超える場合（主要構造部が耐火構造の部分で耐火構造の壁と特定防火設備で区画されたものの床面積は除く）は，道に接する部分を除き，幅員が3m以上の通路を設けなければならない．ただし延べ面積が3,000m²以下の場合の隣地境界線に接する部分は，1.5m以上とすることができる（図3・62）．

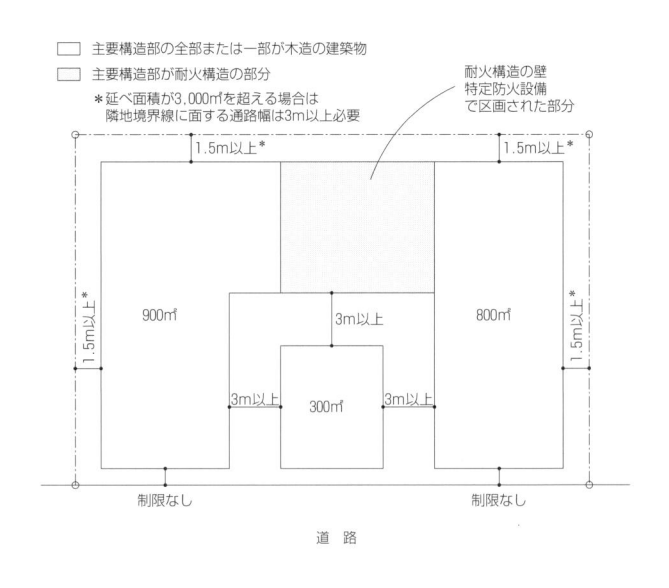

図3・62　大規模木造建築物等の敷地内通路

7. 避難上の安全の検証

特殊建築物や一定規模以上の建築物は，火災時に在館者が安全に避難できるように，防火や避難などの規定がある．しかし，性能規定の考え方が建築基準法に導入されたことにより，火災が発生した場合に建築物の利用者が火災により発生する煙，ガスから避難行動を妨げられることなく安全に避難できることが検証された場合は，表3・38に示すように一定の避難規定の適用が除外される．その検証法には，階避難安全検証法，全館避難安全検証法，区画避難安全検証法がある．

a) 階避難安全検証法（令第129条）

階避難安全検証法とは，当該階のどの室（火災室）で火災が発生した場合にでも当該階にいる者全員が直通階段に避難するまで避難経路に煙，ガスが避難上支障のある高さまで降下しないことを検証するものであり，次の事項を検証する．

① 火災が発生した居室から在室者全員がその居室から廊下などに避難するまで，その居室で発生した煙，ガスが避難上支障のある高さまで降下しないこと．
② 火災室のある階にいる全員が直通階段に通ずる出口を通過するまで廊下などの避難経路に煙，ガスが避難上支障のある高さまで降下しないこと．

b) 全館避難安全検証法（令第129条の2）

全館避難安全検証法とは，建築物の各階において階避難安全検証法により検証した上で，当該建築物のどの火災室で火災が発生した場合にでも，当該建築物の在館者すべてが地上まで避難を終えるまで，廊下や階段などの避難経路に煙，ガスが避難上支障ある高さまで降下しないことを検証するものである．

c) 区画避難安全検証法（令第128条の7）

区画避難安全検証法は，準耐火構造の壁や防火設備などで区画された居室などの部分について，火災時に当該部分にいる者全員が区画外に安全に避難できることを検証するものである．

表3・38　避難安全検証により除外される規定

項　目	施行令	規定の概要[2]
防火区画	令第112条第7項	高層区画
	令第112条第11〜13項	竪穴区画
	令第112条第18項	異種用途区画
避難施設	令第119条	廊下の幅[1]
	令第120条	直通階段の設置[1]
	令第123条第1項第一号，第六号	屋内避難階段の構造 耐火構造の壁 防火設備
	令第123条第2項第二号	屋外避難階段の構造 防火設備
	令第123条第3項第一号，第二号，第十号，第十二号	特別避難階段の構造[1] 付室の設置[1] 防火設備[1] 付室などの面積[1]
	令第123条第3項第三号	特別避難階段の構造 耐火構造の壁
	令第124条第1項第一号	物品販売店舗の避難階段の幅など
	令第124条第1項第二号	物品販売店舗の避難階段に通ずる出入口の幅[1]
屋外への出口	令第125条第1項	屋外への出口までの歩行距離
	令第125条第3項	物品販売店舗の屋外への出口の幅
排煙設備	令第126条の2	排煙設備の設置[1,3]
	令第126条の3	排煙設備の構造[1,3]
内装制限	令第128条の5（第2項，第6項，第7項を除く）	特殊建築物の内装（自動車車庫，自動車修理工場，調理室，階段を除く）[1]

＊1　階避難安全検証法で安全を検証した建築物では適用されない．
＊2　全館避難安全検証法で安全を検証した建築物ではすべて適用されない．
＊3　区画避難安全検証法で安全を検証した建築物では適用されない．

第4章　集団規定

　建築基準法第3章に規定されている「集団規定」は,「単体規定」と同様に法文上で表記される用語ではないが,単体規定とともに建築基準法の中心となる実体規定を構成する重要な部分である.

　単体規定が,主として建築物そのもの自体の安全性などのために必要とされる基準を規定しているのに対し,集団規定では,建築活動を通して良好な都市を形成していくために必要とされる個々の建築物に求めるべき基準を規定している.すなわち,良好な「まちづくり」を展開していくために必要な建築物の用途,規模,形態などの規制・誘導を行うことを主な目的としている部分である.

　これらの規定は,原則的には国土の一部である都市計画区域内または準都市計画区域内でのみ適用されるものであるが,人口の大部分はこれらの区域に集中しているため,集団規定と実際の建築活動とのかかわりには大きなものがある.

　また,集団規定は,都市計画法などのまちづくりに関する法令との関連も深く,これらの法令を踏まえたより広い視野から集団規定の規制・誘導の意義を理解することが大切である.

4・1 道路

1. 道路の定義

　道路は，集団規定を構成するための最も重要な要素のひとつであり，集団規定を適用する場合の「道路」の定義は法第42条に詳細に定められている．

　建築基準法において「道路」とみなされるものは，交通，消防活動，避難などの観点から，原則として幅員が4m（特定行政庁が都市計画審議会の議を経て指定した区域内では6m．以下同じ．）以上で一定の条件を満たすものであるが（法第42条第1項），法の集団規定が適用されるようになった時点において既に存在していた幅員が4m未満のものについても，一定の条件を満たし特定行政庁が指定した場合には，幅員4mの道路とみなして，法の各種集団規定が適用される（法第42条第2項）．

　具体的な道路の種類には次に掲げるa）（ア）～（オ）およびb）のものがあるが，いわゆる公道，私道などの所有関係や管理関係，あるいは現況の実態や形状だけは，その道が集団規定を適用する際に「道路」とみなせるものであるか否かについては判断できないことに注意しなければならない（表4・1）．

a) **幅員が4m以上の道路**（法第42条第1項）

（ア）**道路法による道路**（第一号）：国道，都道府県道，市区町村道などの道路法に基づいて築造された道路で，いわゆる「認定道路」とよばれる一般公道．

（イ）**都市計画法，土地区画整理法などによる道路**（第二号）：「都市計画法」，「土地区画整理法」，「旧住宅地造成事業に関する法律」，「都市再開発法」，「新都市基盤整備法」，または「大都市地域における住宅地等の供給の促進に関する特別措置法」のいずれかに基づいて築造された道路．

（ウ）**集団規定が適用された際に既に存在していた道**（第三号）：当該地域に集団規定が適用されるようになった日（建築基準法の施行日（昭和25年11月23日）に既に都市計画区域内であった地域ではその日，また，その後に都市計画区域または準都市計画区域に指定された地域ではその指定日）に，現に幅員4m以上の道路として存在していたもの．

（エ）**2ヵ年指定されている道路**（第四号）：道路法，都計法など，（ア）と（イ）に掲げる7つの法律のいずれかに基づいて新設または変更の事業計画のある道路で，2年以内にその事業が執行される予定のものとして特定行政庁が指定した道路．

（オ）**位置指定道路**（第五号）：土地に建築物の敷地を造るために，（ア）と（イ）に掲げる法律によらずに，令第144条の4（表4・2）に定める基準に従って築造する道で，築造しようとする者が特定行政庁からその位置の指定を受けた道路（図4・1）．

b) **幅員が4m未満の道路**（法第42条第2項）

　当該地域に集団規定が適用されるようになった日（前出a）（ウ）参照）に，現にその沿道に建築物が立ち並んでいた幅員4m未満の道で，特定行政庁が指定したものも道路である（図4・2）．

　この道路は，いわゆる「2項道路」とよばれているもので，容積率制限，建ぺい率制限，道路斜線制限あるいは道路内の建築制限などの集団規定を適用する場合においては，現況とは関係なくその幅員は4mとみなされる．また，この場合の道路と敷地の境界線（道路境界線）の位置については，一般的には，当該地域に集団規定が適用されるようになった日に現に存在していた道の中心を幅員4mの道路の中心とみなし，この中心から対面するそれぞれの敷地側へ2mずつ後退した位置（ただし，一方ががけ地などの場合には，がけ地などと道路の境界線から道路側へ4m「一方後退」した位置（図4・3））を道路境界線として集団規定を適用する．したがって，2項道路に面する建築物の建築基準法上の「敷地」の範囲については，その土地の所有権の及ぶ範囲とは一致しないことが一般的である．

　なお，特定行政庁は，土地の状況からやむを得ない場合には，建築審査会の同意を得て，道の中心からの水平距離を2m未満1.35m以上（がけ地等の境界線からの水平距離については4m未満2.7m以上）の範囲内で別に水平距離を指定することができるとともに，その場合において，地方公共団体が，交通上，安全上，防火上または衛生上必要があると認めるときには，条例で，敷地，構造，建築設備または用途に関して必要な制限を付加することができる（法第42条第3項，第6項，第43条の2）．また，特定行政庁は，1.8m未満の道を指定する場合にも，建築審査会の同意を得なければならない（法第42条第6項）．

　2項道路では，これに面する敷地で，2項道路指定前からある既存建築物の建て替えが進むにつれて，幅員4m（原則）の道路が次第に形成されていくことになる．

2. 敷地と道路

a) **接道基準**（法第43条第1項）

　建築物の敷地は，原則として「道路」に連続して2m以上接していなければならない．すなわち，道路に連続して2m以上接していない土地においては，原則として建築物を建築することができない．

　なお，次のものは，道路と敷地の間に交通の関わりがないため，敷地が接する道路としては認められない．

表4・1 道路の種類

法第42条		幅員（原則）	定義（条文主旨）
第1項	第一号	4m以上	道路法による道路
	第二号		都市計画法，土地区画整理法，旧住宅地造成事業に関する法律，都市再開発法，新都市基盤整備法，大都市地域における住宅及び住宅地の供給の促進に関する特別措置法または密集市街地整備法による道路
	第三号		この章（建築基準法第3章）の規定が適用されるに至った際現に存在する道
	第四号		道路法　都市計画法，土地区画整理法，都市再開発法，新都市基盤整備法，大都市地域における住宅及び住宅地の供給の促進に関する特別措置法または密集市街地整備法による新設又は変更の事業計画のある道路で，2年以内にその事業が執行される予定のものとして特定行政庁が指定したもの
	第五号		土地を建築物の敷地として利用するため，道路法　都市計画法，土地区画整理法，都市再開発法，新都市基盤整備法，大都市地域における住宅及び住宅地の供給の促進に関する特別措置法または密集市街地整備法によらないで築造する政令（令第144条の4）で定める基準に適合する道で，これを築造しようとする者が特定行政庁からその位置の指定を受けたもの
第2項		4m未満	この章（建築基準法第3章）の規定が適用されるに至った際現に建築物が立ち並んでいる幅員4m未満の道で，特定行政庁が指定したもの（原則として，その中心線からの水平距離2mの線をその道路の境界線とみなす．）

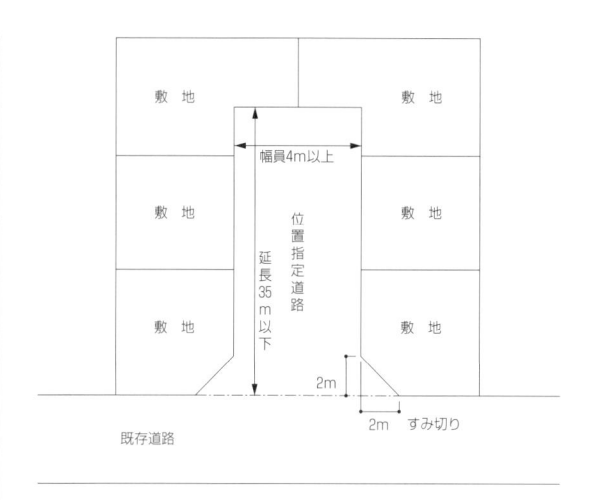

図4・1　位置指定道路の例

表4・2　道路の指定基準（令第144条の4）

法第42条第1項第五号に規定する道路の指定基準（主旨）		
1	両端が他の道路に接続したものであること	
	ただし，次のいずれかの場合には袋路状道路にできる．	
	①	延長が35m以下の場合（幅員6m未満の袋路状道路に接続する場合はその道路延長も含む．③も同様）
	②	終端が公園，広場などで自動車の転回に支障がないものに接続している場合
	③	延長が35mを超え，終端及び区間35m以内ごとに告示に適合する自動車の転回広場が設けられている場合
	④	幅員が6m以上の場合
	⑤	①〜④に準ずる場合で，特定行政庁が周囲の状況により避難，通行の安全上支障がないと認めた場合
2	道が同一平面で交差，接続し，または屈曲する箇所（生ずる内角が120度以上の場合を除く）に角地の隅角をはさむ辺の長さ2mの二等辺三角形の部分を道に含むすみ切りを設けたものであること	
	ただし，特定行政庁が周囲の状況によりやむを得ない，又はその必要がないと認めた場合はこの限りでない．	
3	砂利敷その他ぬかるみとならない構造であること	
4	縦断勾配が12%以下であり，かつ階段状でないものであること	
	ただし，特定行政庁が周囲の状況により避難，通行の安全上支障がないと認めた場合はこの限りでない．	
5	道およびこれに接する敷地内の排水に必要な側溝，街渠その他の施設を設けたものであること	

地方自治体は，その地方の気候・風土の特殊性，土地の状況により必要と認める場合には，条例で，区域を限り，これらと異なる基準を定めることができる（緩和する場合には国土交通大臣の承認を得なければならない）．

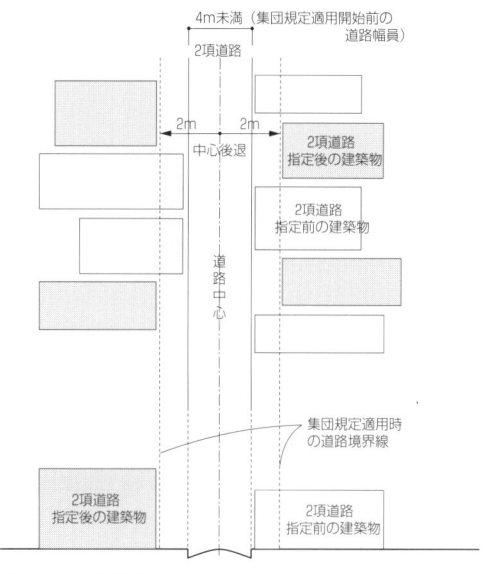

図4・2　2項道路

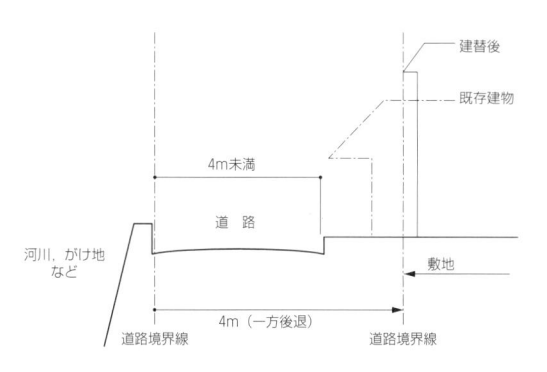

図4・3　一方ががけ地などの2項道路

第4章　集団規定

（ア）自動車専用道路

（イ）地区計画区域（p.102，4・6の1d）参照）内の地区整備計画が定められている区域のうち，都計法第12条の11により敷地として併せて利用すべき区域として定められている区域内の道路

b）接道基準の緩和（法第43条第2項）

　幅員4m以上の道（道路を除く）で，農道等または令第144条の4第1項の基準に適合するものに2m以上接する延べ面積200m²以下の一戸建住宅で，特定行政庁が交通上，安全上，防火上及び衛生上支障がないと認定した建築物，並びに，敷地の周囲に広い空地を有する建築物その他の規則10条の3第四号に定める基準に適合する建築物で，特定行政庁が交通上，安全上，防火上及び衛生上支障がないと認めて建築審査会の同意を得て許可した建築物の敷地については，a）の接道規定は適用されない（表4・3）．

c）条例による接道基準の強化（法第43条第3項）

　地方公共団体は，特殊建築物や一定の大規模な建築物などに対して，条例で，その用途や規模などに応じた避難・通行の安全のために必要な接道に関する制限を付加することができる．

　たとえば，大阪府建築基準法施行条例では，共同住宅などの特殊建築物の敷地に対して，接道長さを「4m以上」必要としている．

3．道路内の建築制限（法第44条）

　建築物または敷地造成のための擁壁は，道路内に，または道路に突き出して建築し，築造してはならない．

　ただし，つぎの①〜④のいずれかに該当するものは建築，または築造ができる．

① 地盤面下に建築するもの（地下街，地階，基礎部分など）．
② 公衆便所，巡査派出所その他これらに類する公益上必要な建築物で，特定行政庁が通行上支障がないと認めて建築審査会の同意を得て許可したもの．具体的には，バス停留場の上屋，地下鉄の出入口，駐輪場などが対象となりうる．
③ 前出2a）（イ）の道路の上空または路面下に設ける建築物のうち，当該地区計画の内容と令第145条第1項の基準に適合し，特定行政庁が安全上，防火上及び衛生上支障がないと認めるもの．
④ 公共用歩廊（アーケード），その他令第145条第2項で定める建築物（上空通路など）で，特定行政庁が安全上，防火上および衛生上他の建築物の利便を妨げ，その他周囲の環境を害するおそれがないと認めて，建築審査会の同意を得て許可したもの（図4・4）．

4．私道の変更等の制限（法第45条）

　私道（法第42条第1項第三号，第五号，第2項など）が変更や廃止されることによって，その私道に接する敷地が法第43条に基づく接道基準に適合しなくなる場合には，特定行政庁は，その変更や廃止を，禁止または制限することができる．

5．壁面線

a）壁面線の指定（法第46条）

　特定行政庁は，街区内における建築物の位置を整えてその環境の向上を図るために必要があると認める場合においては，壁面線を指定することができる．壁面線を指定する場合には，あらかじめ，指定に利害関係を有する者の出頭を求めて公開による意見の聴取を行い，建築審査会の同意を得なければならない．

b）壁面線による建築制限（法第47条）

　建築物の壁もしくはこれに代わる柱または高さ2mを超える門もしくはへいは，壁面線を越えて建築してはならない．ただし，地盤面下の部分および特定行政庁が建築審査会の同意を得て許可したアーケードの柱などは，この限りでない（図4・5）．

c）壁面線による容積率・建ぺい率の緩和（法第52条第11〜13項，第53条第4項，第5項）

　壁面線が指定されている場合には，特定行政庁が建築審査会の同意を得て許可した建築物，または容積率制限算定の際に前面道路幅員に4/10を乗ずる建築物（前面道路幅員による低減係数が0.4の建築物（p.84，4・3の1a）参照））で壁面線を越えないものについては，前面道路の境界線が壁面線の位置にあるものとみなして（道路幅員を大きくみなして）前面道路幅員による容積率制限を緩和することができる（p.84，4・3の1c）（ウ）参照）．

　また，隣地境界線または前面道路の境界線から後退して壁面線が指定されている場合には，特定行政庁が建築審査会の同意を得て許可した建築物については，一定の建ぺい率緩和を行うことができる（p.88，4・3の2c）参照）．

表4・3 接道義務の緩和許可基準の例（大阪市の場合（抜粋））

（用語の定義）
第1条　この基準において次の各号に掲げる用語の意義は，それぞれ当該各号に定めるところによる．
(1) 公共用空地　建築基準法施行規則（以下「規則」という．）第10の3第4項第1号に規定する公園，緑地，広場等広い空地をいう．
(2) 公共用通路　規則第10条の3第4項第2号に規定する農道その他これに類する公共の用に供する道（幅員4m以上のものに限る．）をいう．
(3) その他通路　規則第10条第3第4項第3号に規定する避難及び通行の安全等の目的を達するために十分な幅員を有する通路であって，道路に通ずるものをいう．

（適用の範囲）
第2条　この基準は，公共用空地，公共用通路及びその他通路（以下「空地等」という．）に接する敷地における建築物について適用する．

（敷地と空地等との関係）
第3条　建築物の敷地は，空地等に2m以上接しなければならない．

（空地等の要件）
第4条　公共用空地は，公共の用に供するものであって，安定的，日常的に利用可能な状況でなければならない．
2　公共用通路及びその他通路（以下「通路等」という．）は，次の各号に定めるところによらなければならない．ただし，公共用通路については第2号の規定は適用しない．
(1) 幅員は1.8m以上であること．また，大阪府建築基準法施行条例第6条の規定が適用される建築物については幅員3m以上，同条例第66条の規定が適用される建築物については幅員4m以上であること．
(2) おおむね20年以上一般の通行の用に供されてきたものであること．ただし，火災等により建築物を建替える場合にあってはこの限りでない．
(3) 現に一般の通行の用に供されていること．
(4) 側溝，縁石，塀等により通路境界が明確であること．
(5) 両端が法第42条に規定する道路に接続したものであること．ただし，次のイからヘまでのいずれかに該当する場合においては，袋路状通路（その一端のみが道路に接続したものをいう．）とすることができる．
　イ　道路から敷地までの延長（2以上の経路で道路に接続したもの（ただし，分岐点から道路まで重複する経路がないものに限る．）にあっては，分岐点からの延長をいう．（以下同じ．））が35m以下の場合．（ただし，幅員6m未満の袋路状道路に接続する場合は，その袋路状となる道路の部分を含めた延長が35m以下のものに限る．）
　ロ　幅員が2.7m以上かつ延長が40m以下の場合．（ただし，幅員6m未満の袋路状道路に接続する場合は，その袋路状となる道路の部分を含めた延長が40m以下のものに限る．）
　ハ　幅員が4m以上かつ延長が70m以下の場合．（ただし，幅員6m未満の袋路状道路に接続する場合は，その袋路状となる道路の部分を含めた延長が70m以下のものに限る．）
　ニ　幅員が6m以上の場合．
　ホ　終端が公園，広場，河川敷，堤防等将来にわたり避難及び通行の安全上支障をきたすおそれがない空地に接続している場合．
　ヘ　おおむね35mごとに自動車の転回広場を設ける等，通路等の状況を勘案して交通上，防火上，安全上及び衛生上支障がないと認められる場合．

（建築物の敷地，用途，構造等）
第5条　建築物の敷地，用途，構造等は，次の各号（当該建築物の敷地が幅員4m以上の通路等に接し，かつ，交通上支障とならない場合にあっては，第2号から第4号までを除く．）に定めるところによらなければならない．
(1) 建築物の敷地面積（通路等に係る部分の面積は算入しないものとする．以下同じ．）は60m²以上とすること．ただし，次のイからハまでのいずれかに該当する場合は，この限りでない．
　イ　建築物を建替える場合であって，建築物の敷地を従前の建築物の敷地と同一とする場合．
　ロ　長屋，共同住宅を建替える場合で，戸数が増加しないもの．（ただし，第9条に規定する開発行為を行う場合を除く．）
　ハ　敷地を2分割する場合で，各敷地が54m²以上の場合．
(2) 建築物の用途は，一戸建ての住宅，兼用住宅又は建替えによる従前の建築物と同一の用途であること．
(3) 地階を除く階数が3以下であること．
(4) 法第53条第3項第1号に規定する耐火建築物等又は同号ロに規定する準耐火建築物等であること．なお，建築物内部の壁及び天井の仕上げは不燃材料又は準不燃材料とすること．
(5) 法第53条第1項第2号の規定により建築物の建ぺい率の限度が10分の8とされている地域内の建築物については，建築物の先端部分から通路等と反対側の敷地境界線までの水平距離が0.5m以上であること．
(6) 建築物の敷地と通路等の境界線は，側溝，縁石，塀等により明確にされていること．

（容積率）
第6条　建築物の敷地が通路等に接する場合における建築物の容積率は，次の各号に掲げる場合に応じて，当該各号に定めるところによらなければならない．
(1) 通路等の幅員が4m未満の場合（次号に掲げる場合を除く．）
　建築物が幅員4mの前面道路に面しているものとみなした場合に，法第52条第2項の規定に適合するものであること．
(2) 通路等の幅員が4m未満の場合であって，建築物が第1種住居地域，第2種住居地域及び準住居地域のうち風致地区以外の区域内にある場合
　建築物が面する通路等（道路から敷地までの部分に限る．）の最小幅員を前面道路の幅員とみなした場合に，法第52条第2項の規定に適合するものであること．ただし，同項の規定により算出した値が10分の16未満となる場合，容積率の限度は10分の16とする．
(3) 通路等の幅員が4m以上の場合
　建築物が面する通路等を前面道路とみなした場合に，法第52条第2項の規定に適合するものであること．

（建築物の各部分の高さ）
第7条　建築物の敷地が通路等に接する場合における建築物の各部分の高さは，次の各号に定めるところによらなければならない．
(1) 通路等の幅員が4m未満の場合にあっては，幅員4mの前面道路に面しているものとみなした場合に，法第56条の規定に適合するものであること．
(2) 通路等の幅員が4m以上の場合にあっては，当該通路等を前面道路とみなした場合に，法第56条の規定に適合するものであること．

（敷地と通路等の境界線）
第8条　通路等の幅員が4m未満の場合にあっては，当該通路等の中心線からの水平距離2mの線をその通路等の境界線とみなす．ただし，当該通路等がその中心線からの水平距離2m未満でがけ地，川，線路敷地その他これらに類するもの，又は法第43条の規定に適合する他の敷地に沿う場合においては，当該がけ地等の通路等の側の境界線及びその境界線から通路等の側に水平距離4mの線をその通路等の境界線とみなす．

（開発行為を行う場合の通路等）
第9条　通路等に接する200m²以上の土地において，開発行為を行う場合にあっては，当該通路等の幅員は4m以上でなければならない．

（関係権利者の承諾）
第10条　建築主は，空地等を確保することについて関係権利者（公共用空地及び公共用通路にあってはその管理者，その他通路にあっては当該通路の敷地となる土地の所有者又は借地権を有する者をいう．）の承諾を得なければならない．

図4・4　上空通路の例

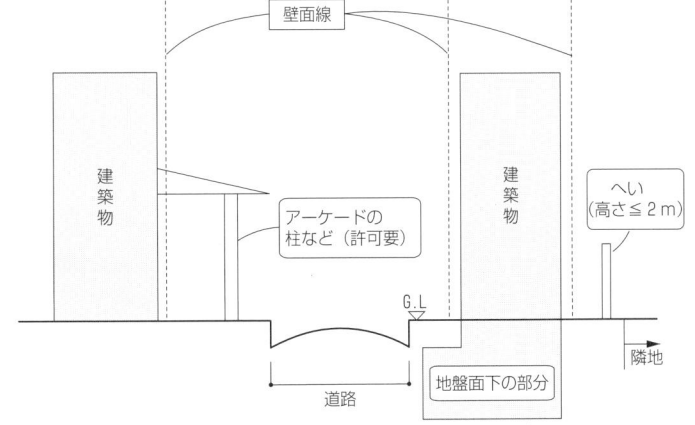

図4・5　壁面線による建築制限例

4・2 地域地区と用途地域

1. 区域区分

都市計画区域（p.120，6・1の1b）（ア）参照）において，無秩序な市街化を防止し，計画的な市街化を図るために必要がある場合には，都市計画によって「市街化区域」（既成市街地および概ね10年以内に優先的，計画的に市街化を図るべき区域）と「市街化調整区域」（市街化を抑制すべき区域）との区分を定めることができる（都計法第7条）．この区分を「区域区分」といい，区分を行うことを一般に「線引き」という．

なお，首都圏，近畿圏，および中部圏開発整備法に基づく3大都市圏の一定の都市計画区域においては，必ず区域区分を定めなければならない．

2. 地域地区

都市計画区域内では，用途地域，特別用途地区，高度地区など，総称して「地域地区」とよばれる次の①～⑭に掲げる地域，地区など（p.121，表6・3参照）のうち，必要なものを都市計画によって定める（都計法第8条，第9条）．

また，準都市計画区域（p.120，6・1の1b）（イ）参照）内では，地域地区のうち用途地域，特別用途地区，特定用途制限地域，高度地区，景観地区，風致地区，緑地保全地域および伝統的建造物群保存地区を定めることができる．

最も一般的な地域地区は，用途地域であり，原則として，市街化区域内では指定され，市街化調整区域内では指定されない（都計法第13条第1項第七号）（図4・6）．

なお，都市計画法に基づき各地域地区を指定した場合の具体的な建築制限などに関する規定については，建築基準法などが補完している場合が多い．

①**用途地域**

住宅系，商業系および工業系地域など市街地の各地域の特性に応じて建築物の用途を制限する13の地域の総称（法第48条）．

②**特別用途地区**

用途地域内の一定の地区において，当該地区の特性にふさわしい土地利用の増進や環境保護などの特別の目的を実現するために，用途地域を補完して用途規制を行う地区（法第49条）．

③**特定用途制限地域**

用途地域が定められていない土地の区域（市街化調整区域を除く．）内で，その良好な環境形成・保持のため，その地域の特性に応じて合理的土地利用が行われるよう，制限すべき建築物等の用途の概要を定める地域（法第49条の2）．

④**特例容積率適用地区**

用途地域内（第1種・第2種低層住居専用地域，田園住居地域，工業専用地域を除く）の適正な配置・規模の公共施設を備えた区域において，建築物の容積率の限度からみて未利用となっている容積の活用を促進して土地の高度利用を図るために定める地区（法第57条の2～第57条の4）．

⑤**高層住居誘導地区**

都心部の住宅と非住宅を適正に配分し，利便性の高い高層住宅を誘導するために，第1種・第2種・準住居地域，近隣商業地域または準工業地域のうち指定容積率が400％または500％の区域内で，容積率・建ぺい率の最高限度，敷地面積の最低限度を定める地区（法第57条の5）．

⑥**高度地区**

用途地域内で，市街地環境を維持し，または土地利用の増進を図るために，建築物の高さの最高または最低限度を定める地区（法第58条）．

⑦**高度利用地区**

用途地域内の市街地での土地の合理的かつ健全な高度利用と都市機能更新のために，容積率の最高・最低限度，建ぺい率の最高限度，建築面積の最低限度および壁面の位置の制限を定める地区（法第59条）．

⑧**特定街区**

市街地の整備改善を図るために，街区の整備，造成が行われる地区について，容積率と高さの最高限度および壁面の位置の制限を定める街区（法第60条）．

⑨**都市再生特別地区**

都市再生緊急整備地域（都市再生特別措置法に基づき，都市再生の拠点として都市開発事業等を通じて緊急かつ重点的に市街地の整備を推進すべき地域として政令で定める地域）内において，都市の再生に貢献し，土地の合理的かつ健全な高度利用を図る特別の用途，容積，高さ，配列等の建築物の建築を誘導するために定める地区（法第60条の2）．

⑩**防火地域および準防火地域**

市街地における火災の危険を防除するために定める地域（法第61条～第66条）．

⑪**特定防災街区整備地区**

密集市街地内の土地の区域について，特定防災機能の確保並びに土地の合理的かつ健全な利用を図るために，防火地域または準防火地域が定められている土地の区域のうち，防災街区として整備すべき区域において，敷地面積の最低限度を定め，また壁面の位置の制限などを定めることができる地区（法第67条）．

⑫**景観地区**

市街地の良好な景観の形成を図るために定める地区（法

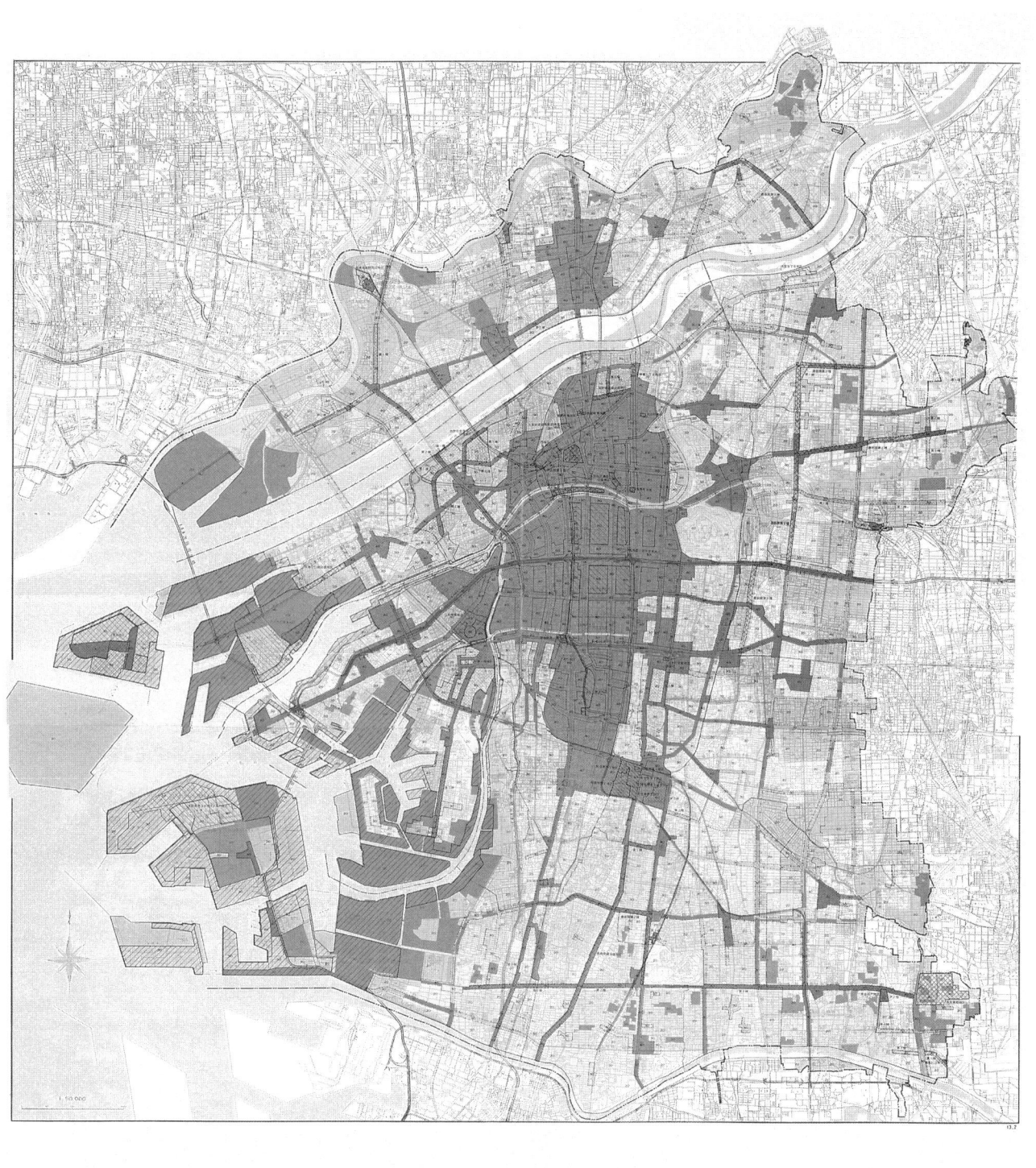

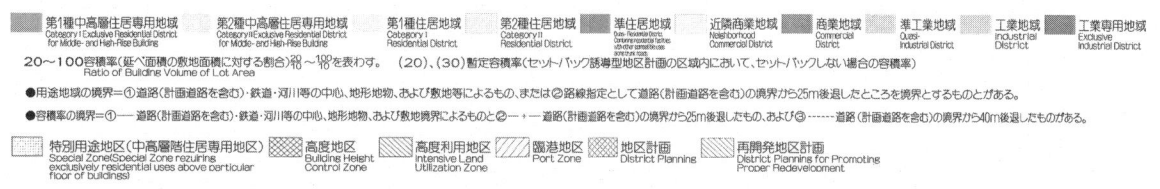

図4・6 都市計画図（用途地域など）の例（大阪市の場合）

第68条).

⑬風致地区

　都市の風致を維持するために定める地区（都計法第58条）.

⑭その他の地域地区

　駐車場整備地区，臨港地区，歴史的風土特別保存地区，特定用途誘導地区，居住調整地域，居住環境向上用途誘導地区など.

3. 用途地域（都計法第8条第1項第一号他）

　用途地域は，都市における住環境の保全や商工業の利便の促進など合理的な土地利用を図るために，市街地の各地域の特性に応じて建築物の用途を制限する地域地区であり，最も基本的な地域地区として，各都市計画区域内において指定が行われることが一般的である．用途地域の指定は，地域の現況と将来のあるべき土地利用などを勘案したうえで，他の地域地区と同様に，用途地域のうち必要なものの指定を都市計画決定によって行う．

　用途地域には13種類の地域があり，住居系，商業系および工業系に大別することができる（都計法第9条第1項～第13項）（表4・4）.

　なお，用途地域は他の集団規定とも関連付けされており，たとえば，用途地域に応じて，容積率や建ぺい率などを都市計画で定めることとされている（都計法第8条第3項第二号）.

a）建築物の用途制限（法第48条，法別表第2）

　用途地域の指定は，都市計画法に基づき行われるが，用途地域が指定されることによって実施される具体的な建築物用途の制限事項については，建築基準法第48条に委ねられている．さらに，用途地域等内での用途制限の詳細については法別表第2に規定されている．

　表4・5は，法別表第2の概要を示したものであるが，この表のように，法別表第2には，用途地域等の種類に応じて「建築できる用途」または「建築できない用途」が列記されている．

　一方，表4・6（p.110）は表4・5を建築物の用途から見た形式に書き換えたものである．表4・6からわかるように，全体を見た場合，一部（個室付浴場業に係る公衆浴場および工業系用途）を除き，準工業地域における用途規制が最もゆるく，概ね，準工業地域から第1種低層住居専用地域へ向かうにつれ，また，準工業地域から工業専用地域に向かうにつれて次第に規制が厳しくなる構成となっている．

b）用途制限の特例

（ア）**敷地が2種以上の用途地域にわたる場合**（法第91条）：敷地の過半が属する用途地域等の用途規制が，敷地全域に対して適用される．したがって，敷地内の建築物の位置とは無関係に，同一敷地内の建築物に対しては同じ用途制限が一様に適用される．

（イ）**既存不適格建築物の増築・改築**（法第3条第2項，法第86条の7，令第137条の7）：新たに用途地域が指定されたり，用途地域等が変更されたり，法改正によって制限内容が変更されたことにより，従前の用途地域等による用途制限には適合していたが，新しい用途制限に適合しなくなった建築物については，適合しなくなった時（基準時）の敷地内であれば，一定の範囲内（基準時の床面積の1.2倍以下など）で増築または改築ができる．

（ウ）**許可による用途制限の緩和**（法第48条第1項～第14項各ただし書，第15項～第17項）：用途地域等によって原則として建築が禁止されている用途であっても，法第48条第1項～第14項の各項ただし書の規定に基づき，次の各要件などを満たして特定行政庁の許可を受けたもの等については，用途制限が解除される．

①特定行政庁が，各用途地域等の目的を害するおそれがないと認め，または公益上やむを得ないなどと認めること．

②特定行政庁が，利害関係者の出頭を求めて公開による意見の聴取を行うこと（既に許可を受けた建築物の一定の増改築等の場合を除く．③も同じ．）.

③特定行政庁が，建築審査会の同意を得ること（住居系用途地域内の一定の住環境悪化防止措置が講じられた日常生活に必要な建築物の建築の場合を除く．）.

（エ）**都市再生特別地区内の建築物**（法第60条の2第3項）：都市再生特別地区に関する都市計画において定められた誘導すべき用途に供する建築物については，用途地域等による用途制限は適用されない．

4. 卸売市場等の位置（法第51条）

　卸売市場，火葬場，または，と畜場，汚物処理場，ごみ焼却場その他令第130条の2の2に定める処理施設の用途に供する建築物は，都市計画によってその位置が決定されているものでなければ新築，増築してはならない．また，これらの用途に用途変更する場合も原則として同様の制限を受ける（法第87条第2項・第3項）.

　ただし，特定行政庁が，都市計画審議会の議を経て，その敷地の位置が都市計画上支障がないと認めて許可した場合，または令第130条の2の3に定める規模の範囲内の場合は，この限りでない．

表4・4 用途地域の種類

用途地域		目的
住居系	第1種低層住居専用地域	低層住宅の良好な住環境の保護
	第2種低層住居専用地域	主に低層住宅の良好な住環境の保護
	第1種中高層住居専用地域	中高層住宅の良好な住環境の保護
	第2種中高層住居専用地域	主に中高層住宅の良好な住環境の保護
	第1種住居地域	住居の環境の保護
	第2種住居地域	主に住居の環境の保護
	準住居地域	沿道の業務の利便およびこれに調和した住居の環境の保護
	田園住居地域	農業の利便およびこれに調和した低層住宅の環境の保護

用途地域		目的
商業系	近隣商業地域	近隣住宅地のための店舗等の利便の増進
	商業地域	主に商業等の業務の利便の増進
工業系	準工業地域	主に環境悪化のおそれのない工業の利便の増進
	工業地域	主に工業の利便の増進
	工業専用地域	工業の利便の増進

表4・5 用途地域等内での建築物の用途制限（法第48条・法別表第2）

用途地域			建築物の用途制限の内容
(い)	第1種低層住居専用地域	建築することができる建築物	①住宅 ②店舗・事務所等兼用住宅（令第130条の3のもの） ③共同住宅・寄宿舎・下宿 ④学校（大学・高専・専修学校・各種学校を除く）・図書館等 ⑤神社・寺院・教会等 ⑥老人ホーム・保育所・福祉ホーム等 ⑦公衆浴場（個室付浴場を除く） ⑧診療所 ⑨巡査派出所・公衆電話所等（令第130条の4）の公益上必要なもの ⑩これらに付属するもの（令第130条の5のものを除く）
(ろ)	第2種低層住居専用地域		①((い)①〜⑨)のもの ②店舗・飲食店等（令第130条の5の2）でその用途部分の合計≦150m²のもの（3階以上の部分にその用途があるものを除く） ③これらに付属するもの（令第130条の5のものを除く）
(は)	第1種中高層住居専用地域		①((い)①〜⑨)のもの ②大学・高等専門学校・専修学校等 ③病院 ④老人福祉センター・児童厚生施設等 ⑤店舗・飲食店等（令第130条の5の3）でその用途部分の合計≦500m²のもの（3階以上の部分にその用途があるものを除く） ⑥床面積≦300m²または都市計画決定された自動車車庫（3階以上の部分にその用途があるものを除く） ⑦公益上必要なもの（令第130条の5の4） ⑧これらに付属するもの（令第130条の5のものを除く）
(に)	第2種中高層住居専用地域	建築してはならない建築物	①((ほ)②③，(へ)③④⑤，(と)④，(り)②③)のもの ②工場（令第130条の6のものを除く） ③ボーリング場・スケート場・水泳場等（令第130条の6の2） ④ホテル・旅館 ⑤自動車教習所 ⑥令第130条の7の規模（床面積の合計>15m²）の畜舎 ⑦3階以上の部分に(は)以外の用途があるもの（政令（未制定）のものを除く） ⑧(は)以外の用途のものでその用途部分の合計>1,500m²のもの（政令（未制定）のものを除く）
(ほ)	第1種住居地域		①((へ)①〜⑤)のもの ②マージャン屋・ぱちんこ屋・射的場・勝馬投票券発売所・場外車券売場等 ③カラオケボックス等 ④(は)以外の用途のものでその用途部分の合計>3,000m²のもの（令第130条の7の2のものを除く）
(へ)	第2種住居地域		①((と)③④，(り))のもの ②作業場床面積の合計>50m²の原動機使用工場 ③劇場・映画館・演芸場・観覧場またはナイトクラブ等（令第130条の7の3） ④自動車車庫で床面積の合計>300m²または3階以上の部分にあるもの（建築物に付属する令第130条の8のものまたは都市計画決定されたものを除く） ⑤倉庫業を営む倉庫 ⑥店舗・飲食店・展示場・遊技場・勝馬投票券売場・場外車券売場等（令第130条の8の2）でその用途部分の合計>10,000m²のもの
(と)	準住居地域	建築してはならない建築物	①(り)のもの ②作業場床面積の合計>50m²の原動機使用工場（作業場床面積の合計≦150m²の自動車修理工場を除く） ③〈法別表第2(と)〉第三号(1)〜(16)の工場（令第130条の8の3のものを除く） ④（法別表第2(る)第一号(1)(2)(3)(11)(12)）の物品（＝「危険物」）の貯蔵・処理用〈令第130条の9のもの〉 ⑤客席床面積≧200m²の劇場・映画館・演芸場・観覧場、またはその用途部分の合計≧200m²のナイトクラブ等（令第130条の9の2） ⑥劇場・映画館・演芸場・観覧場・ナイトクラブ等（令第130条の9の2）または店舗・飲食店・展示場・遊技場・勝馬投票券売場・場外車券売場等（令第130条の8の2）でその用途部分（劇場・映画館・演芸場・観覧場は客席部分）の合計>10,000m²のもの
(ち)	田園住居地域	建築することができる建築物	①((い)①〜⑨)のもの ②農産物の生産・集荷・処理・貯蔵用（令第130条の9の3のものを除く） ③農業の生産資材の貯蔵用 ④農産物販売店舗・飲食店等（令第130条の9の4）でその用途部分の合計≦500m²のもの（3階以上の部分にその用途があるものを除く） ⑤店舗・飲食店等（令第130条の5の2）でその用途部分の合計≦150m²のもの（3階以上の部分にその用途があるものを除く） ⑥これらに付属するもの（令第130条の5のものを除く）
(り)	近隣商業地域	建築してはならない建築物	①(ぬ)のもの ②キャバレー・料理店等 ③個室付浴場等（令第130条の9の5）
(ぬ)	商業地域		①((る)①②)のもの ②作業場床面積の合計>150m²の原動機使用工場（日刊新聞印刷所，作業場床面積の合計≦300m²の自動車修理工場を除く） ③法別表第2(ぬ)第三号(1)〜(20)の工場（政令（未制定）を除く） ④「危険物」の貯蔵・処理用（令第130条の9のもの）
(る)	準工業地域		①「法別表第2(る)第一号(1)〜(31)の工場（令第130条の9の7のものを除く） ②「危険物」の貯蔵・処理用（令第130条の9のもの） ③個室付浴場等（令第130条の9の5）
(を)	工業地域		①((る)③)のもの ②ホテル・旅館 ③キャバレー・料理店等 ④劇場・映画館・演芸場・観覧場・ナイトクラブ等（令第130条の7の3） ⑤学校（幼保連携型認定こども園を除く） ⑥病院 ⑦店舗・飲食店・展示場・遊技場・勝馬投票券発売所・場外車券売場等（令第130条の8の2）でその用途部分の合計>10,000m²のもの
(わ)	工業専用地域		①(を)のもの ②住宅 ③共同住宅・寄宿舎・下宿 ④老人ホーム・福祉ホーム等 ⑤物品販売店舗・飲食店 ⑥図書館・博物館 ⑦ボーリング場・スケート場・水泳場等（令第130条の6の2） ⑧マージャン屋・ぱちんこ屋・射的場・勝馬投票券発売所・場外車券売場等
(か)	用途地域の指定のない区域（市街化調整区域を除く）		劇場・映画館・演芸場・観覧場・ナイトクラブ等（令第130条の9の2）または店舗・飲食店・展示場・遊技場・勝馬投票券発売所・場外車券売場等（令第130条の8の2）でその用途部分（劇場・映画館・演芸場・観覧場は客席部分）の合計>10,000m²のもの

4・3 容積率と建ぺい率などの制限

1. 容積率

都市における道路などの公共施設と建築物との均衡を図り，良好な市街地環境の形成が進められるように，容積率（延べ面積の敷地面積に対する割合＝延べ面積／敷地面積）の制限が行われている．

a) 容積率制限の原則（法第52条第1項，第2項）

建築物の容積率は，用途地域や建築物の前面道路の幅員などに応じて，表4・7に掲げる「容積率の制限値」以下としなければならない．

用途地域に応じて法に定められた数値の中から，原則として都市計画（都市計画法第8条第3項第二号イ前段）で指定される制限値は，一般に「指定容積率」と呼ばれている（法第52条第1項）．

また，建築物の前面道路（2以上ある場合はその幅員が最大のもの）の幅員が12m未満の場合には，さらにその幅員に応じた容積率の制限があり，用途地域（及び特定行政庁の指定・非指定区域）に応じて，その幅員（単位m）に0.4，0.6および0.8のいずれか（一般的に「低減係数」という．）を乗じた値を容積率の制限値としている（法第52条第2項）．

これら，指定容積率および前面道路幅員に基づく容積率の各制限値のうち，大きくない方の値が敷地における原則的な容積率制限値となる．

b) 敷地が制限の異なる2以上の区域にわたる場合（法第52条第7項）

原則として容積率の制限は敷地単位で適用される．敷地が容積率制限の異なる区域（指定容積率または前面道路幅員に乗じる低減係数が異なる区域など）にわたる場合には，敷地の部分ごとに求めた基準容積率に相当する値をその部分の面積で加重平均した値を敷地全体に適用する．すなわち，次式で求められる容積率制限値が敷地全体に対して適用される（図4・7参照）．

容積率の制限値（敷地全体に適用される基準容積率）
　＝Σ［敷地の各部分での基準容積率に相当する値
　　　×（敷地のうち当該部分の面積／敷地面積）］

c) 制限値算定上の一般的緩和規定

（ア）**特定道路までの距離による緩和**（法第52条第9項）：敷地が，幅員6m以上12m未満の前面道路を介して，幅員15m以上の道路（「特定道路」という．）から70m以内の距離にある場合，前面道路幅員による容積率制限算定用の前面道路幅員は，道路幅員 W_r に次の値 W_a を加えたものを前面道路幅員とみなす（単位はm）（図4・8）．

$$W_a = (12 - W_r)(70 - L)/70$$

　　　L：特定道路から敷地までの前面道路を介した距離．

本緩和規定は，特定道路が有する交通処理能力などを享受する範囲の敷地を考慮し，連続的な容積率規制が行われることを目的としている．

（イ）**大規模機械室，公園など**（法第52条第14項）：次のいずれかの場合で，特定行政庁が，交通上，安全上などについて支障ないと認め，建築審査会の同意を得て許可した建築物については，容積率を緩和することができる．

①機械室などの床面積が，延べ面積に対して著しく大きい建築物．なお，バリアフリー法第24条の規定により，一定の廊下，昇降機，便所などの「建築物特定施設」（p.130, 6・4参照）の用に供する部分も対象となる．

②敷地の周囲に広い公園，広場，道路その他の空地を有する建築物．

③省エネ性能向上のため必要な外壁工事等を行う建築物で構造上やむを得ないものとして省令で定めるもの．

（ウ）**都市計画道路，壁面線等がある場合**

i）**都市計画道路または壁面線がある場合**（法第52条第10項，第11項）：敷地内に都市計画道路がある場合または敷地内に道路境界線から後退して壁面線の指定がある場合で，一定の条件を満し，特定行政庁が，交通上，安全上，防火上および衛生上などについて支障ないと認め，建築審査会の同意を得て許可した建築物については，都市計画道路または壁面線による後退部分も道路とみなして容積率制限を適用することができる．

ii）**住居系地域などで壁面線等がある場合**（法第52条第12項，第13項）：敷地内に前面道路から後退して壁面線または地区計画条例による壁面の位置の制限がある場合で，前面道路幅員に乗じる低減係数が0.4の建築物については，一定の限度内で，敷地内の壁面線等による後退部分も道路とみなして容積率制限を適用することができる．i）の場合と異なり許可の手続きを経ることなく適用ができる．

なお，i），ii）いずれの場合も道路とみなされる部分は敷地から除外されるため，各規定を適用することで必ずしも許容される延べ面積が緩和されるとは限らない．

（エ）**大規模空地を有する住宅系建築物**（法第52条第8項，令第135条の14，第135条の17）：原則として，第1種・第2種・準住居地域，近隣商業地域，商業地域または準工業地域における住宅の用に供する建築物のうち，令第135条の17に定める一定規模以上の敷地および一定割合以上道路に接する一定規模以上の空地を有するものについては，指定容積率の1.5倍以下で住宅の用に供する部分の床面積の延べ面積に対する割合に応じて令第135条の14に定め

表4・7 容積率制限の原則

用 途 地 域	容積率の制限値［(A) と (B) のうち大きくない方の値］	
	都市計画等で定められた「指定容積率」(A)［%］（法第52条第1項）*1) *6	前面道路幅員 W (m) ＜12m の建築物の容積率制限値 (B)［×100%］（法第52条第2項）
1種・2種低層住専，田園住居	50，60，80，100，150，200 のうち都市計画で定められたもの（以下同様．ただし「無指定の区域」を除く．）	$W × 0.4$
1種・2種中高層住専*2	100，150，200，300，400，500	$W × 0.4$ *7 ($W × 0.6$ *4)
1種・2種・準住居*2		
近商，準工*2		$W × 0.6$ ($W × (0.4 または 0.8)$ *4)
商業	200，300，400，500，600，700，800，900，1,000，1,100，1,200，1,300	
工業，工専	100，150，200，300，400	
無指定の区域	50，80，100，200，300，400 *3	

* 1 ただし，法第52条第1項第五号に規定する高層住居誘導地区内の扱いについては，本文e）(ア)を参照．
* 2 令第135条の17に定める一定規模以上の敷地および一定割合以上道路に接する一定規模以上の空地を有する住宅系建築物の場合には，指定容積率の1.5倍以下で住宅部分の床面積の延べ面積に対する割合に応じて令第135条の14で定める方法で算定した数値を指定容積率とみなすことができる．ただし，特定行政庁が都市計画審議会の議を経て，適用区域や緩和限度を制限する場合がある（法第52条第8項）．
* 3 これらのうち，特定行政庁が都市計画審議会の議を経て定めるもの．
* 4 特定行政庁が都市計画審議会の議を経て指定する区域内の場合．
* 5 都市再生特別地区内の建築物については，当該都市再生特別地区に関する都市計画において定められた容積率による（法第60条の2第4項）．
* 6 居住環境向上用途誘導地区および特定用途誘導地区内の所定の誘導用途の建築物は，当該の各地区に関する都市計画において定められた容積率による（法第52条第1項第六号および第七号）．
* 7 1種・2種・準住居地域における高層住居誘導地区内の建築物で，住宅部分の床面積が延べ面積の2/3以上のものは，原則として $W × 0.6$（法第52条第2項第二号（ ）書きおよび第三号）．

下図の敷地における容積率の制限値を求める．
（前面道路幅員による低減係数についての特定行政庁指定区域ではないものとする）

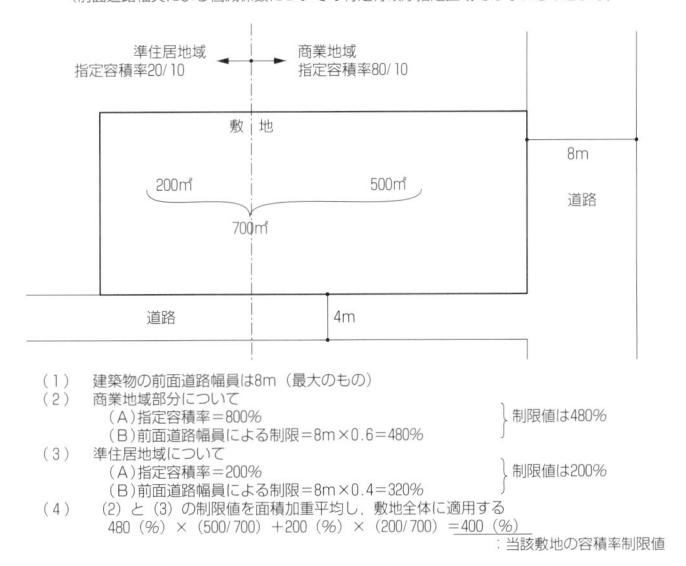

（1）建築物の前面道路幅員は8m（最大のもの）
（2）商業地域部分について
　　(A)指定容積率＝800%
　　(B)前面道路幅員による制限＝8m×0.6＝480％　　　｝制限値は480％
（3）準住居地域について
　　(A)指定容積率＝200％
　　(B)前面道路幅員による制限＝8m×0.4＝320％　　　｝制限値は200％
（4）（2）と（3）の制限値を面積加重平均し，敷地全体に適用する
　　480（％）×（500/700）＋200（％）×（200/700）＝400（％）
　　　　　　　　　　　　　　　　　　　　　　　　：当該敷地の容積率制限値

図4・7 敷地が容積率制限の異なる2以上の区域にわたる場合（例）

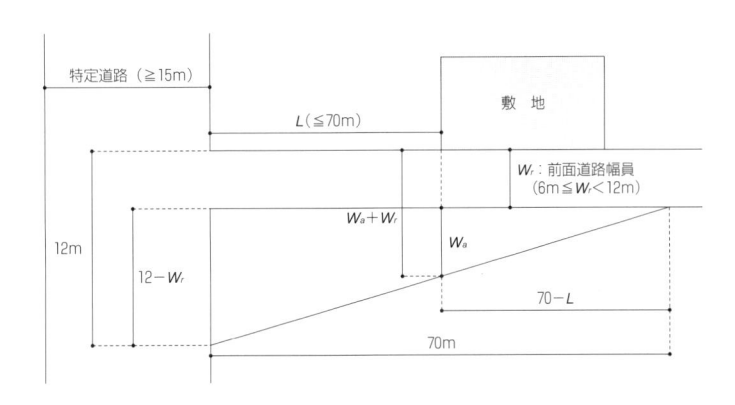

前面道路幅員 W_r に　$W_a = (12 - W_r)(70 - L)/70$ を加えた数値（$W_r + W_a$）を前面道路幅員とみなして容積率制限値を算定する．
すなわち，特定道路に接続する部分の前面道路の幅員を12mとし，これが70m先において実幅員 W_r となるものとみなして前面道路幅員を直線的に変化させ，敷地の位置に応じた数値を幅員として用いる．

図4・8 特定道路までの距離による緩和

る方法で算出した数値を，指定容積率とみなして容積率制限を適用する．ただし，本規定の適用区域，緩和の程度については，特定行政庁が都市計画審議会の議を経て制することができる（図4・9，表4・8）．

本規定は，平成14年の法改正によって創設されたものであるが，その趣旨は，従来から行われてきた法第59条の2に基づく総合設計制度（後出e）（ウ）およびp.106，4・6の2a）参照）における審査基準を定型化することにより，許可手続きを経ずに事前確定性のある迅速な容積率緩和を可能とすることにある．

d) **延べ面積算定上の緩和規定**（法第52条，令第2条）

建築物の容積率は，延べ面積の敷地面積に対する割合であり，延べ面積は各階床面積の合計であるが，容積率制限を適用する場合の建築物の容積率算定時には，次の各部分の一定面積は原則として延べ面積に算入しない．

（ア）**自動車車庫など**（令第2条第1項第四号，第3項）：自動車車庫又は自動車・自転車の停留・駐車の用に供する部分の床面積は，敷地内の建築物の各階床面積の合計の1/5を限度として，延べ面積に算入しない（表4・9）．また，防災用の備蓄倉庫部分と蓄電池設置部分はそれぞれ各階床面積の合計の1/50，自家発電設置部分，貯水槽設置部分および宅配ボックス設置部分はそれぞれ1/100を限度として延べ面積に算入しない．

（イ）**地階の住宅・老人ホーム・福祉ホーム等の部分**（法第52条第3項～第5項）：地階で，その天井が地盤面からの高さ1m以下にある住宅・老人ホーム・福祉ホーム等の用途に供する部分の床面積は，当該用途に供する部分の床面積（下記（ウ）の部分を除く）の合計の1/3を限度として，延べ面積に算入しない（表4・9）．ただし，この規定の適用について，地方公共団体は，斜面地マンションによる市街地環境の悪化を招くおそれがある場合など，土地の状況等により必要があると認める場合は，政令で定める基準に従い，条例で，区域を限り，例えば敷地の最低地盤面を地盤面とするなど，法第52条第4項に規定する一般的な地盤面とは別の地盤面を定めることができる．

（ウ）**昇降機の昇降路，共同住宅・老人ホーム・福祉ホーム等の共用通行部分**（法第52条第6項）：昇降機の昇降路または共同住宅等の共用の廊下，階段などの共用通行部分，および住宅・老人ホーム・福祉ホーム等の一定の給湯設備用機械室等の部分で特定行政庁が支障がないと認めるものについては，延べ面積には算入しない．

e) **まちづくりのための容積率緩和制度の例**

（ア）**高層住居誘導地区**（都計法第8条第1項第二号の四，第3項第二号へ，第9条第17項，法第52条第1項第五号，第57条の5）：都心部に利便性の高い高層住宅を誘導し，職住近接の都市構造などを形成するために，第1種・第2種・準住居地域，近隣商業地域または準工業地域のうち指定容積率が400％または500％の区域内において都市計画で指定される地区．

この地区内では，住宅比率（R＝住宅の床面積合計／延べ面積）が2/3以上の建築物（当該都市計画に敷地面積の最低限度が定められたときはこれに適合するもの）に対する容積率制限が，指定容積率V_cの1.5倍以下かつ$3V_c/(3-R)$以下の数値で都市計画で定める値に緩和される．さらに，第1種・第2種・準住居地域内では前面道路幅員による容積率制限値算定時の低減係数が0.6に緩和される．この他に，高さ制限，日影規制についても緩和が行われる（詳細についてはp.104，4・6の1e）を参照）．

（イ）**特例容積率適用地区**（都計法第8条第1項第二号の三，第3項第二号ホ，第9条第16項，法第57条の2～第57条の4）：用途地域内（第1種・第2種低層住居専用地域，田園住居地域，工業専用地域を除く）の適正な配置・規模の公共施設を備えた区域において，建築物の容積率の限度からみて未利用となっている容積の活用を促進して土地の高度利用を図るために都市計画で地域地区として定め，この地区内の敷地間での容積率の移転を，都市計画に定められた容積率の範囲内で認める制度．本制度は，市街地の火災の際に延焼防止等の機能を有する市民緑地などの未利用容積を移転することにより，これらの防災空間を確保しつつ，建築物の共同化や老朽マンションの建替えなどを円滑に進めるための容積として有効活用することにより効果的な市街地整備を図ることを主な目的として創設された．

容積率の移転は，特例容積率適用地区内の複数の敷地に関係する者の申請に基づき，特定行政庁が指定容積率に代わる「特例容積率」を指定することによって行われる（詳細についてはp.104，4・6の1f）を参照）．

（ウ）**総合設計制度**（法第59条の2）：敷地内に一定規模以上の空地を有し，敷地規模が一定規模以上である建築物で，特定行政庁が，交通上や安全上など支障がなく容積率などについて総合的な配慮がなされていることにより市街地環境の整備改善に資すると認め，建築審査会の同意を得て許可した建築計画については，容積率制限または高さ制限を緩和する許可制度．

敷地内に「公開空地」とよばれる一定の開放された広場，歩道，緑地などを計画する大規模建築計画については，市街地環境の整備に資することを評価し，容積率などの緩和を行う制度である．建築活動を通じて良好なまちづくりを誘導していく代表的かつ機動的な制度として大都市において広く活用されている（詳細についてはp.106，4・6の2a）を参照）．

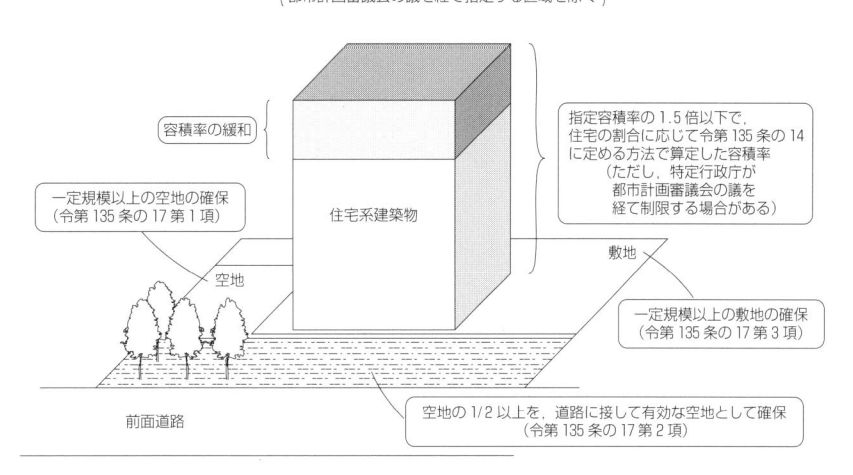

図4・9 大規模空地を有する住宅系建築物の容積率緩和

表4・8 大規模空地を有する住宅系建築物

<table>
<tr><td rowspan="6">対象となる主な条件</td><td>建物用途</td><td colspan="3">その全部または一部を住宅の用途に供する建築物</td></tr>
<tr><td>用途地域</td><td colspan="3">第1種・第2種・準住居地域，近隣商業地域，準工業地域，商業地域（ただし，高層住居誘導地区および特定行政庁が都市計画審議会の議を経て指定する区域を除く．）</td></tr>
<tr><td rowspan="5">空地面積*</td><td>法第53条による建ぺい率制限値 K（× 100%）</td><td>空地面積 S（A は敷地面積）</td><td>ただし，条例で別に定めることができる空地面積 S の範囲</td></tr>
<tr><td>$K \leq 0.45$</td><td rowspan="2">$(1.15 - K)A$</td><td>$(1.15 - K)A < S \leq 0.85A$</td></tr>
<tr><td>$0.45 < K \leq 0.5$</td><td>$(1.15 - K)A < S \leq (1.3 - K)A$</td></tr>
<tr><td>$0.5 < K \leq 0.55$</td><td>$0.65A$</td><td>$0.65A < S \leq (1.3 - K)A$</td></tr>
<tr><td>$0.55 < K$</td><td>$(1.2 - K)A$</td><td>$(1.2 - K)A < S \leq (1.3 - K)A$</td></tr>
<tr><td colspan="2">道路に接して有効な空地部分の面積</td><td colspan="3">上記の空地面積の1/2以上の面積</td></tr>
<tr><td rowspan="4">敷地面積</td><td>用途地域</td><td>敷地面積 A</td><td>ただし，条例で別に定めることができる敷地面積 A の範囲</td></tr>
<tr><td>第1種・第2種・準住居地域，準工業地域</td><td>2,000m²</td><td>500m² ≦ A < 4,000m²</td></tr>
<tr><td>近隣商業地域，商業地域</td><td>1,000m²</td><td>500m² ≦ A < 2,000m²</td></tr>
<tr><td colspan="3">・敷地が，これらの地域とそれ以外の地域にわたる場合は，その全部についてこれらの地域に関する規定を適用する．
・敷地が，これらの地域の両方にわたる場合は，その全部について敷地の属する面積が大きい方の地域に関する規定を適用する．</td></tr>
<tr><td colspan="2">容積率制限値</td><td colspan="3">容積率の制限値：$V_r = 3V_c / (3 - R)$ ［≦ 1.5V_c］
V_c：指定容積率（建築物がある用途地域に関する都市計画において定められた容積率の数値）
R：住宅比率（住宅の床面積合計/延べ面積）
ただし，特定行政庁が都市計画審議会の議を経て指定する区域内では，V_c から V_r の範囲内で特定行政庁が都市計画審議会の議を経て別に定めた数値</td></tr>
</table>

＊ K が定められていない場合の空地面積 S は 0.2A（条例による S の範囲は 0.2$A < S \leq 0.3A$）

表4・9 容積率の対象となる延べ面積（例）

A：延べ面積
B：住宅部分の床面積
b：地階で，その天井が地盤面からの高さ 1m 以下にある住宅部分の床面積
C：自動車車庫などの部分の床面積

C, b の条件	$C > A/5$	$C \leq A/5$
$b > B/3$	$A - (A/5) - (B/3)$ $= (4/5)A - (B/3)$	$A - C - (B/3)$
$b \leq B/3$	$A - (A/5) - b$ $= (4/5)A - b$	$A - C - b$

第4章 集団規定

2. 建ぺい率

市街地における敷地内に一定の空地を確保することにより，通風，採光などの衛生上の配慮，火災時の延焼防止や避難などの防災上の配慮などが行われるように，建ぺい率（法令では「建蔽率」，建築面積の敷地面積に対する割合＝建築面積／敷地面積）の制限が行われている．

a）建ぺい率制限の原則と一般的緩和規定（法第53条）

建築物の建ぺい率は，用途地域などに応じて，表4・10に掲げる「建ぺい率の制限値」以下としなければならない．建ぺい率の制限値は，同表の「原則」に示すように，用途地域に応じて法に定められたメニューから都市計画で指定される（法第53条第1項，都計法第8条第3項第二号ロ前段およびハ）．また，同表の「緩和規定」に示すように一定の建築物に対しては，10％または20％の緩和，あるいは制限の適用が除外（制限なし）される（法第53条第3項，第6項第一号）．

さらに，次のいずれかの場合においても建ぺい率制限は適用されない（法第53条第6項第二号，第三号，第9項）．
① 巡査派出所，公衆便所，公共用歩廊（アーケード）その他これらに類するもの．
② 公園，広場，道路，川などの内にある建築物で特定行政庁が安全上，防火上および衛生上支障がないと認めて，建築審査会の同意を得て許可したもの．

b）敷地が制限の異なる2以上の区域にわたる場合（法第53条第2項）

建ぺい率の制限についても，容積率の場合と同様に，原則として敷地単位で適用される．敷地が建ぺい率制限の異なる区域にわたる場合には，容積率制限の場合と同様に，敷地の部分ごとの建ぺい率制限値に相当する値をその部分の面積で加重平均した値を敷地全体に適用する．すなわち，次式で求められる建ぺい率制限値が敷地全体に対して適用される．

建ぺい率の制限値
 ＝Σ［敷地の各部分での建ぺい率制限値に相当する値
   ×（敷地のうち当該部分の面積／敷地面積）］

c）壁面線指定等による建ぺい率緩和制度（法第53条第4項，第5項）

隣地境界線から後退して，壁面線の指定または地区計画条例（法第68条の2第1項）等で定める「壁面の位置の制限」がある場合においては，これらの限度を超えない建築物（ひさしなどは除く．）で，特定行政庁が安全上，防火上および衛生上支障がないと認め，建築審査会の同意を得て許可したものは，その許可の範囲内において一般的な建ぺい率制限が緩和される．

本制度は主に老朽密集市街地内の狭小敷地での建替え促進を想定したものであり，防災・衛生上等の許可要件，緩和限度等は特定行政庁の許可基準に定められる（表4・11）．また，街区における避難上および消火上必要な機能確保などの防災上の観点から前面道路から後退して壁面線を指定している場合等や，省エネ性能向上のため必要な外壁等に関する工事を行う建築物で構造上やむを得ない一定のものにおいても，同様に許可による緩和が可能となる．

3. 敷地面積の最低限度（法第53条の2）

建築物の敷地面積については，市街地の環境を確保するために必要な場合には，用途地域に関する都市計画によって，その最低限度（200m²以下の数値）を定めることができ（都市計画法第8条第3項第二号イ後段），その場合，建築物の敷地面積をその限度以上としなければならない．ただし，つぎのいずれかに該当する建築物の敷地については，この限りでない．

① 法第53条第6項第一号に掲げる建築物（都市計画で定められた建ぺい率制限値が80％の地域内で，かつ，防火地域内にある耐火建築物）．
② 公衆便所，巡査派出所などで，公益上必要な建築物．
③ 敷地周囲に広い公園，広場，道路などの空地がある建築物で，特定行政庁が市街地の環境を害するおそれがないと認め，建築審査会の同意を得て許可したもの．
④ 特定行政庁が用途上または構造上やむを得ないと認め，建築審査会の同意を得て許可したもの．

また，この制限が適用された（または変更された）際に，現に建築物の敷地となっている土地でこの制限に適合しないもの，または，現に存在する所有権などに基づき敷地として使用するとこの制限に適合しなくなる土地については，その全体を一つの敷地とする場合（すなわち，当該の土地を分割して敷地をつくる場合を除く．）には，原則としてこの制限は適用されない．

4. 外壁の後退距離（法第54条）

第1種・第2種低層住居専用地域または田園住居地域内では，低層住宅に係る良好な住居の環境を保護するために必要な場合には，都市計画によって外壁の後退距離（建築物の外壁・柱の面から敷地境界線までの距離（1.5mまたは1m））を定めることができ（都市計画法第8条第3項第二号ロ），その場合，原則として外壁の後退距離をその限度以上としなければならない．

表4・10 建ぺい率制限の原則

用途地域	建ぺい率の制限値				
	原則	緩和規定（法第53条第3項，第6項第一号）			
		(a) 防火地域内にある耐火建築物*1,*2	(b) 準防火地域内にある耐火建築物等または準耐火建築物等*4,*5	(c) 街区の角にある敷地などで特定行政庁が指定するものの内にある建築物	(a)または(b)かつ(c)の建築物
1種・2種低層住専，1種・2種中高層住専，田園住居，工専	30, 40, 50, 60のうち都市計画で定められたもの（以下同様．ただし「無指定の区域」を除く．）	$K+10\%$		$K+10\%$	$K+20\%$
1種・2種・準住居，準工	50, 60		$K+10\%$		
	80	制限なし			制限なし
近商	60	$K+10\%$			$K+20\%$
	80	制限なし			制限なし
商業	80				
工業	50, 60	$K+10\%$			$K+20\%$
無指定の区域	30, 40, 50, 60, 70*3				

*1 耐火建築物またはこれと同等以上の延焼防止機能を有するものとして政令で定める建築物．
*2 敷地が防火地域の内外にわたる場合で，敷地内の建築物の全部が耐火建築物等であるときは，その敷地はすべて防火地域内にあるものとみなす（法第53条第7項）．
*3 これらのうち，特定行政庁が都市計画審議会の議を経て定めるもの．
*4 準耐火建築物またはこれと同等以上の延焼防止機能を有するものとして政令で定める建築物．
*5 敷地が準防火地域とその他の区域にわたる場合，すべての建築物が耐火建築物等または準耐火建築物等であるときは，敷地はすべて準防火地域内にあるものとみなす（法第53条第8項）．

表4・11 壁面線指定等による建ぺい率制限緩和許可基準の例（大阪市の場合（抜粋））

1. 敷地等の要件
建築物の敷地は，次の各号に定めるすべての基準を満たすこと．
(1) 法第53条第4項に規定する壁面線の指定又は壁面の位置の制限（以下「壁面線の指定等」という．）が現に存する敷地であること．
(2) 敷地の面積は 60m² 以上であること．ただし，既存建築物の建替えなどで，隣接する建築物の配置状況など，敷地周囲の土地利用状況が起因となって，60m² 以上の敷地を確保できない場合は，この限りでない．
(3) 本許可制度の施行後において，開発許可に伴い築造された道路が前面道路となる敷地の場合には，当該道路幅員が 5m 以上であること．
(4) 準防火地域内にある敷地の場合には，大阪市防災まちづくり計画に定められた防災性向上重点地区内であること．

2. 建築物の要件
建築物は，次の各号に定めるすべての基準を満たすこと．
(1) 用途は，住宅（併用住宅を含む．）であること．
(2) 構造は，耐火建築物等（法第53条第3項第1号に規定する耐火建築物等をいう．以下同じ．）又は準耐火建築物等（同号ロに規定する耐火建築物等をいう．以下同じ．）であること．ただし，準防火地域内においては耐火建築物等であること．
(3) 地階を除く階数は，3以下であること．
(4) 高さは，10m 以下であること．
(5) 3階の外壁又はこれに代わる柱の面から，壁面線の指定等の対象となる隣地境界線までの水平距離は 1.5m 以上であること．
(6) 3階の外壁に設ける軒・ひさし等から，壁面線の指定等の対象となる隣地境界線までの水平距離は 1m 以上であること．
(7) 壁面線の指定等の対象となる隣地境界線以外の隣地境界線に面する外壁の開口部は，防火上の配慮がなされたものであり，各室ごとの開口面積の合計は 0.5m² 以内であること．
(8) 本許可制度の施行後において，開発許可に伴い築造された道路又は法第42条第1項第5号の規定によってその位置が指定された道路が前面道路となる敷地における建築物については，その外壁又はこれに代わる柱の面から当該道路の境界線までの水平距離が 1m 以上であること．
(9) 隣地境界線に沿って設ける塀等は，通風及び採光上支障がない構造であること．

3. 緩和の限度
建ぺい率の緩和の限度は，法第53条第1項，第2項及び第3項の規定による建ぺい率（以下「基準建ぺい率」という．）に 1/10 を加えたものとする．ただし，大阪市防災まちづくり計画に定められた防災性向上重点地区内にあっては，既存建築物の建替えなどで，耐火建築物等としたもの（準防火地域内にあるものを除く．）については，基準建ぺい率に 2/10 を加えたものを限度とすることができるものとする．

*1 当該特定行政庁が独自に定義している地区

4・4 高さ制限

都市計画区域，準都市計画区域内などでは，通風，採光，日照の確保など市街地における環境保護や建築物の形態整備を目的として，絶対高さ制限，斜線制限，日影規制など建築物の高さに関するさまざまな制限が定められている．

1. 絶対高さ制限（法第55条）

a）絶対高さ制限の原則（第1項）

第1種・第2種低層住居専用地域または田園住居地域内では，低層住宅の環境保護の目的から，都市計画によって建築物の高さ制限値（10mまたは12m）が定められ（都市計画法第8条第3項第二号ロ後段），原則として建築物の高さはその高さ制限以下としなければならない．

b）絶対高さ制限の緩和規定

（ア）都市計画による高さの限度が10mの地域内の場合（第2項，令第130条の10）：表4・12(ア)欄に定める空地率と敷地面積を有する建築物で，特定行政庁が低層住宅に係る良好な住居の環境を害するおそれがないと認定するものは，12mまで緩和される．

（イ）特定行政庁の許可による場合（第3項～第5項）：表4・12(イ)欄の建築物には，絶対高さ制限を適用しない．

2. 道路斜線制限（法第56条第1項第一号他）

道路斜線制限は，建築物が面する道路の幅員と道路からの距離に応じて建築物の高さを制限することにより，道路の開放性，採光，通風などを図り，併せて道路に面する建築物についても日照，採光，通風などが確保されることを目的とした高さ制限である．

a）道路斜線制限の原則（法第56条第1項第一号，法別表第3，令第2条第1項第六号イ，令第130条の11）

道路斜線制限とは，建築物の各部分の高さ（敷地内の任意の地点Pにおける高さ（図4・10））は，原則として，前面道路の反対側の道路境界線からの水平距離X（点Pを通り前面道路の反対側の道路境界線に直行する方向に測定した距離）に，当該部分（点P）が住居系の用途地域内の場合は1.25，非住居系の用途地域内の場合は1.5を乗じた数値H（前面道路の中心の高さを$H=0$とする（令第2条第1項第六号イ））以下としなければならないとするものである．ただし，道路斜線制限の適用範囲には限度があり，図4・10，および表4・13に示すとおり，地域・地区等と敷地に適用される基準容積率に応じて適用距離L（20～50m）が定められており，$X>L$となる区域においては当該前面道路による道路斜線制限は適用されない．

また，建築物の敷地が制限の異なる地域・地区等の2以上にわたる場合の斜線の勾配および適用距離Lは，それぞれ，建築物の各部分（点P）が属する地域・地区等，および点Q（点Pを通り前面道路の反対側の道路境界線に直行する直線と敷地の道路境界線が交わる点）が属する地域・地区等に応じて法別表第3（表4・13）から定まる数値とする（法別表第3［備考］，令第130条の11）．

なお，敷地が2以上の道路に接している場合には，原則としてそれぞれの道路から道路斜線制限が適用される．

b）道路斜線制限の一般的緩和規定

（ア）建築物が道路境界線から後退している場合（法第56条第2項，令第130条の12）：建築物が道路境界線からaだけ後退している場合には，前面道路の反対側の境界線は，後退距離aだけ外側（敷地から離れる側）にあるものとみなして道路斜線制限を適用する（図4・11）．したがって，道路境界線から建築物が後退するほど道路斜線は緩和される．なお，前面道路に対して後退距離が一定でない場合には，最小の水平距離となるものをaとし（地盤面下の部分や令第130条の12に定める一定の小規模な附属建築物などの部分は考慮しなくてもよい．），ひさしや出窓がある場合は原則としてその先端から測定する．

（イ）住居系地域（第1種・第2種低層住居専用地域および田園住居地域を除く．）で前面道路幅員が12m以上の場合（法第56条第3項，第4項）：低層住専地域および田園住居地域以外の住居系地域で，前面道路幅員Wが12m以上ある場合には，道路斜線の始点O（図4・12参照）からの水平距離が（$(W+2a)\times 1.25$）以上の区域内の道路斜線の勾配を1.5とすることができる．

この規定は，低層住専地域・田園住居地域以外の住居系地域において，前出（ア）における道路からの後退距離による緩和の場合と同様に，道路境界線から後退した区域において道路斜線制限を緩和することにより，土地の有効利用を図ることを目的としている．

（ウ）前面道路が2以上ある場合（法第56条第6項，令第132条）：敷地が街区の角地の場合や道路に挟まれている場合など，敷地の前面道路が2ある場合（幅員$W_1 \geqq W_2$）には，敷地のうち，幅員が最大の道路（幅員W_1）との境界線から（$2\times W_1$）以内かつ35m以内の区域（図4・13①），または，その他の道路の中心線から10mを超える区域（図4・13②）のいずれかの区域内の任意の地点における各前面道路からの道路斜線制限による高さ制限（H_1, H_2）は，各道路幅員をすべてW_1あるものとみなして適用する（すなわちW_2もW_1あるものとみなす．）（令第132条第1項）．

前面道路が3ある場合（幅員$W_1 \geqq W_2 \geqq W_3$）には，前面道路が2ある場合の緩和に続けて，敷地内の残る区域内のうち，幅員W_2の前面道路から原則として（$2\times W_2$）

表4・12 絶対高さ制限の緩和(法第55条第2項〜第5項,令第130条の10)

(ア) 特定行政庁の認定によって10mを12m制限に緩和できる条件	空地率	法第53条の規定による建ぺい率制限値が定められている場合	((100−建ぺい率制限値(%))+10)%以上
		法第53条の規定による建ぺい率制限値が定められていない場合	10%以上
	敷地面積	1,500m² 以上(ただし,特定行政庁の規則で750m²以上の範囲で引き下げる場合がある.)	
(イ) 特定行政庁の許可によって適用除外されるもの	①敷地周辺に広い公園,広場,道路などの空地がある建築物で,低層住宅に係る良好な住居の環境を害するおそれがないと認め,許可したもの.		
	②学校などで,その用途によってやむを得ないと認め,許可したもの.		
	③屋根等に太陽光パネル等の再生可能エネルギー利用設備を設置する構造上やむを得ない一定の建築物で,低層住宅に係る良好な住居の環境を害するおそれがないと認めて許可したもの.		

表4・13 道路斜線制限の適用距離と勾配(法別表第3)

地域・地区等（都市再生特別地区を除く*4.)	敷地に適用される基準容積率A (%)	適用距離 L (m)	斜線の勾配
(一) 1種・2種低層住専,田園住居,1種・2種中高層住専,1種・2種準住居 [(四)に掲げるものを除く.]	$A \leq 200$	20	1.25 (1.5 *1*2)
	$200 < A \leq 300$	25 (20) *1	
	$300 < A \leq 400$	30 (25)	
	$400 < A$	35 (30)	
(二) 近商,商業	$A \leq 400$	20	1.5
	$400 < A \leq 600$	25	
	$600 < A \leq 800$	30	
	$800 < A \leq 1000$	35	
	$1000 < A \leq 1100$	40	
	$1100 < A \leq 1200$	45	
	$1200 < A$	50	
(三) 準工,工業,工専 [(四)に掲げるものを除く.]	$A \leq 200$	20	
	$200 < A \leq 300$	25	
	$300 < A \leq 400$	30	
	$400 < A$	35	
(四) 1種・2種・準住居,準工地域の高層住居誘導地区内で住宅の用に供する部分の床面積の比率が2/3以上のもの	—	35	
(五) 用途地域の指定のない区域内の建築物	$A \leq 200$	20	1.25 または 1.5 *3
	$200 < A \leq 300$	25	
	$300 < A$	30	

*1 ( )内は,1種・2種中高層住専地域(指定容積率が400%以上の地域に限る.)または1種・2種・準住居地域のうち,特定行政庁が都市計画審議会の議を経て指定する区域内の建築物の場合.

*2 1種・2種低層住専地域および田園住居地域以外の住居系地域において前面道路幅員 W が12m以上の場合には,$X \geq (W+2a) \times 1.25$ [a は道路境界線から建築物までの後退距離]の区域内の道路斜線の勾配は1.5とする(法第56条第3項,第4項).

*3 特定行政庁が土地利用状況等を考慮して,当該区域を区分して都市計画審議会の議を経て定める.

*4 都市再生特別地区内の建築物には斜線制限(法第56条)は適用されない(法第60条の2第5項).

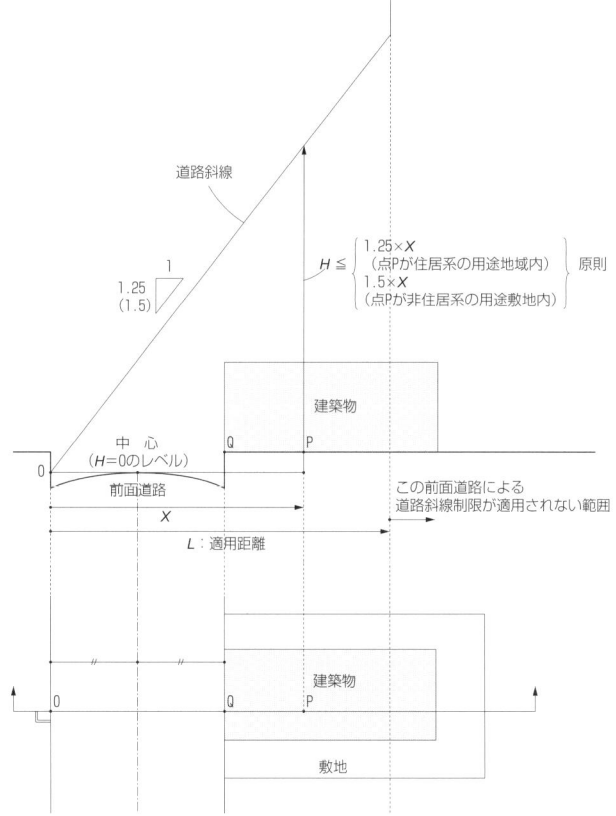

図4・10 道路斜線制限の原則

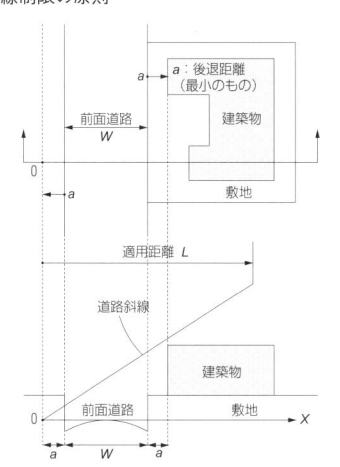

図4・11 建築物が道路境界線から後退している場合

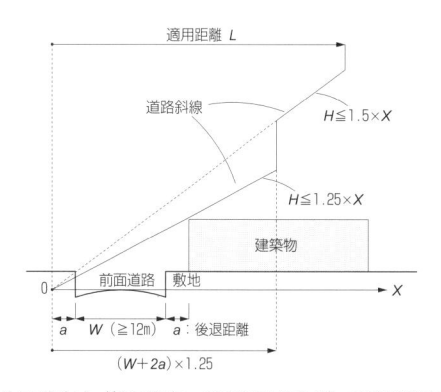

図4・12 住居系地域(低層住専・田園住居を除く)で前面道路幅員が12m以上の場合

以内かつ35m以内の区域内（図4・13③）については，幅員がW_3の前面道路の幅員をW_2あるものとみなす．さらに前面道路が4以上ある場合も，残る区域内について幅員の大きい前面道路順に同様の取り扱いを繰り返し，一定の区域内で幅員が緩和される（令第132条第2項）．また，これらによる幅員の緩和を受けない最後に残る区域内については，その区域が接する前面道路のみを前面道路とする（令第132条第3項）（図4・13）．

（エ）**前面道路の反対側に公園，水面などがある場合**（法第56条第6項，令第134条）：前面道路の反対側に公園，広場，水面などがある場合には，開放空間が確保されていることから，前面道路の反対側の境界線は，当該の公園などの反対側の境界線にあるものとみなして道路斜線制限の各規定を適用する（図4・14）．

（オ）**敷地の地盤面が前面道路より1m以上高い場合**（法第56条第6項，令第135条の2）：道路斜線制限は前面道路の中心の高さを0として適用するため，建築物から見た場合，敷地が前面道路より高くなるほど厳しい制限となる．そこで，建築物の敷地の地盤面が前面道路より1m以上高い場合には，前面道路は，

（敷地の地盤面と前面道路との高低差h（m）−1）／2

だけ高い位置にあるものとみなして道路斜線制限を適用する（図4・15）．

なお，特定行政庁は，この規定の適用が地形の特殊性により著しく不適当と認めるときは，別に適当と認める高さを規則（細則）で定めることができる．

（カ）**その他**：以上に掲げる緩和規定のほか，土地区画整理事業の施行区域内などの場合や都市計画道路，壁面線などがある場合などにも，前面道路に関する特定行政庁の指定または認定による特例的な緩和規定がある（法第56条第6項，令第131条の2）．

さらに，都市再生特別地区（p.106，4・6の1g）参照）内の建築物については，道路斜線制限および後出3，4の隣地斜線制限，北側斜線制限に関する規定（法第56条）は適用されない（法第60条の2）．

c）**天空率の比較による道路斜線制限の緩和**（法第56条第7項第一号，令第135条の5，第135条の6，第135条の9）

前面道路の反対側の境界線上の令第135条の9に定める位置において一般的な道路斜線制限により確保される採光，通風などと同程度以上の採光，通風などが当該位置において確保されるものとして令第135条の6に定める基準に適合する建築物については，原則として前記a），b）による一般的な道路斜線制限（法第56条第1項第一号，第2項～第4項，第6項）は適用しない．

この規定は，前面道路の反対側の境界線上の令第135条の9に定める位置（建築物の形態による採光，通風などに対する影響を十分に評価できる複数の位置）において，建築物が敷地周囲に及ぼす天空率（図4・16）への影響を，一般的な道路斜線制限による天空率への影響と比較し，総合的に環境を把握するための基本的指標といえる天空率が低下しない範囲内であれば，原則として，一般的な道路斜線制限を適用しないとするものであり（図4・17），集団規定を性能規定化したもののひとつとして平成14年に創設された．なお，後出の隣地斜線制限および北側斜線制限についても同様の規定が設けられている．

3．**隣地斜線制限**（法第56条第1項第二号他）

隣地斜線制限は，隣地境界線からの距離に応じて建築物の高さを制限することにより，隣地境界線付近における通風，採光などを確保することを目的とする高さ制限である．なお，第1種・第2種低層住居専用地域および田園住居地域内では前出1．の絶対高さ制限があるため，隣地斜線制限は適用されない．

a）**隣地斜線制限の原則**（法第56条第1項第二号，第5項，令第2条第1項第六号）

隣地斜線制限とは，建築物の各部分の高さ（敷地内の任意の地点Pにおける高さ（図4・18））は，原則として，隣地境界線からの水平距離X（点Pを通り隣地境界線に直行する方向に測定した距離）に，当該部分（点P）が一定の住居系の用途地域内の場合はXに1.25を乗じて20mを加えた数値H，非住居系の用途地域内の場合はXに2.5を乗じて31mを加えた数値H（いずれも敷地の地盤面の高さを$H=0$とする（令第2条第1項第六号）．）以下としなければならないとするものである．

ただし，次に示す場合についてはそれぞれ制限が緩和される（表4・14）．

①指定容積率が300％以下とされている第1種・第2種中高層住居専用地域以外の住居系地域のうち，特定行政庁が都市計画審議会の議を経て指定する区域内にある建築物．

②高層住居誘導地区内にある住宅の用に供する部分の床面積が，延べ面積の2／3以上である建築物．

さらに，近隣商業地域，準工業地域，商業地域，工業地域もしくは工業専用地域内にある建築物または上記②の建築物で，特定行政庁が都市計画審議会の議を経て指定する区域内にあるものについては，制限自体が適用されない．

また，用途地域の指定のない区域内については，特定行政庁が土地利用の状況等を考慮し，当該区域を区分して都市計画審議会の議を経て前述のいずれかの制限を定める．

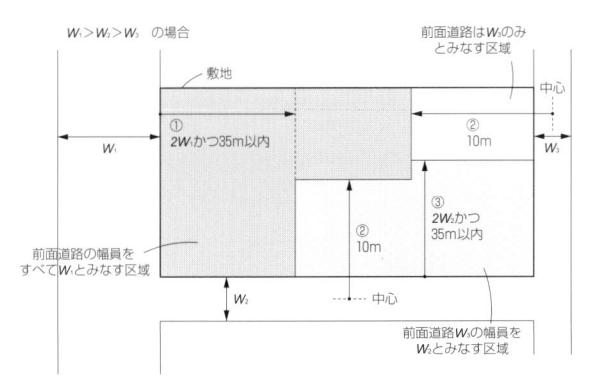

図4・13 前面道路が2以上ある場合の幅員の緩和（例）

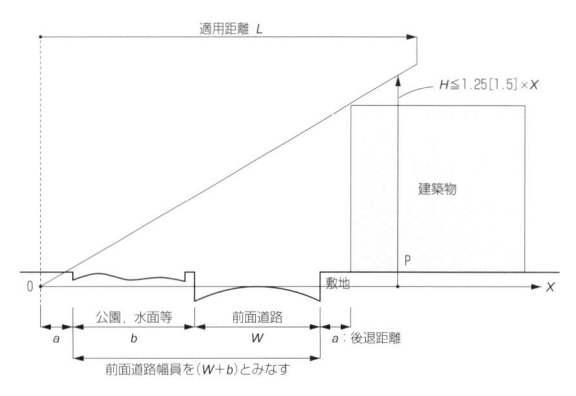

図4・14 前面道路の反対側に公園，水面等がある場合

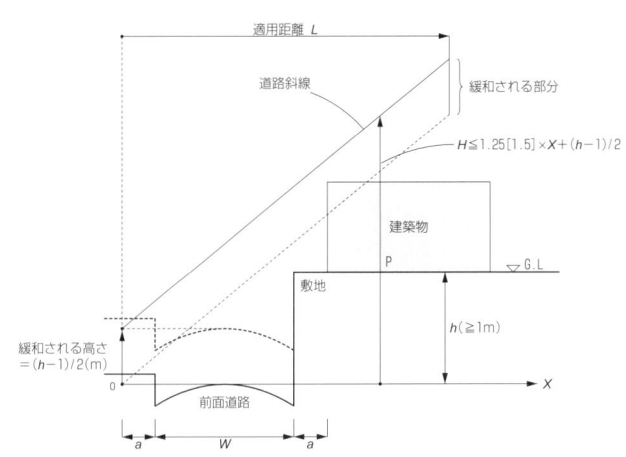

図4・15 敷地の地盤が前面道路より1m以上高い場合

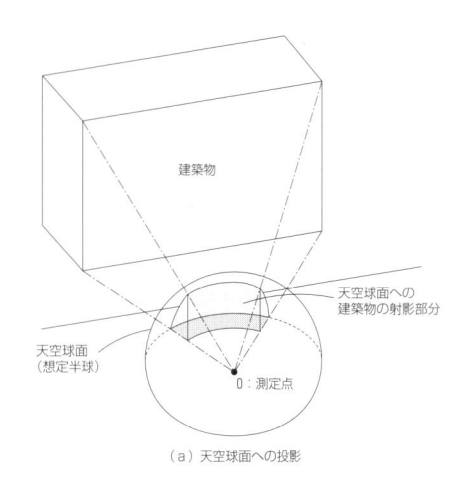

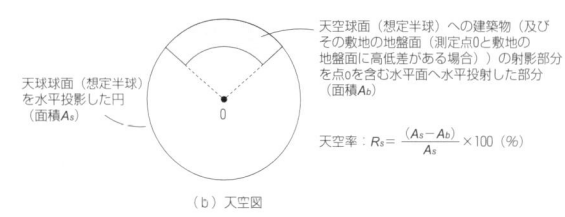

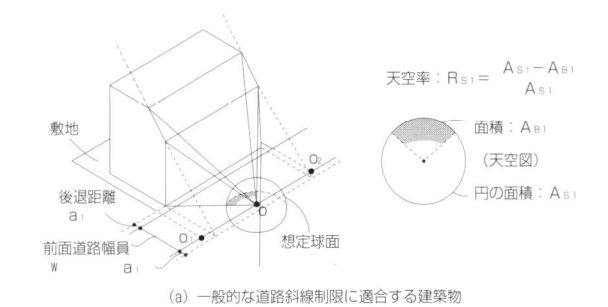

図4・16 天空率

図4・17 天空率の比較による道路斜線制限の緩和（敷地の地盤面と測定点Oに高低差がない場合）

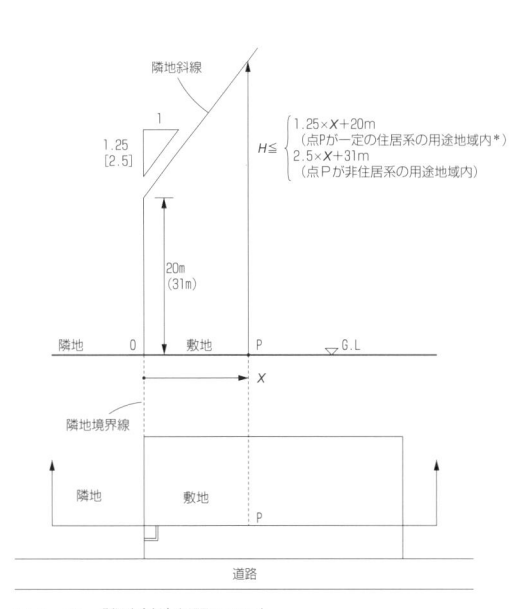

図4・18 隣地斜線制限の原則
＊住居系のうち，第1種・第2種低層住居専用地域および田園住居地域には隣地斜線制限は適用されない．

第4章 集団規定　93

b）隣地斜線制限の一般的緩和規定

（ア）**建築物が隣地境界線から後退している場合**（法第56条第1項第二号）：表4・14に示す条件に応じて建築物に適用される隣地斜線制限による隣地境界線上の立ち上がり部の高さ制限値（20mまたは31m）を超える部分で，当該建築物が隣地境界線から後退している場合には，その後退距離と同じ距離だけ隣地境界線が隣地側にあるものとみなして隣地斜線制限を適用する（図4・19）．なお，後退距離は隣地境界線の各辺ごとに，最小の水平距離を採用する．

（イ）**敷地が公園，広場，水面などに接する場合**（法第56条第6項，令第135条の3第1項第一号）：建築物の敷地が，公園（街区公園を除く．），広場，水面などに接する場合には，隣地境界線は，公園などの幅の1/2だけ外側にあるものとみなして隣地斜線制限を適用する（図4・20）．

（ウ）**敷地の地盤面が隣地の地盤面より1m以上低い場合**（法第56条第6項，令第135条の3第1項第二号，第2項）：隣地斜線制限は建築物の敷地の地盤面の高さを0として適用するため，敷地が隣地より低くなるほど隣地への影響の点からは相対的に厳しい制限となる．そこで，建築物の敷地の地盤面が隣地の地盤面（建築物がない場合は平均地表面）より1m以上低い場合には，その建築物の敷地の地盤面は，

（敷地の地盤面と隣地の地盤面の高低差h（m）-1）$/2$

だけ高い位置にあるものとみなして隣地斜線制限を適用する（図4・21）．

なお，特定行政庁は，この規定の適用が地形の特殊性により著しく不適当と認めるときは，別に適当と認める高さを規則（細則）で定めることができる．

c）**天空率の比較による隣地斜線制限の緩和**（法第56条第7項第二号，令第135条の5，第135条の7，第135条の10）：表4・14に示す条件に応じて建築物に適用される隣地斜線制限の斜線の勾配が1.25および2.5の場合に，それぞれ16mおよび12.4mだけ隣地境界線からの水平距離が外側の線上の令第135条の10に定める位置において確保される採光，通風などと同程度以上の採光，通風などが当該位置において確保されるものとして令第135条の7に定める基準に適合する建築物については，原則として前記a），b）による一般的な隣地斜線制限（法第56条第1項第二号，第5項，第6項）は適用しない．

この規定は，隣地斜線の延長線が地盤面と交わる線上で，建築物の形態による採光，通風などに対する影響を十分に評価できる複数の位置において，一般的な隣地斜線制限による場合と比較して天空率が低下しない範囲内であれば，原則として，これを適用しないとするものである（図4・22）．ただし，一般的な隣地斜線の立ち上がり部分の高さを超える部分の隣地境界線からの後退距離が小さくならないことが比較の条件となっている．

4．北側斜線制限（法第56条第1項第三号他）

北側斜線制限は，建築物から北側の前面道路の反対側の境界線または隣地境界線までの真北方向へ測定した距離に応じて建築物の高さを制限することにより，北側隣地での日照などを確保し，特に良好な住宅環境を維持することを目的とする高さ制限である．なお，北側斜線制限は，第1種・第2種低層住居専用地域内，田園住居地域内および日影規制（後出5．参照）の対象区域に指定されていない第1種・第2種中高層住居専用地域内の建築物についてのみ適用される．

a）**北側斜線制限の原則**（法第56条第1項第三号，第5項，令第2条第1項第六号）

北側斜線制限とは，建築物の各部分の高さ（敷地内の任意の地点Pにおける高さ（図4・23））は，原則として，北側の前面道路の反対側の境界線または隣地境界線までの真北方向（磁北方向ではない．）へ測定した水平距離Xに，当該部分（点P）が第1種・第2種低層住居専用地域内または田園住居地域内の場合はXに1.25を乗じて5mを加えた数値H，日影規制の対象区域に指定されていない第1種・第2種中高層住居専用地域内の場合はXに1.25を乗じて10mを加えた数値H（いずれも敷地の地盤面の高さを$H=0$とする（令第2条第1項第六号）．）以下としなければならないとするものである．

なお，道路斜線制限および隣地斜線制限においては，階段室など用途上屋上突出がやむを得ない塔屋部分でその水平投影面積が建築面積の1/8以内の場合には12mまではその部分の高さを建築物の高さに算入しないが，北側斜線制限においてはすべての部分が高さに算入される（令第2条第1項第六号ロ，(p.28，2・5の2a) 参照)）．

b）北側斜線制限の一般的緩和規定

（ア）**敷地の北側に水面，線路敷などがある場合**（法第56条第6項，令第135条の4第1項第一号）：敷地の北側の前面道路の反対側または敷地の北側隣地に水面，線路敷など（公園，広場は含まれない．）がある場合には，前面道路の反対側の境界線または水面などに接する隣地境界線は，水面などの幅の1/2だけ外側にあるものとみなして北側斜線制限を適用する（図4・24）．

（イ）**敷地の地盤面が北側隣地などの地盤面より1m以上低い場合**（法第56条第6項，令第135条の4第1項第二号，第2項）：隣地斜線制限の場合と同様に，建築物の敷地の地盤面が，敷地の北側の前面道路の反対側の隣接地または北側隣地の地盤面（建築物がない場合は平均地表面）より1m

表 4・14 隣地斜線制限の原則(2)

地域・地区等[*1]	隣地斜線制限による建築物の各部分の高さ H
(イ) 第1種・第2種中高層住居専用地域，第1種・第2種・準住居専用地域（(ハ)に掲げるものを除く.）	$H \leq 1.25X + 20m$ ［または $H \leq 2.5X + 31m$ [*2]］
(ロ) 近隣商業地域，準工業地域，商業地域，工業地域，工業専用地域	$H \leq 2.5X + 31m$ ［または制限なし[*3]］
(ハ) 高層住居誘導地区内で，住宅の用に供する部分の床面積の比率が2/3以上のもの	
(ニ) 用途地域の指定のない区域	$H \leq 1.25X + 20m$ または $H \leq 2.5X + 31m$ [*4]

*1 都市再生特別地区内の建築物を除く.
*2 第1種・第2種中高層住居専用地域（指定容積率が300％以下の地域に限る.）以外の地域のうち，特定行政庁が都市計画審議会の議を経て指定する区域内の建築物の場合.
*3 特定行政庁が都市計画審議会の議を経て指定する区域内の建築物の場合.
*4 特定行政庁が土地利用の状況等を考慮し，当該区域を区分して都市計画審議会の議を経て定める.

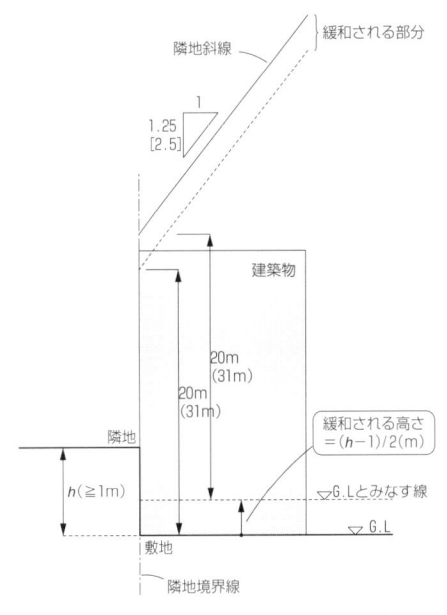

図 4・21 地盤面が隣地より 1m 以上低い場合

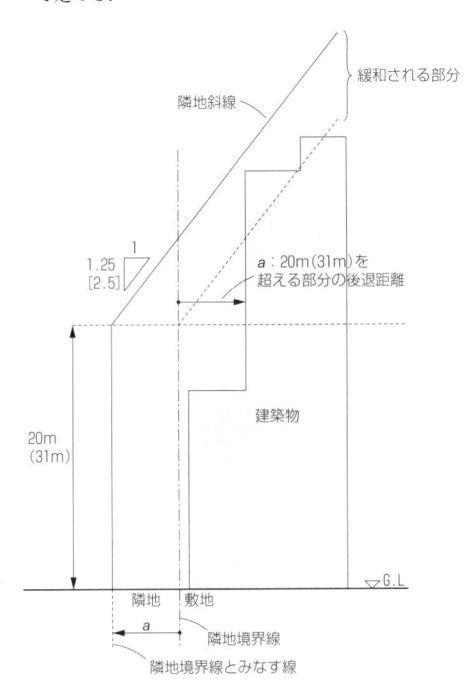

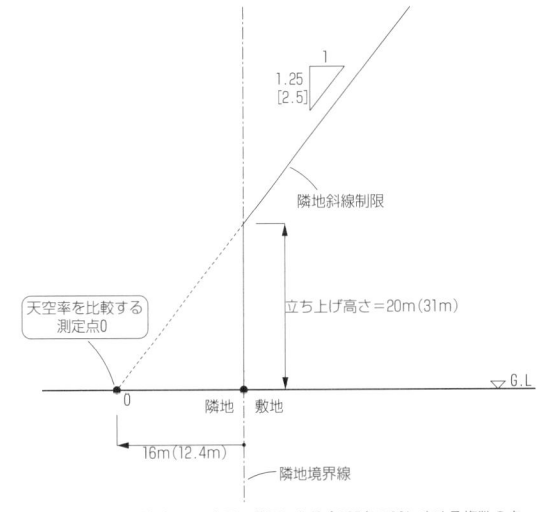

図 4・19 建築物が隣地境界線から後退している場合

図 4・22 隣地斜線制限緩和における天空率の測定点の設定

天空率を比較する測定点0は，上図の位置にある令135条の10に定める複数の点（原則として，敷地の地盤面の高さにあり，敷地に面する部分の両端上の位置など）

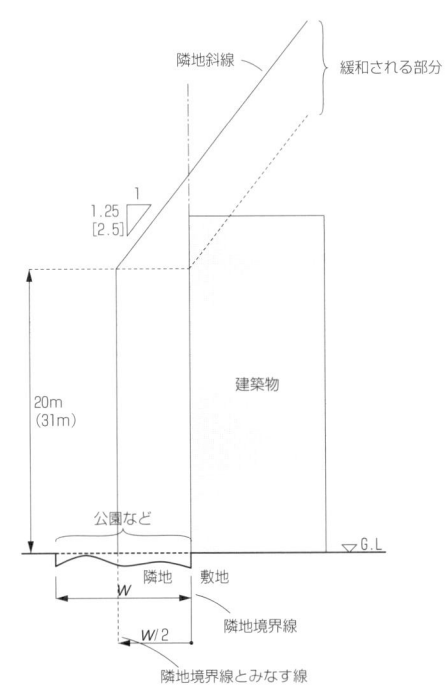

図 4・20 敷地が公園などに接する場合

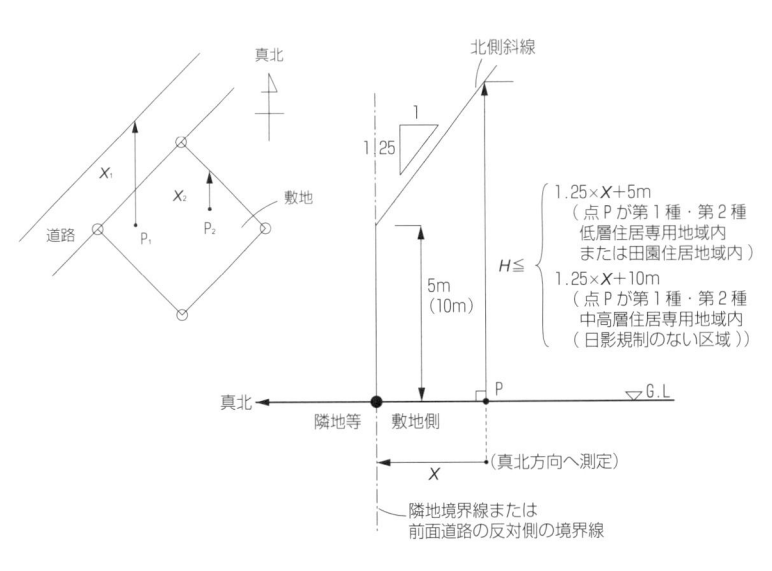

図 4・23 北側斜線制限の原則

第 4 章 集団規定

以上低い場合には，その建築物の敷地の地盤面は，

(敷地の地盤面と隣地の地盤面の高低差h(m) − 1)/2

だけ高い位置にあるものとみなして北側斜線制限を適用する（図4・25）．

なお，特定行政庁は，この規定の適用が地形の特殊性により著しく不適当と認めるときは，別に適当と認める高さを規則（細則）で定めることができる．

c) 天空率の比較による北側斜線制限の緩和（法第56条第7項第三号，令第135条の5，第135条の8，第135条の11）

前出2c）の隣地斜線制限の場合と同等に，第1種・第2種低層住居専用地域内，田園住居地域内および第1種・第2種中高層住居専用地域内の建築物の場合に，それぞれ4mおよび8mだけ隣地境界線から真北方向への水平距離が外側の線上（北側斜線の延長線が地盤面と交わる線上）の令第135条の11に定める複数の位置において，前記a），b）による一般的な北側斜線制限（法第56条第1項第三号，第5項，第6項）による場合と比較して天空率が低下しない範囲内であるものとして令第135条の8に定める基準に適合する建築物については，原則としてこれを適用しない（図4・26）．

5. 日影規制

日影規制は，中高層建築物が敷地の周囲に落とす日影に対して一定の制限を定めることにより，市街地における日照時間の確保を図ることを目的としており，建築物が落とす日影の時間・範囲を制限することで間接的に建築物の高さなどの規模や配置を制限するものである．

建築物の日影は時間とともに刻々と変化するが，たとえば，ある日の午前8時から午後4時までの8時間の間に，一定の水平面に落ちる日影の変化を調べ，それらの影の重なり部分を追うことにより，その8時間の間でたとえば3時間以上影になっている部分を特定することができる．そこでこの部分が敷地周辺に及ぶ範囲を制限することにより，日影に対する一定の制限を行うことが可能となる．建築基準法ではこのような考え方を採用して日影規制を行っている．

a) 日影規制の原則（法第56条の2第1項，法別表第4）

日影規制の原則は，前述の考え方に基づき，表4・15の(い)欄の区域内にある(ろ)に掲げる建築物は，(は)に示す高さの水平面において，(に)に掲げる範囲に応じて定める時間（(1)(2)(3)から条例で選択する．）以上日影となる部分を当該範囲に生じさせないこととするものである（図4・27）．

なお，すべての建築物が規制の対象になるのではなく，用途地域に応じて定められた法の規制メニュー（法別表第4（表4・15））から，地方公共団体が条例で選択して定めることにより規制が行われる．

(ア) 対象区域（表4・15(い)欄）：規制の対象区域は，第1種・第2種低層住居専用地域，田園住居地域，第1種・第2種中高層住居専用地域，第1種・第2種・準住居地域，近隣商業地域，準工業地域（すなわち商業地域，工業地域および工業専用地域を除く用途地域）および用途地域の指定のない区域の全部または一部で，地方公共団体が条例で指定する区域となる．ただし，高層住居誘導地区内および都市再生特別地区内の建築物については，日影規制の対象区域外にあるものとみなす（法第57条の5第4項，法第60条の2第6項）．

(イ) 対象建築物（表4・15(ろ)欄）：次の①②③の建築物が規制の対象となる．

① 第1種・第2種低層住居専用地域内または田園住居地域内の建築物のうち，軒高が7mを超えるもの，または，地階を除く階数が3以上のもの．

② その他の用途地域内の建築物のうち，高さが10mを超えるもの．

③ 用途地域の指定のない区域内の建築物のうち，地方公共団体が条例で定める①または②の規模のもの．

(ウ) 日影の測定面（表4・15(は)欄）：日影を落として測定する水平面の高さ（平均地盤面からの高さ）は，第1種・第2種低層住居専用地域内または田園住居地域内では1.5m（1階の窓の位置程度の高さ），その他の用途地域内では4m（2階の窓の位置程度の高さ）または6.5m（3階の窓の位置程度の高さ）のうち地方公共団体が当該区域の土地利用の状況等を勘案して条例で指定する高さ，また，用途地域の指定のない区域内では表4・15の4の項(ろ)欄に示す対象建築物の規模に応じて1.5mまたは4mとする．すなわち，地盤面ではなく，このように平均地盤面から一定の高さにある仮想の水平面に落ちる日影を規制する．

(エ) 規制する日影時間（表4・15(に)欄）

i) 日影を測定する時間：冬至日の真太陽時による午前8時から午後4時までの8時間（北海道のみ午前9時から午後3時までの6時間）．なお，真太陽時とは，各地点ごとに太陽が真南にくる時（南中）を正午として算定する時刻法で，一般に使用されている「中央標準時」とは異なる．

ii) 日影となる時間を規制する範囲：敷地境界線からの水平距離が5mを超える範囲．ただし，5mを超え10m以内の範囲と10mを超える範囲の2つの範囲のそれぞれで規制時間が異なる．

iii) 規制する日影時間：表4・15(い)欄に掲げる対象区域に応じて，(に)欄に掲げる上記ii) の規制範囲ごとの規制時間の組み合わせ(1)(2)((3))のいずれかから，地方公共団体がその地方の気候，風土，土地利用の状況などを勘案して条

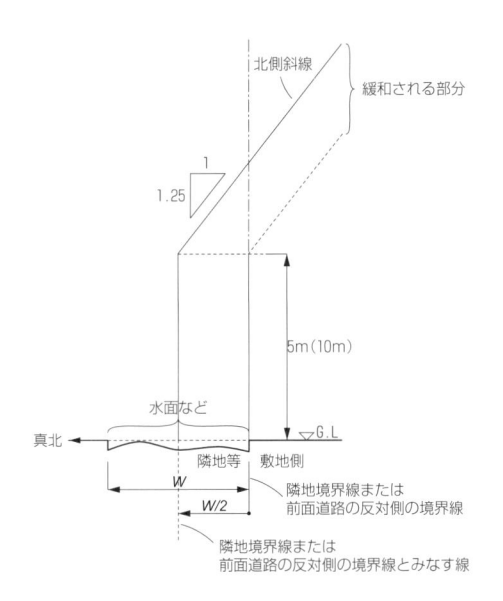

図4・24　敷地の北側に水面などがある場合

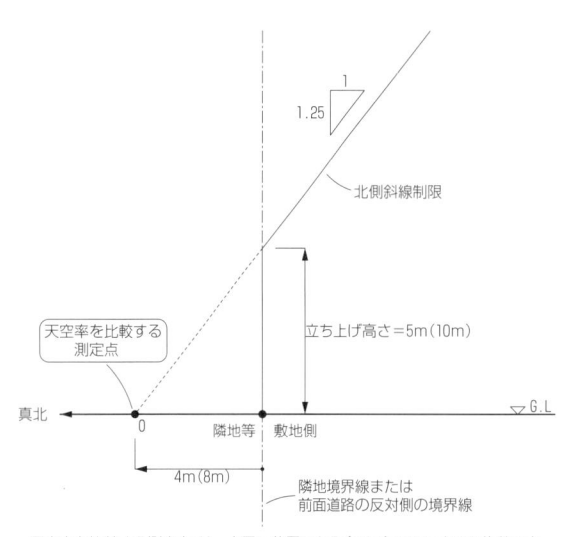

図4・26　北側斜線制限緩和における天空率の測定点の設定

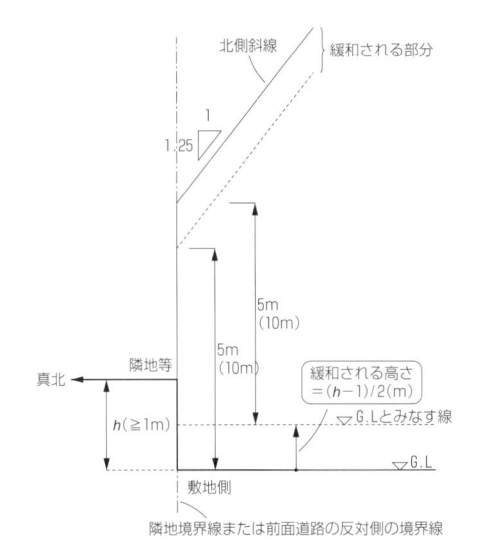

図4・25　地盤面が北側隣地等より1m以上低い場合

表4・15　日影規制の原則（法別表第4）

	(い)	(ろ)	(は)	(に)		
	地域・地区[*1]　下記の全部または一部で地方公共団体が条例で指定する区域	制限を受ける建築物	日影の測定面の平均地盤面からの高さ	日影時間の限度[*2]		
					敷地境界線からの水平距離（（　）内は北海道）	
				号	5mを超え10m以内の範囲	10mを超える範囲
1	第1種・第2種低層住居専用地域，田園住居地域	軒高＞7m　または地上階数≧3	1.5m	(1)	3 (2) 時間	2 (1.5) 時間
				(2)	4 (3) 時間	2.5 (2) 時間
				(3)	5 (4) 時間	3 (2.5) 時間
2	第1種・第2種中高層住居専用地域	高さ＞10m	4mまたは6.5m[*3]	(1)	3 (2) 時間	2 (1.5) 時間
				(2)	4 (3) 時間	2.5 (2) 時間
				(3)	5 (4) 時間	3 (2.5) 時間
3	第1種・第2種・準住居地域，近隣商業地域，準工業地域	高さ＞10m	4mまたは6.5m[*3]	(1)	4 (3) 時間	2.5 (2) 時間
				(2)	5 (4) 時間	3 (2.5) 時間
4	用途地域の指定のない区域[*4]	イ　軒高＞7mまたは地上階数≧3	1.5m	(1)	3 (2) 時間	2 (1.5) 時間
				(2)	4 (3) 時間	2.5 (2) 時間
				(3)	5 (4) 時間	3 (2.5) 時間
		ロ　高さ＞10m	4m	(1)	3 (2) 時間	2 (1.5) 時間
				(2)	4 (3) 時間	2.5 (2) 時間
				(3)	5 (4) 時間	3 (2.5) 時間

*1　高層住居誘導地区および都市再生特別地区内の建築物については，対象区域外にあるものとみなす．
*2　地方公共団体がその地方の気候および風土，当該区域の土地利用の状況等を勘案して条例で号を指定する．
*3　地方公共団体が土地利用の状況等を勘案して条例でいずれかを指定する．
*4　イまたはロのうちから，地方公共団体がその地方の気候および風土，当該区域の土地利用の状況等を勘案して条例で指定する．

例で指定する．

b) 同一敷地内に2以上の建築物がある場合（法第56条の2第2項）

同一敷地内に複数棟の建築物がある場合は，これらの建築物をひとつの建築物とみなす．すなわち，敷地内に1棟でも対象建築物に該当する建築物があれば，その敷地内のすべての建築物が対象建築物となる．また，平均地盤面についてもひとつの建築物とみなしてひとつの敷地にひとつの平均地盤面を定める．

c) 日影規制の一般的緩和規定（法第56条の2第3項）

（ア）敷地が道路，水面などに接する場合（令第135条の12第3項第一号）：建築物の敷地が道路，水面，線路敷などに接する場合のこれらに接する敷地境界線は，これらの幅の1/2だけ外側にあるものとみなして日影規制を適用する．ただし，その幅が10mを超えるときは，その反対側の敷地境界線から敷地側に水平距離5mの線を敷地境界線とみなす（図4・28）．

（イ）敷地の地盤面が日影を生じる隣地等の地盤面より1m以上低い場合（令第135条の12第3項第二号，第4項）：建築物の敷地の平均地盤面が，日影が生じる隣地またはそれに連接する土地の地盤面（建築物がないときは平均地表面）より1m以上低い場合には，その建築物の敷地の平均地盤面は，隣地およびそれに連接する土地ごとに，

（敷地の平均地盤面と各隣地等の地盤面の高低差 h(m) − 1)/2

だけ高い位置にあるものとみなして日影規制を適用する（図4・29）．

なお，特定行政庁は，この規定の適用が地形の特殊性により著しく不適当と認めるときは，別に適当と認める高さを規則（細則）で定めることができる．

d) 対象区域外にある対象建築物（法第56条の2第4項）

対象区域外にある高さが10mを超え，冬至日に対象区域内に日影を生じさせる建築物は，その対象区域内にあるものとみなして日影規制を適用する．

e) 建築物が日影時間の制限の異なる区域の内外にわたる場合など（法第56条の2第5項，令第135条の13）

（ア）建築物が日影時間の制限の異なる区域の内外にわたる場合：制限の異なる区域にある部分ごとに建築物の高さ等を測定し，その区域における対象建築物に該当するかどうかを定める．対象建築物になる場合には，それぞれの区域内にその建築物がすべてあるものとして日影規制を適用する（図4・30）．

（イ）対象建築物の冬至日の日影が日影時間の制限の異なる他の区域に落ちる場合：当該建築物が，日影の落ちるそれぞれの区域内にあるものとみなして日影規制を適用する．

f) 許可による制限の緩和（法第56条の2第1項ただし書，令第135条の12第1項，第2項）

特定行政庁が，土地の状況等により周囲の居住環境を害するおそれがないと認めて，建築審査会の同意を得て許可した場合には，当該許可を受けた建築物を周囲の居住環境を害するおそれがないものとして令第135条の12第1項および第2項で定める位置および規模の範囲内において増築・改築・移転する場合には，日影規制は解除される．

6. 高度地区（法第58条）

高度地区（都計法第9条第18項）は，用途地域内における市街地の環境維持または土地利用の増進のために，建築物の高さの最高または最低限度を定める地区であるが，一般の高さ制限の適用とあわせて，高度地区の都市計画で定めるこれらに倣った高さ制限も適用される（図4・31）．なお，都市計画において緩和規定が定められていない場合には，法による緩和規定がある北側斜線制限などとは異なり，原則として天空率の比較などによって制限緩和をすることはできない．

7. 特例容積率適用地区（法57条の4）

特例容積率適用地区（都計法第9条第16項）における市街地環境を確保するために必要な場合には，特例容積率適用地区の都市計画に建築物の高さの最高限度を定めることができる．建築物の高さの最高限度が定められたときは，建築物の高さは当該最高限度以下でなければならないが，特定行政庁が用途上または構造上やむを得ないと認めて，建築審査会の同意を得て許可した場合には制限が解除される．

図 4・27　日影規制の例

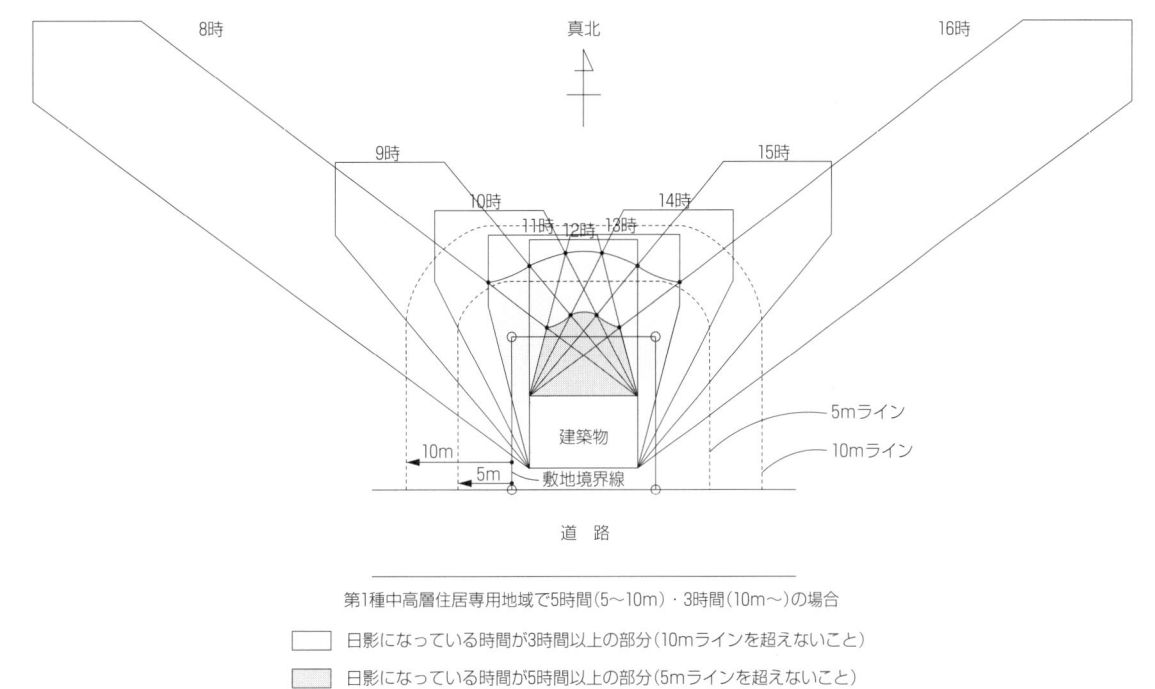

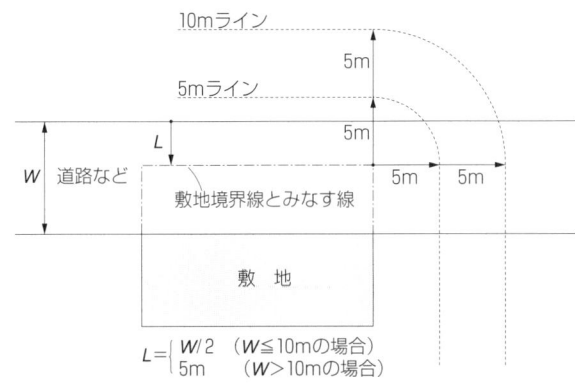

第1種中高層住居専用地域で5時間(5〜10m)・3時間(10m〜)の場合

□　日影になっている時間が3時間以上の部分(10mラインを超えないこと)
▨　日影になっている時間が5時間以上の部分(5mラインを超えないこと)

$L = \begin{cases} W/2 & (W \leq 10\text{m の場合}) \\ 5\text{m} & (W > 10\text{m の場合}) \end{cases}$

ここに示す例は「閉鎖方式」(この他に「発散方式」と呼ばれる作図法がある)

図 4・28　敷地が道路などに接する場合（例）

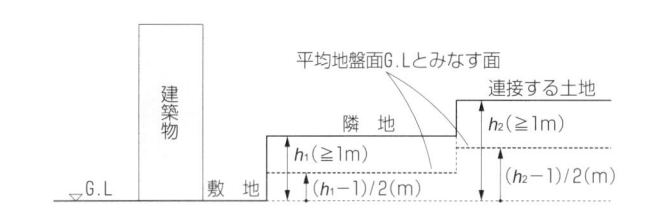

図 4・29　平均地盤面が隣地等より 1m 以上低い場合

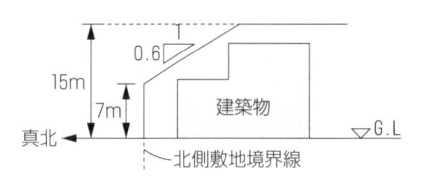

(a) 第2種高度地区（高さの最高限度）

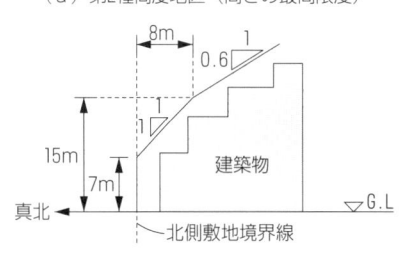

(b) 第4種高度地区（高さの最高限度）

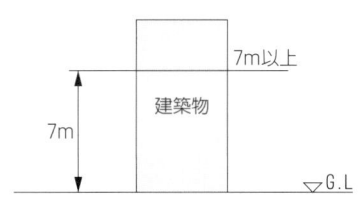

(c) 第6種高度地区（高さの最低限度）

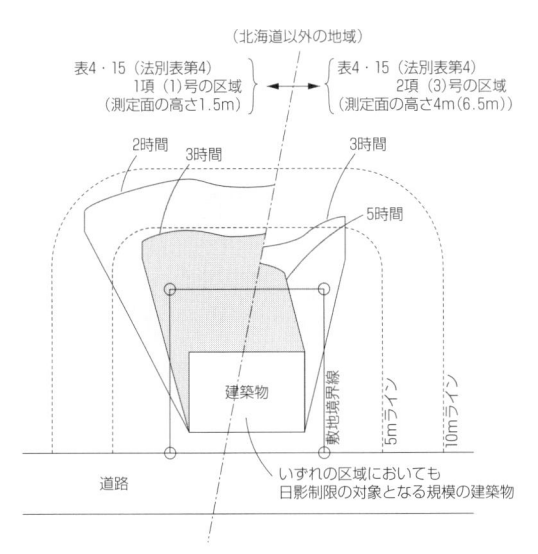

図 4・30　建築物が日影時間の制限の異なる区域の内外にわたる場合の例

図 4・31　高度地区内の高さ制限の例（神戸市の場合（抜粋））

第 4 章　集団規定

4・5 防火地域制

1. 防火地域制の目的

防火地域制は，市街地において火災が発生した場合にその延焼を防ぐために，都市計画によって防火地域・準防火地域を定めて集団的な規制を行い，都市の防災性を高めることを目的としている（図4・32）．これらの地域内では建築物はその規模などに応じて，耐火建築物や準耐火建築物などの延焼防止性能を有する建築物にしなければならない．本節および表4・16においては，耐火建築物・準耐火建築物と，これらと同等以上の延焼防止性能を有するもの（延焼防止時間が同等以上のもの）を合わせて，それぞれ耐火建築物等・準耐火建築物等と呼ぶ．なお，これらと同等以上の延焼防止性能を有するものをそれぞれ延焼防止建築物（令第136条の2第一号ロ）・準延焼防止建築物（令第136条の2第二号ロ））と呼び，それぞれ令元国告第194号第2及び第4において建築物の区分に応じて仕様が規定されている．

また，これらの地域外でも，特に木造建築物が多く見られる市街地などでは法第22条に基づき特定行政庁が指定する「法22条指定区域」があり，屋根や外壁について一定の防火上の制限が行われる（p.58，3・4の2参照）．

2. 防火・準防火地域内の建築制限

防火・準防火地域内においては，表4・16（ア）欄に示す制限規定がそれぞれ適用される．

a) 防火地域内（法第61条，第64条）

（ア）耐火建築物等または準耐火建築物等としなければならない建築物など（法第61条，令第136条の2）

ⅰ）階数が3以上または延べ面積が$100m^2$を超えるもの：耐火建築物等とすること．

ⅱ）その他のもの：耐火建築物等または準耐火建築物等とすること．

なお，例えば次の①のものは耐火建築物と，②のものは準耐火建築物と，それぞれ同等以上の延焼防止性能を有するもの（延焼防止建築物及び準延焼防止建築物）に含まれる（令元国告第194号第2-1-二及び第4-二-イ）．

① 主要構造部が不燃材料で造られた卸売市場の上屋・機械製作工場またはこれに類する構造でこれらと同等以上に火災の発生のおそれの少ない用途のもの（外壁開口部設備（表4・16脚注＊4参照）を20分間防火設備とする）．

② 延べ面積が$50m^2$以内の平屋建附属建築物で，外壁と軒裏が防火構造かつ外壁開口部設備を20分間防火設備としたもの．

ⅲ）高さが2mを超える門または塀で，建築物に附属するもの：不燃材料で造るか覆うなど，延焼防止上支障のない構造とすること．

（イ）看板，広告塔，装飾塔など（法第64条）：屋上に設置されるもの，または高さが3mを超えるものは，主要な部分を不燃材料で造るか，おおわなければならない．

b) 準防火地域内（法第61条，令第136条の2）

（ア）耐火建築物等または準耐火建築物等としなければならない建築物

ⅰ）地階を除く階数が4以上または延べ面積が$1,500m^2$を超えるもの：耐火建築物等とすること．

ⅱ）地階を除く階数が3かつ延べ面積が$1,500m^2$以下のもの，または地階を除く階数が2以下かつ延べ面積が$500m^2$を超え$1,500m^2$以下のもの：耐火建築物等または準耐火建築物等とすること．

ⅲ）地階を除く階数が2以下かつ延べ面積が$500m^2$以下のもの（木造建築物等を除く）：外壁開口部設備を20分間防火設備としたもの，または同等以上の延焼防止性能を有するもの．

（イ）木造建築物等の防火措置

ⅰ）地階を除く階数が2以下かつ延べ面積が$500m^2$以下の木造建築物等：外壁・軒裏の「延焼のおそれのある部分（p.22，2・3の1 b）参照）」を防火構造とし，外壁開口部設備を20分間防火設備とすること．

ⅱ）木造建築物等に附属する高さが2mを超える門または塀：1階であるとした場合に「延焼のおそれのある部分」に該当する部分を不燃材料でつくるかおおうなど延焼防止上支障のないものとすること．

3. 防火・準防火地域内の共通規定

a) 屋根の制限

防火・準防火地域内においては，屋根について表4・16(ｲ)欄に示す共通の制限規定が適用される（法第62条，令第136条の2の2）．屋根は，市街地での火災を想定した火の粉による建築物の火災を防止するために必要な性能（令第136条の2の2で定める技術的基準）を満たすものとして，告示（平12建告第1365号）に定める構造方法を用いるか，国土交通大臣の認定を受けたものとしなければならない．

b) その他の共通規定

（ア）隣地境界線に接する外壁（法第63条）：耐火構造の外壁は，隣地境界線に接して設けることができる．

（イ）建築物が制限の異なる地域にわたる場合（法第65条）：建築物が，防火・準防火地域または指定のない地域にわたる場合は，建築物が規制の緩い方の地域内で防火壁によって区画されている場合を除き，建築物全体に規制の厳しいほうの規定が適用される（図4・33）．

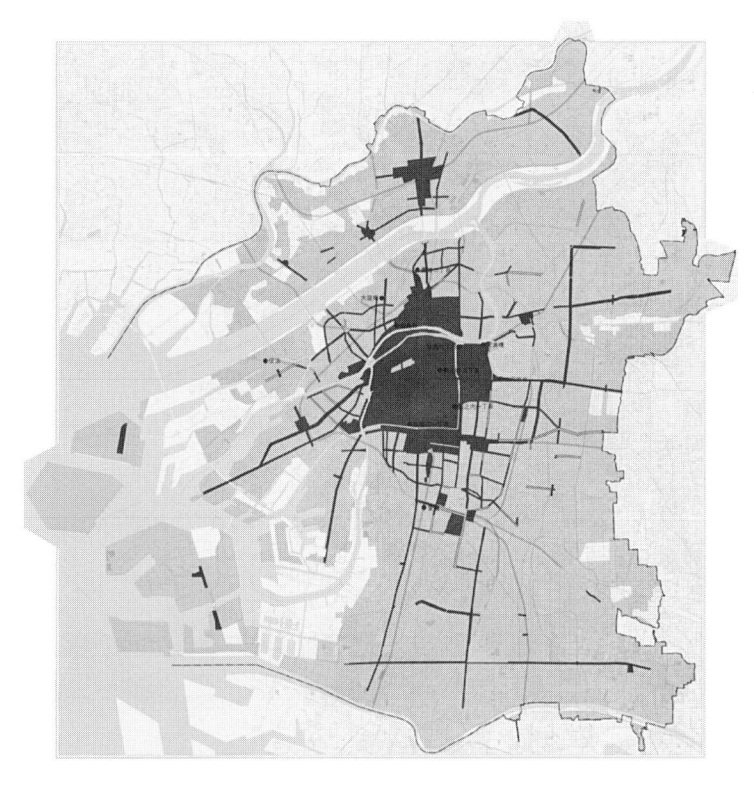

図4・32 都市計画図（防火・準防火地域）の例（大阪市の場合）

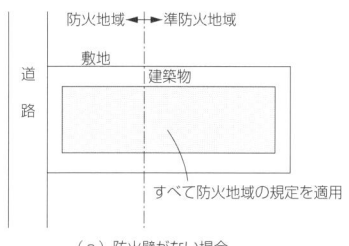

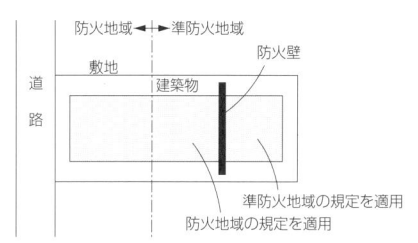

■防火地域　□準防火地域

図4・33 建築物が制限の異なる地域にわたる場合の例

（a）防火壁がない場合：すべて防火地域の規定を適用

（b）防火壁で建築物を区画する場合：防火地域の規定を適用／準防火地域の規定を適用

表4・16 防火・準防火地域内の建築制限

地域		対象建築物等[*9]	構造 等[*10]	法令	
				法	令
（ア）	防火地域 (1)	地階を含む階数≧3　または 延べ面積＞100m²の建築物	耐火建築物等[*1]	法第61条	第一号
	(2)	(1)以外の建築物	耐火建築物等または準耐火建築物等[*2]		第二号
	(3)	屋上設置　または 高さ＞3mの看板，広告塔，装飾塔等	主要な部分を不燃材料で造るか覆うこと	法第64条	―
	(4)	建築物に附属する　高さ＞2mの門，塀	不燃材料で造るか覆うなど，延焼防止上支障のないもの[*3]とすること		第五号
	準防火地域 (1)	地上階数≧4　または 延べ面積＞1,500m²の建築物	耐火建築物等	法第61条	令第136条の2 第一号
	(2)	地上階数＝3　かつ 延べ面積≦1,500m²の建築物 または 地上階数≦2　かつ 500m²＜延べ面積≦1,500m²の建築物	耐火建築物等または準耐火建築物等		第二号
	(3)	地上階数≦2 かつ 延べ面積≦500m²の建築物	外壁開口部設備[*4]を20分間防火設備（片面）とし，木造建築物等[*5]の場合は，外壁・軒裏で延焼のおそれのある部分を防火構造とすること，又は，これと同等以上の延焼防止性能を有するものとすること[*6]		第三号・第四号
	(4)	木造建築物等[*5]に附属する 高さ＞2mの門，塀	1階であるとした場合に延焼のおそれのある部分を不燃材料で造るか覆うなど，延焼防止上支障のないもの[*3]とすること		第五号
（イ）	防火地域又は準防火地域 屋根	右欄①～④のいずれかの構造[*7]，または国土交通大臣の認定を受けたものとすること	① 不燃材料で造るか，ふくこと	法第62条	令第136条の2の2
			② 屋根を準耐火構造（屋外に面する部分は準不燃材料で造る）とすること		
			③ 屋根を耐火構造（屋外に面する部分は準不燃材料で造り，勾配は30度以内）の屋外面に一定の断熱材および防水材を張ったものとすること		
			④ 難燃材料で造るか，ふくこと[*8]		

*1 「耐火建築物等」とは，耐火建築物又はこれと同等以上の延焼防止性能を有する建築物（延焼防止建築物）を示す（令第136条の2第一号イ又はロ（令元国告第194号第1又は第2））．
*2 「準耐火建築物等」とは，準耐火建築物又はこれと同等以上の延焼防止性能を有する建築物（準延焼防止建築物）を示す（令第136条の2第二号イ又はロ（令元国告第194号第3又は第4））．
*3 令元国告第194号第7
*4 外壁の開口部で延焼のおそれのある部分に設ける防火設備
*5 p.58脚注*3（法第23条）参照．
*6 令元国告第194号第5，第6
*7 平12建告1365号
*8 スポーツ練習場，不燃性物品の荷捌き場，畜舎，劇場，アトリウムなどの用途で，屋根以外の主要構造部が準不燃材料であるなどの一定の用途・構造（H28国告第693号）である建築物の屋根に限る．
*9 一定の簡易な構造の建築物を除く（法第84条の2）．
*10 下記の他に，各部分で定める技術的基準に適合するもので，大臣の認定を受けたものとすることができる．

第4章　集団規定

4・6 まちづくりのための各種誘導制度など

都市計画法や建築基準法には，地域が目指す特別のまちづくりのために，一般的な建築制限を強化する制度だけではなく，地域が目指すまちづくりに寄与する自発的な建築計画を誘導するために，建築と併せて道路，歩道，広場などの公共施設を整備する建築計画や，都市部での職住近接に貢献する高層住宅計画などに対して，容積率制限や高さ制限などを緩和したり，合理的，総合的に適用する特例的な制度が設けられている．これらの制度は，社会・経済情勢などの変化に的確に対応したまちづくりを進めていくために適宜創設されてきたものが多い．

以下では，これらのうち特に大都市に見られる代表的な制度について概説する．

1. 都市計画による制度

都市計画法に基づく都市計画決定の手続きを経て特に地域を限定して適用する制度としては，次のようなものがある．

a) 高度利用地区（都計法第8条第1項第三号，第3項第二号チ，第9条第19項，法第59条）

用途地域内の市街地での土地の合理的かつ健全な高度利用と都市機能更新のために，都市計画決定手続きにより，容積率の最高・最低限度，建ぺい率の最高限度，建築面積の最低限度および壁面の位置の制限を定める地域地区制度．最低限度を定めるのは，土地の高度利用を図るためである．

なお，ここで定められた容積率の最高限度（緩和値）は法第52条第1項各号に規定する指定容積率とみなして同条の規定が適用される．また，高度利用地区内では，道路に接して有効な空地が確保されていることなどにより，特定行政庁が交通上などについて支障がないと認め，建築審査会の同意を得て許可した建築物には，法第56条に規定する道路斜線制限は適用しない．

b) 特定街区（都計法第8条第1項第四号，第9条第20項，法第60条）

市街地の整備改善を図るために街区の整備，造成が行われる一定の地区について，都市計画によって建築物の容積率と高さの最高限度（緩和値）および壁面の位置の制限を定める地域地区制度．容積率や高さ制限などを緩和する一方，壁面の位置の制限により街区内での空地の確保を誘導することができる．

なお，特定街区内では，法第52条から第59条の2まで等の規定（容積率，建ぺい率，高さ制限，日影規制，高層住居誘導地区，高度地区，高度利用地区，総合設計制度など）は適用されない．

c) 景観地区（景観法第61条～第73条，都計法第8条第1項第六号，法第68条）

市街地の良好な景観の形成を図るために，都市計画によって建築物の形態意匠の制限を定め，建築物の高さの最高限度・最低限度，壁面の位置の制限および敷地面積の最低限度のうち必要なものを定める地域地区制度．景観地区内で建築する場合には，建築物の形態意匠の制限に適合することについて市町村長の認定を受けなければならない．また，市町村は条例で，工作物の形態意匠の制限等や，開発行為等に対して良好な景観を形成するための必要な規制をすることができる．

d) 地区計画制度（都計法第12条の4～第12条の13，法第68条の2～第68条の8他）

建築物の建築形態，公共施設などの配置等からみて，一体としてそれぞれの区域の特性にふさわしい様態を備えた良好な環境の街区を整備，開発および保全するために，一定の区域について道路，公園などの地区施設や建築物の用途，形態などの計画を都市計画によって定める制度で，昭和55年に創設された．

地区計画は，都市計画区域レベルよりも小さな地区レベルにおいて，地区の特性に応じて建築物に関する用途・規模や道路・公園の配置などをよりきめ細かく定める計画であり，その中には「地区整備計画」として，道路・公園などの地区施設の配置・規模，建築物等の用途の制限，容積率の最高・最低限度，建ぺい率の最高限度，敷地面積・建築面積の最低限度，壁面の位置の制限，壁面後退区域内の工作物設置の制限，建築物の高さの最高・最低限度，建築物等の形態意匠の制限，建築物の緑化率の最低限度など（都計法第12条の5第7項）のうち必要なものが定められる．

地区計画制度には表4・17に示すようなさまざまな種類があるが，たとえば，再開発等促進区（地区整備計画が定められている区域に限る．）で容積率の最高限度（緩和値）が定められている区域内では，当該地区計画の内容に適合する建築物で，特定行政庁が交通上，安全上，防火上および衛生上支障がないと認定するものについては法第52条の規定は適用されず，地区計画に定める最高限度内で容積率制限が緩和され（法第68条の3第1項），また，敷地内に有効な空地が確保されていることなどにより特定行政庁が交通上，安全上，防火上および衛生上支障がないと認め，建築審査会の同意を得て許可したものについては法第56条（斜線制限）の規定は適用されない（法第68条の3第4項）などの緩和が行われる．その一方で，道路や広場などの地区施設などの公共施設の整備や壁面の位置の制限による空地の確保などを誘導することができる（図4・34，図4・35）．

表 4・17 地区計画等の種類

根拠法令別*1*2	地区計画	都計法第 12 条の 5
	防災街区整備地区計画	密集法*3 第 32 条第 1 項
	歴史的風致維持向上地区計画	歴史まちづくり法*4 第 31 条第 1 項
	沿道地区計画	沿道法*5 第 9 条第 1 項
	集落地区計画	集落法*6 第 5 条第 1 項
特例的活用タイプ別*1*7	再開発等促進区を定める地区計画	都計法第 12 条の 5 第 3 項
	開発整備促進区を定める地区計画	都計法第 12 条の 5 第 4 項
	誘導容積型地区計画	都計法第 12 条の 6
	容積適正配分型地区計画	都計法第 12 条の 7
	高度利用型地区計画	都計法第 12 条の 8
	用途別容積型地区計画	都計法第 12 条の 9
	街並み誘導型地区計画	都計法第 12 条の 10
	立体道路制度	都計法第 12 条の 11

*1 建築基準法（第 68 条の 2～第 68 条の 8）では主に地区計画等における各種制限の強化や緩和などに関する規定を定めている
*2 都計法第 12 条の 4
*3 密集法：密集市街地における防災街区の整備の促進に関する法律
*4 歴史まちづくり法：地域における歴史的風致の維持及び向上に関する法律
*5 沿道法：幹線道路の沿道の整備に関する法律
*6 集落法：集落地域整備法
*7 これらに属さない一般的な地区計画もある

図 4・35 開発が進む「西梅田地区」

地区整備計画	位　置	大阪市北区梅田一丁目，梅田二丁目及び梅田三丁目地内		
	面　積	約 10.2ha		
	地区施設の配置及び規模	その他の公共空地 　歩行者専用通路　1 号（幅員 10m　延長　約 230m） 　歩行者専用通路　2 号（幅員 10m　延長　約 240m） 　歩行者専用通路　3 号（幅員 10m　延長　約 110m） 　歩行者専用通路　4 号（幅員 10m　延長　約 30m） 　歩行者専用通路　5 号（幅員 10m　延長　約 160m） 　なお，歩行者用の有効通路幅員は 5m とする． 多目的広場　　　　（面積　約 1,000m²） 地下多目的広場　　（面積　約 1,000m²）		
建築物等に関する事項	地区の区分	名称	A 地区	B 地区	C 地区

		面積	約 6.7ha	約 1.0ha	約 2.5ha
	建築物の用途の制限	次に掲げる建築物は，建築してはならない． 建築基準法別表第 2(ｉ)項第 3 号に掲げるもの			
	建築物の容積率の最高限度		10 分の 80		10 分の 110
		ただし，建築基準法第 52 条第 14 項第 1 号の規定に基づく本市許可基準を準用し，その限度内となる施設は除く．			
	建築物の建ぺい率の最高限度	10 分の 7			
	建築物の敷地面積の最低限度		10,000m²	2,000m²	6,000m²
		ただし，公益上必要なものは除く．			
	壁面の位置の制限	(1) 建築物の壁若しくはこれに代わる柱又は建築物に附属する門もしくは塀で高さが 2m を超えるものは，壁面の位置の制限に反して建築してはならない．ただし，歩行者の利便に供する施設等は除く． (2) 建築物の壁又はこれに代わる柱の面からの隣地境界線までの距離は，2m 以上でなければならない．			
	建築物等の形態又は意匠の制限	(1) 建築物及び敷地内に屋外広告物を設置又は掲示してはならない．ただし，自己の社名，店名，商標又は建築物の名称表示にかかるもので，都市景観を十分に配慮したものはこの限りでない． (2) 建築物の外壁の色彩は原色を避け，都心にふさわしい良好な景観形成に資するものとする．			
	垣又はさくの構造の制限	建築物に附属する垣又はさくの構造は，生垣，フェンス又は鉄さく等透視可能なものとし，コンクリートブロック及びこれに類するものは設置してはならない．			

（地区整備計画の区域，地区の細区分，地区施設の配置及び壁面の位置の制限は計画図表示のとおり）

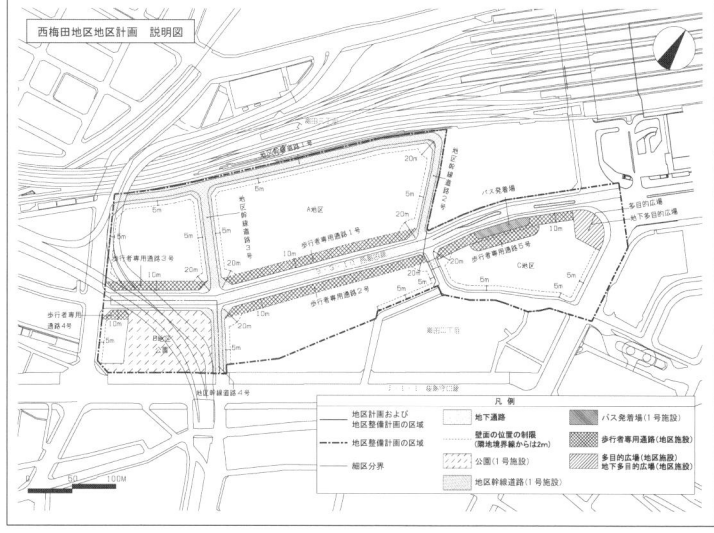

図 4・34 地区計画（再開発等促進区型）の例（西梅田地区地区計画（大阪市）の地区整備計画）

なお，市町村は，建築物の敷地，構造，建築設備または用途に関して地区整備計画等に定められた事項のうち，制限を強化する事項に法的拘束力を付加するために建築基準法に基づく条例の制限（地区計画条例）としてこれらを定めることができる（法第68条の2第1項～第4項）．また，用途地域における用途の制限を補完し，当該地区計画区域等（集落地区計画を除く．）の特性にふさわしい土地利用の増進のために市町村が必要と認める場合には，国土交通大臣の承認を得てこの条例で法第48条第1項～第12項による用途の制限を緩和することができる（法第68条の2第5項）．

e) **高層住居誘導地区**（都計法第8条第1項第二号の四，第3項第二号へ，第9条第17項，法第52条第1項第五号，第57条の5）

人口減少の著しい都心部に利便性の高い高層住宅を誘導し，職住近接の都市構造の形成や住宅と非住宅の適正な配分の回復などを図るために，第1種・第2種・準住居地域，近隣商業地域または準工業地域のうち指定容積率が400%または500%の区域内において都市計画で，容積率・建ぺい率の最高限度，敷地面積の最低限度を定める地域地区制度で，平成9年に創設された．

この地区内では，一般に，都市計画によって建ぺい率制限値を引き下げ，敷地面積の最低限度（200m²以下の数値）を定めて制限強化をする一方で，容積率，高さ制限および日影規制については次のような緩和が行われる．

すなわち，住宅比率（R ＝住宅の床面積合計／延べ面積）が2/3以上の建築物（当該都市計画に敷地面積の最低限度が定められたときはこれに適合するものに限る．以下同じ．）に対しては，容積率制限が，指定容積率 V_c の1.5倍（600%または750%）以下かつ令第135条の14に定める算定値（$3V_c/(3-R)$）以下で都市計画で定める値に緩和され（法第52条第1項第五号），さらに，第1種・第2種・準住居地域内の場合には，前面道路幅員による容積率制限値算定時の低減係数が0.4から0.6に緩和される（法第52条第2項第二号，第三号）．

また，住宅比率が2/3以上の建築物については，近隣商業地域以外の場合，道路斜線制限の勾配が1.5（適用距離は35m）に，隣地斜線制限の立ち上がりおよび勾配がそれぞれ31mおよび2.5に緩和される（法第56条第1項第一号，第二号，法別表第3）．

さらに，この地区内の建築物に対しては原則として日影規制が適用されない（法第57条の5第4項）（図4・36）．

f) **特例容積率適用地区**（都計法第8条第1項第二号の三，第3項第二号ホ，第9条第16項，法第57条の2～第57条の4）

特例容積率適用地区は，市街地の火災の際に延焼防止等の機能を有する市民緑地などの未利用容積を移転することにより，これらの防災空間を確保しつつ，同時に建築物の共同化や老朽マンションの建替えなどを円滑に進めるための容積としてこれを有効活用することにより，効果的な市街地整備を図ることを主な目的として創設された制度である．対象地域は用途地域内（第1種・第2種低層住居専用地域，田園住居地域，工業専用地域を除く）とし，適正な配置・規模の公共施設を備えた区域において，建築物の容積率の限度からみて未利用となっている容積の活用を促進して土地の高度利用を図るために定める「地域地区」として位置付けられている．また，市街地環境確保の観点から必要な場合には，特例容積率適用地区の都市計画に，建築物の高さの最高限度を定めることができる．

この地区内では，トータルとして都市計画に定められた容積率の範囲内であれば，複数敷地間で特例的な容積率制限を適用することが可能となる．具体的には，特例容積率適用地区内の2以上の敷地の土地所有者等（当該敷地に関係する一定の利害関係者の同意が必要）が，一人で，または数人共同して，特定行政庁に対し，それぞれの敷地（特例敷地）に適用される特別の容積率（特例容積率）の限度の指定を申請し，特定行政庁がこれを指定する．特定行政庁が，指定の内容（特例容積率の限度，特例敷地の位置など）を公告した時から当該特例敷地内の建築物については当該特例容積率を指定容積率とみなして法第52条の規定が適用される（図4・37）．ただし，特例容積率が適用される特例敷地についても法第52条第2項の道路幅員による容積率の低減規定は適用される．

なお，指定にあたっては次のような条件がある（法第57条の2第3項）．

① 各特例敷地の敷地面積に，各特例容積率の限度を乗じて得た数値の合計が，各特例敷地における指定容積率（すでに特例容積率が指定されている場合はその特例容積率．法第57条の2第3項第一号内に限りこれを「基準容積率」といい，一般的な「基準容積率」とは異なる（p.84，4・3の1a）参照）．）の限度を乗じて得た数値の合計以下であること．すなわち，

（特例容積率から算出される延べ面積の合計）
　≦（指定容積率から算出される延べ面積の合計）

② 特例容積率の限度が，特例敷地内に現に存する建築物の容積率以上であること．

③ 特例容積率の限度が，建築物の利用上の必要性，周囲の状況などを考慮して，特例敷地にふさわしい容積を備えた建築物が建築されることにより，それぞれの特例敷地が適正かつ合理的な利用形態となるように定められていること．特例容積率の限度の指定によって容積率が緩和

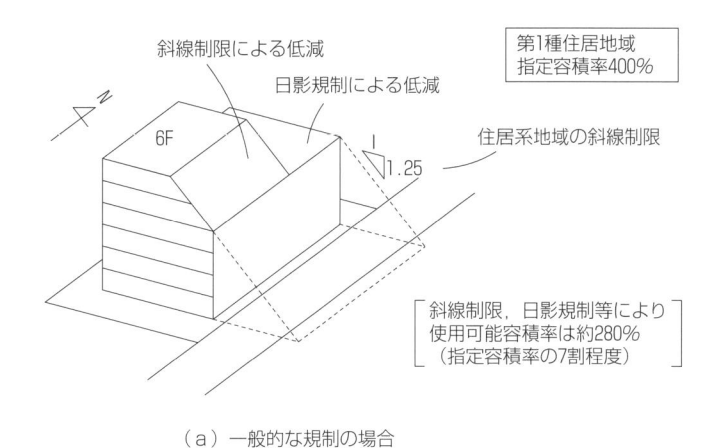

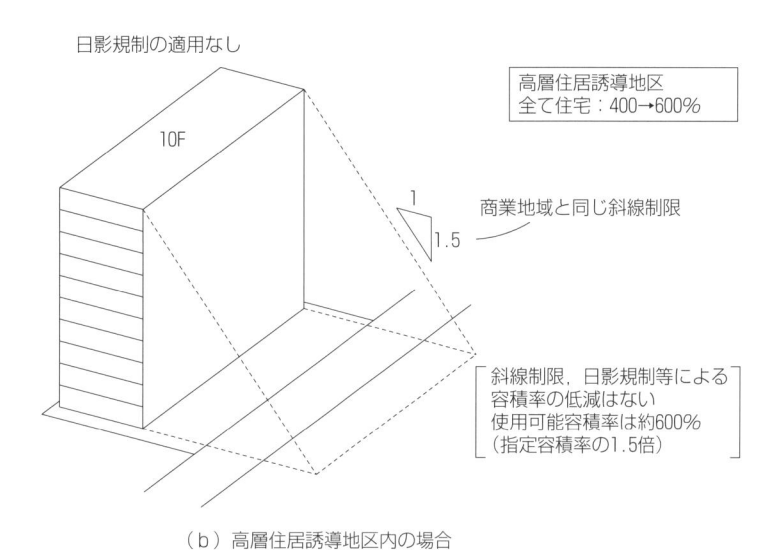

斜線制限による低減
日影規制による低減
第1種住居地域
指定容積率400%

6F

住居系地域の斜線制限
1:1.25

斜線制限，日影規制等により
使用可能容積率は約280%
（指定容積率の7割程度）

（a）一般的な規制の場合

日影規制の適用なし

高層住居誘導地区
全て住宅：400→600%

10F

商業地域と同じ斜線制限
1:1.5

斜線制限，日影規制等による
容積率の低減はない
使用可能容積率は約600%
（指定容積率の1.5倍）

（b）高層住居誘導地区内の場合

図4・36　第1種住居地域内での一般規制と高層住居誘導地区内の比較例
　　　　（敷地面積1,000m²，前面道路幅員10m程度とする）

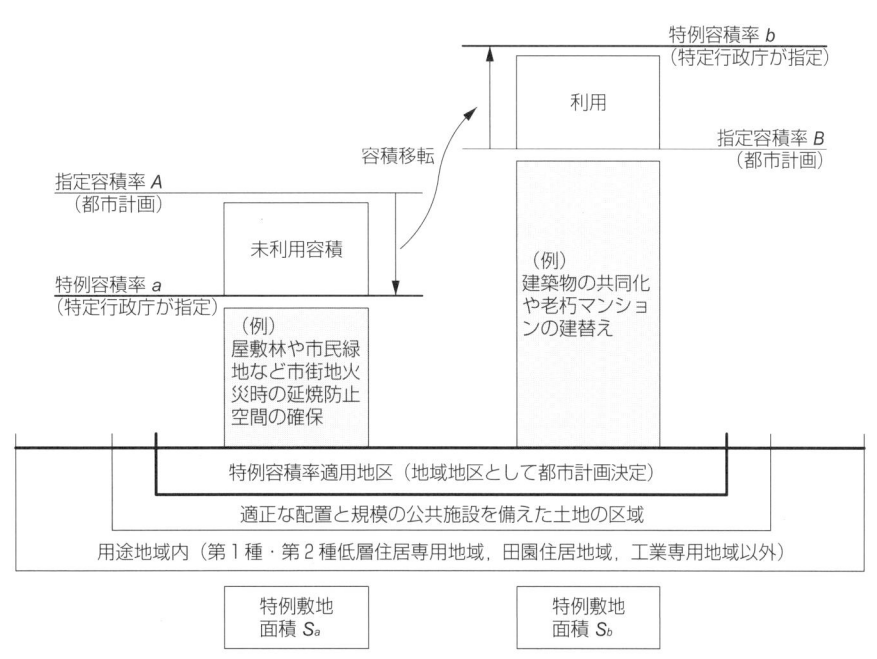

特例容積率 b
（特定行政庁が指定）

利用

指定容積率 B
（都市計画）

容積移転

指定容積率 A
（都市計画）

未利用容積

特例容積率 a
（特定行政庁が指定）

（例）
屋敷林や市民緑地など市街地火災時の延焼防止空間の確保

（例）
建築物の共同化や老朽マンションの建替え

特例容積率適用地区（地域地区として都市計画決定）

適正な配置と規模の公共施設を備えた土地の区域

用途地域内（第1種・第2種低層住居専用地域，田園住居地域，工業専用地域以外）

特例敷地
面積 S_a

特例敷地
面積 S_b

$a \times S_a + b \times S_b \leqq A \times S_a + B \times S_b$：都市計画で定められた容積の範囲

図4・37　特例容積率適用地区内での容積率

されるものにあっては，適合して建築される建築物が交通上，安全上，防火上および衛生上支障がないように定められていること．なお，これらの詳細については，各特定行政庁の指定基準によって具体的に示されることになる．

g) **都市再生特別地区**（都市再生特別措置法第36条～第36条の5，都計法第8条第1項第四号の二，第4項，法第60条の2）

急速な情報化，国際化，少子高齢化などに対応した都市機能の高度化および都市の居住環境の向上（都市再生）を図るため，平成14年に都市再生特別措置法が創設されたが，これにより民間主体による都市開発事業などを通じて緊急かつ重点的に整備すべき地域として都市再生緊急整備地域が同法施行令によって具体的に指定されている（同法第2条）．都市再生特別地区は，この都市再生緊急整備地域内のうち都市の再生に貢献し土地の合理的かつ健全な高度利用を図る必要がある区域において，既存の用途地域などに基づく用途，容積率などの規制を適用除外としたうえで，自由度の高い計画を定めることができる地域地区制度である．また，本制度の創設とあわせて民間事業者などからの都市計画の提案制度が設けられた．

本制度では，誘導すべき用途（用途規制の特例が必要な場合のみ），容積率の最高限度（400％以上）・最低限度，建ぺい率の最高限度，建築面積の最低限度，高さの最高限度，壁面の位置の制限を，既存の用途地域などに基づく規制にとらわれずに定めることができ，これにより原則として，用途地域・特別用途地区による用途制限，用途地域による容積率制限，斜線制限，高度地区による高さ制限，日影規制等の規制が適用除外となる．なお，本制度と他の類似制度との規定項目を比較したものが表4・18であるが，許可・認定などの手続きを経ずに用途，容積率，高さ制限，日影規制といった多種の制限が緩和されることに特徴がある．

2. 建築基準法による制度

都市計画決定の手続きを必要としない建築基準法に定める規定による制度としては，次のようなものがある．

a) **総合設計制度**（法第59条の2）

総合設計制度は，都市計画の手続きを経ず，特定行政庁が建築基準法の単独規定に基づいて機動的に運用することができる代表的なまちづくりのための誘導制度である．

法文には「総合設計」という表現はないが，法第59条の2の規定に基づき，敷地内に一定規模以上の空地を有し，敷地面積が一定規模以上である建築物で，特定行政庁が，交通上，安全上，防火上および衛生上支障がなく，建ぺい率・容積率・各部分の高さについて総合的な配慮がなされ市街地環境の整備改善に資すると認めて建築審査会の同意を得て許可したものは，その許可の範囲内において容積率制限（法第52条第1項～第9項，第57条の2第6項）または高さの制限（法第55条第1項，法第56条）を緩和する許可制度である（図4・38）．

対象となる建築物の敷地規模および必要な敷地内の空地面積については令第136条に規定されており（表4・19，表4・20），特定行政庁ごとに許可準則（旧建設省通達）に基づいた許可基準を設けて適用条件や緩和規定などをメニュー化して定めていることが多い（表4・21）．

敷地内に設けられる空地内には，一般に「公開空地」とよばれる不特定の人々の通行などに供する空地を設けることが条件となっている（図4・39）．また，容積率の緩和の程度については，許可基準において，建物用途，地域，公開空地の面積・形状・機能などに応じて定められていることが一般的である．

なお，本制度は昭和46年に創設され，大都市において既に多くの適用事例が見られるが，p.84，4・3の1c)（エ）において記したように，この適用実績を踏まえ，平成14年の法改正によって許可の手続きを経ずに本制度の主旨を活用した容積率の緩和規定が創設されている．

b) **建築協定**（法第69条～第77条（法第4章））

建築基準法などの公法に基づく規制とは別に，地域が独自に目指すまちづくりのために継続性を有したルールを定める必要がある場合において，特定行政庁の認可を受けて建築に関する協定を定めることができる制度である．建築協定の認可申請は地域住民の発意によって行われることが多いが，大都市では，行政が主体的にまちづくりを支援する場合に，他の制度や事業を補完する制度として活用する事例も多い．

ただし，本制度を適用するためには，市町村がこれを必要と認めて，建築協定ができる旨などを条例で定めることが前提となっており，また，建築協定を締結しようとする土地の土地所有者等（原則として土地の所有者および建築物の所有を目的とする借地権を有する者）の全員（借地権設定土地の土地所有権者を除く．）が当該建築協定の締結について同意していることが条件となる（法第69条，第70条第3項）．

建築協定書には次の項目を定めなければならない（法第70条第1項）．

①建築協定区域

②建築に関する基準（建築物の敷地，位置，構造，用途，形態，意匠または建築設備に関する基準で必要なもの）（表4・22）

③協定の有効期間

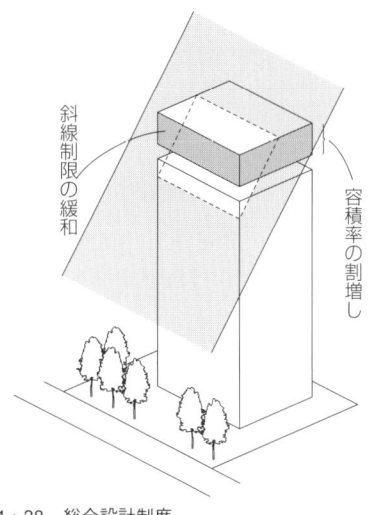

図4・38　総合設計制度

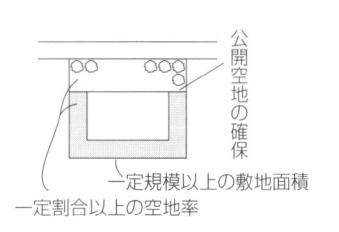

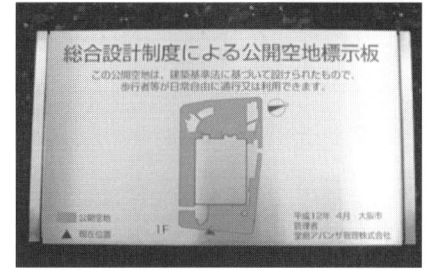

(a) 緑化された公開空地
(b) 公開空地を示す敷地内の表示板
図4・39　公開空地の例

表4・18　都市再生特別地区と類似制度の比較

	項　目	都市再生特別地区	高度利用地区	特定街区	高層住居誘導地区	地区計画(再開発等促進区)	特別用途地区
都市計画決定項目	用　途						（条例で決定）
	容積率の最高限度						
	容積率の最低限度						
	建ぺい率の最高限度						
	敷地面積の最低限度						
	建築面積の最低限度						
	高さの最高限度						
	高さの最低限度						
	壁面の位置の制限						
制限の緩和	用途制限	◎	×	×	×	○（条例）	○（条例）
	容積率の最高限度	◎	◎	◎	◎（住宅）	○（認定要）	×
	前面道路幅員による限度	×	×	◎	×	○（認定要）	×
	斜線制限　道路	◎	○（許可要）	◎	×	○（許可要）	×
	その他	◎	×	◎	×	○（許可要）	×
	日影規制	◎	×	◎	◎	×	×
備　考				指定には権利者同意が必要			

［凡例1］□ 必ず決定する項目　　必要な場合に決定する項目　　決定できない項目
［凡例2］◎：都市計画決定のみでの緩和　○：許認可等の一定条件によって緩和可能　×：緩和対象外

表4・19　総合設計制度の適用条件（1）　敷地面積の規模

用途地域	敷地面積の規模	特定行政庁が規則で定めることができる敷地面積の規模
第1種・第2種低層住居専用地域，田園住居地域	3,000m² 以上	1,000m² 以上 3,000m² 未満
第1種・第2種中高層住居専用地域，第1種・第2種・準住居地域，準工業地域，工業地域，工業専用地域	2,000m² 以上	500m² 以上 2,000m² 未満
近隣商業地域，商業地域	1,000m² 以上	500m² 以上 1,000m² 未満
用途地域の指定のない区域	2,000m² 以上	1,000m² 以上 2,000m² 未満

表4・20　総合設計制度の適用条件（2）　敷地内の空地の規模

法第53条による建ぺい率の限度 K （×100％）	空地率（＝空地面積／敷地面積）	
	容積率制限（法第52条）を緩和する場合	高さ制限（法第55条，第56条）のみを緩和する場合
$K \leq 0.5$	$1 - K + 0.15$	$1 - K + 0.1$
$0.5 < K \leq 0.55$	0.65	0.6
$0.55 < K$	$1 - K + 0.2$	$1 - K + 0.15$

表4・21　総合設計制度の許可基準におけるメニューの例（大阪市の場合）

総合設計制度のメニュー	対象
(1) 一般の総合設計制度	店舗，事務所など
(2) 市街地住宅総合設計制度	共同住宅
(3) 都心居住容積ボーナス制度	
(4) 特定施設容積ボーナス制度	特定施設
①文化施設	
②医療・福祉施設	
③駐車場（一般型，共同住宅型）	
④耐震性貯水槽設置型	
⑤にぎわい施設誘導型	
⑥子育て支援施設誘導型	
⑦テレワーク施設	
(5) 環境配慮型容積ボーナス制度	高度で総合的に環境に配慮した建築物
(6) マンション建替型総合設計制度	老朽化マンションの建替え

④協定違反があった場合の措置（民事上の手続を規定）

また，協定の運営に必要な事項や，建築協定区域の隣接地で，協定区域に含めることにより建築物の利用の増進および土地の環境の改善に資するものとして協定区域の土地となることをその協定区域内の土地所有者等が希望するもの（建築協定区域隣接地）を定めることができる（法第70条第2項）．

図4・40に示すように，建築協定の認可に至るまでには，案の縦覧や公開による意見の聴取などが行われ，過度な私権制限や不合理な制限がなされないように配慮されている（法第70条～第73条）．

なお，建築協定締結の公告後に，当該区域の土地所有者等になった者に対してもその効力は及び（法第75条），この点が単なる民事的な建築に関する協定と大きく異なるが，協定に定める制限事項そのものについては公法的な拘束力はなく，協定違反に対して行政上の法的措置をとることはできない．

また，1事業者が行う大規模な住宅開発のように，区域内の土地所有者等が1人の場合にも建築協定の認可を受けることはできるが，認可日から3年以内に区域内の土地所有者等が複数になった時点からその効力が発生する（法第76条の3）．

建築協定に関する規定にはこれらの他に，建築協定の変更（法第74条，第74条の2），借地権者のみの合意で建築協定を締結した土地の所有者や建築協定区域隣接地の土地所有者等が認可公告後に協定に加わる手続（法第75条の2），建築協定の廃止（法第76条）などの規定が設けられている．

c）一の敷地とみなすこと等による制限の緩和（法第86条～第86条の6）

容積率制限などの各種の集団規定（および一部の単体規定）は，原則として1敷地につき1建築物として，敷地単位で適用されるが，本制度は，複数の敷地または土地からなる一団地（一団の土地の区域）内で，原則として複数の建築物が総合的に設計され，一定の条件を満たして特定行政庁が認定等をした場合には，これらの建築物に対する一定の規定の適用については，一団地全体を1敷地とみなす制度である．本制度の活用により，良好な市街地環境の整備改善に資する建築計画に対して各種規定の合理的な適用が可能となる．この制度の基本となる制度には，次の（ア）と（イ）の2つのものがある．

（ア）一団地の総合的設計制度（法第86条第1項）

建築物の敷地または建築物の敷地以外の土地の2以上のもので形成されている一団地内に建築される1または総合的設計によって建築される2以上の建築物のうち，特定行政庁がその位置，構造が安全上，防火上，衛生上支障がないと認める建築物は，表4・23に掲げる規定（特例対象規定）の適用については，当該一団地を1敷地とみなす制度．

なお，一団地内に1の建築物だけが建築される場合についても本制度の適用が可能となっているが，市街地の防災機能の確保などの市街地整備の観点から，1の計画建築物の敷地と防災空地などの空地で形成される一団地に本制度を適用することにより，火災の際の延焼防止の機能を有する防災空地や市民緑地などの未利用容積を同一団地内の計画建築物に有効活用しつつ，これらの空地の保全を図ることなどを主な目的としている．

本制度は，新規の住宅団地などで適用されることが多く，原則として申請時に区域内に既存建築物は存在せず，区域内の全建築物についての計画が示されていること，区域内に道路を含むことが可能であることなどが（イ）の制度との主な相違点である．

（イ）連担建築物設計制度（法第86条第2項）

一定の一団の土地の区域内にすでに存在する建築物の位置，構造を前提として，規則第10条の17で定める安全・防火・衛生に関する基準（表4・24）に従い総合的見地から行った設計によって当該区域内に建築物が建築される場合に，特定行政庁がその位置，構造が安全上，防火上，衛生上支障がないと認める当該区域内に存することとなる各建築物に対する表4・23に掲げる規定（特例対象規定）の適用については，当該一定の一団の土地の区域を1敷地とみなす制度（図4・41）．

本制度の主な目的は，道路条件などの都市基盤が十分に整備されていない既成市街地において，都市計画の手続を経ずに機動的に，既存の建築物と安全・防火・衛生上の調整を図りつつこれと連担して老朽建築物などの建て替えを促進することにある．

本制度は，区域内に既存建築物が存在することが前提になっていること，敷地の連担を妨げる道路を跨ぐ区域設定ができないことなどが（ア）の制度との主な相違点である．

（ウ）総合設計制度との併用（法第86条第3項，第4項，第5項）

一団地の総合的設計制度または連担建築物設計制度の認定を受け，併せて総合設計制度（法第59条の2）の許可を受けることによって適用される緩和と同じ緩和を適用することができる許可制度が設けられている．

（エ）その他の主な規定

前記（ア）～（ウ）の認定または許可の申請者は，対象区域内の土地所有権者と借地権者の全員の同意を得た対象区域内の建築物の位置，構造に関する計画を策定して提出し，特定行政庁は，認定，許可をしたときは，この計画に関する一定事項を公告しなければならず，この公告によって認定，許可が発効する（法第86条第6項，第8項，第9項）．

表4・22 建築協定における建築に関する基準の例

項 目	建築基準の例
敷 地	区画の変更の禁止，敷地の分割の禁止，敷地面積の最低限度，地盤面の高さの変更の禁止
位 置	前面道路からの後退距離，隣地境界線からの後退距離，人または車両の出入口の位置の制限，塀の位置の制限
構 造	木造，耐火構造などに限定
用 途	住宅に限定，共同住宅の禁止，併用住宅の制限，特定の用途に制限，特定の用途を禁止
形 態	高さ・軒高の制限，階数の制限，建ぺい率・容積率の制限，戸数の制限，日影規制・北側斜線制限に類する制限
意 匠	屋根形状の制限，各部分の材料・色彩の制限，広告物・看板などの制限，生垣・柵などの形状・高さの制限，植栽の設置
建築設備	無線アンテナの設置の禁止，屋上温水設備の禁止

表4・23 特例対象規定（法第86条）

	条 項	規定事項
①	法第23条	法22条指定区域内の木造建築物等の外壁制限
②	法第43条	敷地と道路の関係
③	法第52条　第1項～第14項	容積率制限
④	法第53条　第1項，第2項	建ぺい率制限
⑤	法第54条　第1項	外壁の後退距離
⑥	法第55条　第2項	第1・2種低層住居専用地域内の高さ制限
⑦	法第56条　第1項～第4項，第6項，第7項	斜線制限
⑧	法第56条の2　第1項～第3項	日影規制
⑨	法第57条の2	特例容積率適用地区
⑩	法第57条の3　第1項～第4項	特例容積率の指定取消
⑪	法第59条　第1項	高度利用地区
⑫	法第59条の2　第1項	総合設計制度
⑬	法第60条　第1項	特定街区
⑭	法第60条の2　第1項	都市再生特別地区
⑮	法第60条の2の2第1項	居住環境向上用途誘導地区
⑯	法第60条の3第1項	特定用途誘導地区
⑰	法第61条	防火・準防火地域内の制限
⑱	法第68条の3　第1項～第3項	再開発等促進区等内の制限の緩和

建築協定書案の作成 — 協定区域，建築基準，有効期間，違反措置を定め，土地の所有者等全員の同意を得る

↓

特定行政庁に認可申請 — 市町村長経由

↓

公告および20日以上の案の縦覧 — 市町村長

↓

公開による意見の聴取 — 市町村長

↓

認可 — 特定行政庁

↓

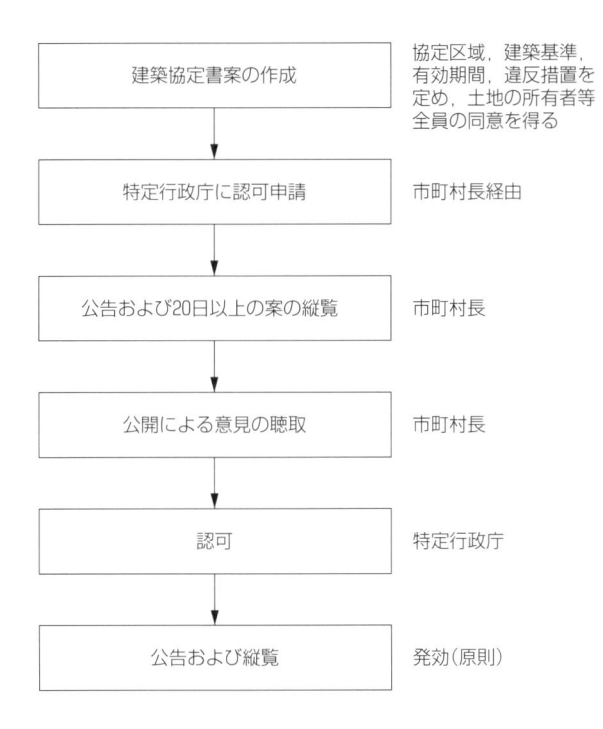

公告および縦覧 — 発効（原則）

図4・40 建築協定の認可手続

表4・24 連担建築物設計制度の基準（規則第10条の17）

	項 目	措 置
(1)	有効な通路	対象区域内の各建築物の用途・規模・位置・構造に応じ，避難および通行の安全のために十分な幅員を有する通路で，道路に通ずるものを設けること．
(2)	外壁開口部の防火措置	対象区域内の各建築物の外壁開口部の位置・構造は，各建築物間の距離に応じ，防火上適切な措置を講ずること．
(3)	採光・通風用の空地	対象区域内の各建築物の各部分の高さに応じ，区域内に採光および通風上有効な空地等を確保すること．
(4)	居住部分への日影規制	対象区域内に建築する建築物の高さは，区域内の他の建築物の居住用の部分に対し，その区域の日影規制と同程度に日影を生じさせないものとすること．

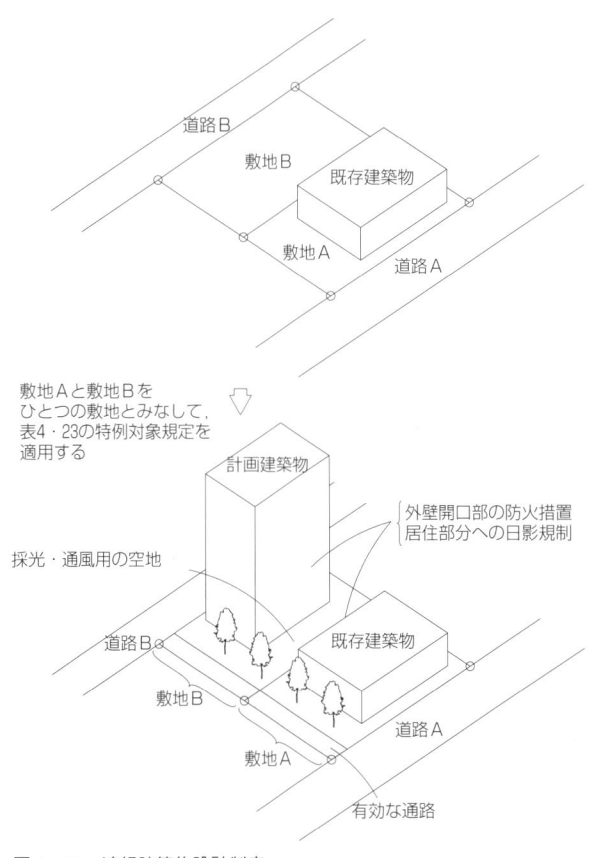

図4・41 連担建築物設計制度

表4・6 用途地域内での建築物の用途制限の概要例［原則］（建築物の用途から見た場合）

	建築物の用途		第1種低層住居専用地域	第2種低層住居専用地域	第1種中高層住居専用地域	第2種中高層住居専用地域	第1種住居地域	第2種住居地域	準住居地域	田園住居地域	近隣商業地域	商業地域	準工業地域	工業地域	工業専用地域	備 考
住居	住宅，共同住宅，寄宿舎，下宿														■	
	一定の小規模店舗・事務所兼用住宅														■	
公共系施設	神社，寺院，教会等															
	巡査派出所，公衆電話所，一定規模以下の郵便局等															
	保育所等，公衆浴場，診療所															
	老人福祉センター，児童厚生施設等		*	*					*							*600m² 以下
	老人ホーム，福祉ホーム等														■	
	図書館，博物館等														■	
	幼稚園，小学校，中学校，高等学校等													■	■	
	大学，高等専門学校，専修学校等		■	■						■				■	■	
	病院		■	■						■				■	■	
	税務署，警察署，保健所，消防署等		■	■	*											*4 階以下
商業・業務系施設	店舗，飲食店等	床面積≦150m²	■	*1	*2	*3				*1				*4	■	*1) 2階以下で，日用品販売店舗，食堂，理髪店，学習塾等及び一定の洋服店，製造自家販売パン屋 *2) *1に加え，2階以下で，一定の物品販売店舗，飲食店，銀行支店，損保代理店等のサービス業等 *3) 2階以下 *4) 物品販売店舗，飲食店舗以外 *5) 2階以下で，農産物直販店，農家レストラン等
		150m²＜床面積≦500m²	■	■	*2	*3				*5				*4	■	
		500m²＜床面積≦1,500m²	■	■	■	*3				■				*4	■	
		1,500m²＜床面積≦3,000m²	■	■	■	■				■				*4	■	
		3,000m²＜床面積≦10,000m²	■	■	■	■				■				*4	■	
		10,000m²＜床面積	■	■	■	■	■	■	■	■				■	■	
	事務所等	床面積≦1,500m²	■	■	■	*				■					■	*2階以下
		1,500m²＜床面積≦3,000m²	■	■	■	■				■					■	
		3,000m²＜床面積	■	■	■	■				■					■	
	自動車車庫	単独車庫	■	■	*	*	*	*		■						*2階以下で300m²以下
		附属車庫（原則）	*1	*1	*2	*2	*3	*3		*1						*1) 1階以下で600m²以下 *2) 2階以下で3,000m²以下 *3) 2階以下 *1～*3いずれも車庫以外部分より小さいこと
	倉庫業用倉庫		■	■	■	■	■	■		■						
	自家用倉庫		■	■	■	*1	*2			*3						*1) 2階以下で1,500m²以下 *2) 3,000m²以下 *3) 農産物，農業の生産資材用
	ボーリング場，スケート場，水泳場，ゴルフ練習場等		■	■	■	*				■					■	
	ホテル，旅館		■	■	■	*				■				■	■	*3,000m²以下
	自動車教習所，畜舎（床面積＞15m²）		■	■	■	*				■						
	マージャン屋，ぱちんこ屋，射的場，勝馬投票券売場等		■	■	■	■	*	*		■			*			*10,000m²以下
	カラオケボックス等		■	■	■	■	*	*		■			*	*		
	劇場，映画館，演芸場，観覧場，ナイトクラブ等		■	■	■	■	■	■	*	■				■	■	*客席等部分床面積＜200m²
	展示場，アミューズメント施設等の遊技場		■	■	*1	*2	*3	*3		■			*3	*3		*1) 2階以下で1,500m²以下 *2) 3,000m²以下 *3) 10,000m²以下
	キャバレー，料理店等		■	■	■	■	■	■	■	■	■				■	
	個室付浴場等		■	■	■	■	■	■	■	■	■			■	■	
工業系施設	工場	危険性や環境悪化のおそれが極めて小さく，作業場床面積≦50m²	■	■	■	*1				*2						*1) パン屋，米屋等の食品製造業で，原動機出力≦0.75kW *2) 農産物の生産，集荷，処理用（床面積の制限なし）
		危険性や環境悪化のおそれが小さく，作業場床面積≦150m²	■	■	■	■				■						
		危険性や環境悪化のおそれがやや大きいもの，または作業場床面積＞150m²	■	■	■	■	■	■	■	■	■	■				
		危険性や環境悪化のおそれが大きいもの	■	■	■	■	■	■	■	■	■	■	■			
	自動車修理工場		■	■	■	■	*1	*1	*2	■	*3	*3				*1) 作業場床面積≦50m² *2) 作業場床面積≦150m² *3) 作業場床面積≦300m² この他に原動機の制限等がある
	日刊新聞の印刷所		■	■	■	■				■						
	火薬類，石油類，ガス等の危険物の貯蔵，処理施設	危険物の貯蔵・処理量が非常に少ない施設	■	■	■	*1	*2			■						*1) 2階以下かつ1,500m²以下 *2) 3,000m²以下
		危険物の貯蔵・処理量が少ない施設	■	■	■	■	■			■						
		危険物の貯蔵・処理量がやや多い施設	■	■	■	■	■	■	■	■						
		危険物の貯蔵・処理量が非常に多い施設	■	■	■	■	■	■	■	■	■	■				

［凡例］ ■ 建築できない用途　　□ 建築できる用途　　「床面積」は当該用途に供する部分の床面積の合計

第5章　制度規定

　建築基準法には，第3章，第4章で概説した建築物に対する各種制限事項を中心とする単体規定および集団規定（これらを実体規定という.）が定められているが，さらに，これらの実体規定の実効性を高め，法を有効に機能させるために，各種手続きや違反に対する措置などを定める「制度規定」が設けられている．

　建築活動にかかわるさまざまな立場の者がその役割・責任について十分に理解するためにも，これらの制度規定を把握している必要がある．

　本章では，制度規定に定める主な手続きなどについて，その意義や特徴などに重点をおいて概説する．

5・1 確認と許可等

1. 確認制度

a) **確認制度の概要**（法第6条，第6条の2）

確認制度とは，建築などの着工に先立って，建築主は，建築主事または指定確認検査機関（以下本章において「建築主事等」という．）からその建築計画などが建築基準法を中心とする「建築基準関係規定」（表5・1）（法第6条第1項，令第9条）に適合するものであることの確認（「確認済証」の交付）を受けなければならないとする制度である．

なお，確認行為は，その行為主体とは無関係に同一結果となる法的適合性を判断するにとどまるものであるため，原則的に建築主事等の裁量の余地がないことが特徴である．

b) **確認制度に関する主な規定**

（ア）**対象**（法第6条他）：表5・2に示すように，敷地の区域，建築物の用途・構造・規模，工事種別に応じて対象となる建築行為などが定められている．一定の建築設備，工作物も対象となり，建築（新築・増築・改築・移転）だけではなく，大規模の修繕・模様替および用途変更を行う場合にも対象となることがある．さらに，確認後に計画変更を行った場合にも省令（規則第3条の2）で定める軽微なものを除き対象となる．

（イ）**確認申請書の受理**（法第6条第3項）：建築主事は，建築計画が建築士法第3条～第3条の3等の規定（設計者資格）に違反するとき等には，確認申請書を受理することができない．

（ウ）**消防同意等**（法第93条）：建築主事等は，確認をする場合には，原則として，建築物が防火に関する法令規定に違反しないことについて計画地を管轄する消防長等の同意を得なければならない．

また，建築主事等は，屎尿浄化槽またはビル衛生管理法の適用を受ける特定建築物の確認の申請を受けた場合には，その旨を計画地を管轄する保健所長に通知しなければならず，保健所長は，建築主事等に意見を述べることができる．

（エ）**確認期限**（法第6条第4項，第6項，第7項，第87条の4，第88条，第93条）：建築主事は，原則として，確認申請書を受理した日から表5・3に示す日数以内に，申請者に確認済証（または期限内に確認できない旨の通知書，不適合通知書等）を交付しなければならない．

（オ）**指定確認検査機関による確認**（法第6条の2）：指定確認検査機関による確認は建築主事による確認とみなされるが，指定確認検査機関は確認済証（または不適合通知書等）を交付したときには，確認審査報告書等を特定行政庁へ提出しなければならない．また，この提出を受けた特定行政庁が，建築基準関係規定に適合しないと認めるときは，その旨を建築主および指定確認検査機関に通知しなければならず，その場合，確認済証は無効となる．

（カ）**構造計算適合性判定**（法第6条第5項，第6条の2第3項，第6条の3，第18条の2，第20条他）：建築主は，確認済証の交付を受けようとする場合，当該建築物の計画が法第20条第1項第二号または第三号に定める一定の基準（特定構造計算基準等）への適合性の確認を要するものであるときは，原則として，都道府県知事または指定構造計算適合性判定機関（法第4章の2第3節）へ申請して構造計算適合性判定を受け，適合判定通知書を建築主事等へ提出しなければならない．

具体的には，一定規模・構造の建築物（高さが60mを超える建築物以外で，高さ13mまたは軒高9mを超える木造，地上4階建以上の鉄骨造，高さ20mを超える鉄筋コンクリート造のもの等）や，許容応力度等計算，保有水平耐力計算，限界耐力計算などを行ったもの，許容応力度等計算を大臣認定プログラムにより行ったものなどが対象となる．

なお，知事等は，原則として申請受理後14日以内に適合判定通知書を交付しなければならず，建築主事等は，建築主から適合している旨の適合判定通知書の提出を受けた場合に限り確認をすることができる．

（キ）**確認の特例**（法第6条の4，令第10条他）：確認事務の簡素合理化を図るため，法第68条の10第1項の認定を受けた型式に適合する建築材料を用いる建築物等については単体規定の一部が確認審査対象から除外される．

2. 許可制度

建築基準法における許可制度は，法によって原則的に制限されている事項（主に道路，用途，面積，高さなどに関する集団規定）について，法に定める許可に関する特例規定に基づき，個別にその制限を解除する制度であり，申請を受けて特定行政庁が行う（表5・4）．

許可行為は，その結果が及ぼす周辺環境への影響などを個々に考慮するなど，確認行為とは異なり各特定行政庁の裁量によって判断される部分が大きいが，原則として特定行政庁単独での許可はできず，建築審査会の同意が必要となっている．これは，各分野の学識経験者などで構成される建築審査会が第三者機関の立場で総合的に見て適切な許可が行われる必要があるからであり，さらに，法第48条の用途制限の解除にあたっては，周辺住民への影響が多大であることから利害関係人の出頭を求めて公開による意見の聴取を行うことも義務付けられている（法第48条第15項）．また，法第51条の一定の都市施設の位置については原則規定が都市計画決定されているものであることから，建築審

表 5・1 建築基準関係規定

			建築基準法	すべての条項	
建築基準関係規定*5	建築基準法令の規定	その他の規定（令第9条）	右の各規定のうち建築物（準用工作物を含む）の敷地・構造・建築設備にかかるもの	① 消防法	第9条，第9条の2，第15条，第17条	これらに基づく命令および条例の規定
				② 屋外広告物法	第3条～第5条*1	
				③ 港湾法	第40条第1項	
				④ 高圧ガス保安法	第24条	
				⑤ ガス事業法	第162条	
				⑥ 駐車場法	第20条	
				⑦ 水道法	第16条	
				⑧ 下水道法	第10条 第1項・第3項，第25条の2，第30条第1項	
				⑨ 宅地造成及び特定盛土等規制法	第12条第1項，第16条第1項，第30条第1項，第35条第1項	
				⑩ 流通業務市街地の整備に関する法律	第5条第1項	
				⑪ 液化石油ガスの保安の確保及び取引の適正化に関する法律	第38条の2	
				⑫ 都市計画法	第29条 第1項・第2項，第35条の2第1項，第41条第2項*2，第42条，第43条第1項，第52条の2第2項（第53条第2項での準用），第53条第1項	
				⑬ 特定空港周辺航空機騒音対策特別措置法	第5条第1項～第3項*3	
				⑭ 自転車の安全利用の促進及び自転車等の駐車対策の総合的推進に関する法律	第5条第4項	
				⑮ 浄化槽法	第3条の2第1項	
				⑯ 特定都市河川浸水被害対策法	第10条	

*1 広告物の表示及び広告物を掲出する物件の設置の禁止又は制限に係る部分に限る．
*2 同法第35条の2第4項において準用する場合を含む．
*3 同条第5項において準用する場合を含む．
*4 この他にも，一部の法令において建築基準関係規定とみなす規定が，別途定められている（「高齢者，障害者等の移動等の円滑化の促進に関する法律第14条第4項」「都市緑地法第41条」「建築物のエネルギー消費性能の向上等に関する法律第10条第2項」）．

表 5・4 許可制度が規定されている主な条項

法の条項	許可内容	建築審査会同意
第43条第2項第二号	敷地の接道義務	要
第44条第1項第二号・第四号	道路内建築物	要
第47条	壁面線を越える歩廊，柱等	要
第48条第1項～第14項	用途地域制限	要*1,*4
第51条	卸売市場，汚物処理場，ごみ焼却場等の位置	不要*2
第52条第10項・第11項	計画道路，壁面線がある場合の容積率制限の特例	要
第52条第14項	容積率制限（大規模機械室等）	要
第53条第4項・第5項	壁面線指定，地区計画条例等による壁面の位置の制限がある場合の建ぺい率制限	要
第53条第6項第三号	建ぺい率制限（公園内等）	要
第53条の2第1項第三号・四号	敷地面積の最低限度	要
第55条第3項	第1種・第2種低層住居専用地域，田園住居地域内の絶対高さ制限	要
第56条の2第1項	日影規制	要
第57条の4第1項	特例容積率適用地区内の高さの最高限度	要
第59条第1項第三号	高度利用地区内の容積率等の制限	要
第59条第4項	高度利用地区内の道路斜線制限	要
第59条の2第1項	総合設計制度	要
第60条の2第1項第三号	都市再生特別地区内の制限	要
第67条第3項第二号	特定防災街区整備地区内の敷地面積の最低限度	要
第67条第5項第二号	特定防災街区整備地区内の壁面の位置の制限	要
第67条第9項第二号	特定防災街区整備地区内の防災都市計画施設に係る開口率及び高さの最低限度	要
第68条第1項第二号	景観地区内の高さの最高・最低限度	要
第68条第2項第二号	景観地区内の壁面の位置の制限	要
第68条第3項第二号	景観地区内の敷地面積の最低限度	要
第68条の3第4項	再開発等促進区等の地区計画区域内の斜線制限	要
第68条の5の3第2項	高度利用地区型地区計画区域内の道路斜線制限	要
第68条の7第5項	予定道路を法第52条の前面道路とみなす扱い	要
第85条第3項～第7項，第87条の3第3項～第7項	仮設建築物	不要*3
第86条第3項・第4項	一定の複数建築物に対する特例と総合設計制度の併用等	要
第86条の2第2項・第3項		要

*1 許可に利害関係を有する者の出頭を求めて公開による意見の聴取を行うことが必要（原則）．
*2 都市計画審議会の議を経ることが必要．
*3 国際的な規模の会議・競技用等で1年を超える特別必要な仮設興行場等の場合は，建築審査会の同意が必要．
*4 当該許可を受けた建築物の一定の増改築等，または一定の日常生活用建築物の建築の場合を除く．

表 5・3 確認と消防同意の期限（原則）

建築物等	確認期限日数	消防関係同意期限の内日数
法第6条第1項第一号・第二号・第三号の建築物	35日	7日
昇降機等の工作物，製造施設等の工作物		（消防関係同意不要）
法第6条第1項第四号，建築設備	7日	3日
一般の工作物		（消防関係同意不要）

表 5・2 確認を要する建築行為等（原則）

適用区域	対象建築物等		工事種別	根拠条文
	用途・構造	規模		
全 国	(1)特殊建築物*1	その用途部分の床面積＞200m²	建築*2，大規模の修繕・模様替，用途変更*3	法第6条第1項第一号
	(2)(1)以外の建築物	階数≧2または延べ面積＞200m²		法第6条第1項第二号
都市計画区域，準都市計画区域，準景観地区または知事指定区域内（原則）	(1)，(2)以外のすべての建築物		建築	法第6条第1項第三号
全 国	(1)，(2)に設ける建築設備　エスカレーター／エレベーター・小荷物専用昇降機*4／特定行政庁が定期報告を必要として指定する建築設備*5		設 置	法第87条の4，令第146条
	工作物　煙突（高さ＞6m）／柱（高さ＞15m）／広告塔等（高さ＞4m）／高架水槽，サイロ等（高さ＞8m）／擁壁（高さ＞2m）／観光用エレベーター等／高架の遊戯施設／回転する遊戯施設／一定の製造・貯蔵施設等		築 造	法第88条，令第138条

上記の場合であっても，確認を要しない場合
①防火・準防火地域外における増築，改築，移転で，その部分の床面積が10m²以内の場合（法第6条第2項）／②災害時の応急仮設建築物，工事現場に設置する仮設事務所等（法第85条第2項）／③国，都道府県，建築主事を置く市や特別区等が建築する場合（計画通知に基づく確認は必要．法第18条）／④宅地造成及び特定盛土等規制法等の許可を要する擁壁（法第88条第4項）／⑤類似用途相互間の用途変更（令第137条の18）／⑥確認を受けた建築物の計画について，規則第3条の2に定める軽微な変更をして(1)，(2)に掲げる建築物を建築する場合（法第6条第1項）

*1 劇場・病院・共同住宅・学校など法別表第1(い)欄(1)～(6)項に掲げる用途（令第115条の3に定める類似用途を含む．）．
*2 増築後にこれらの規模になる場合を含む．また，原則として，確認を受けた建築物の計画を変更して(1)，(2)に掲げる建築物を建築する場合を含む．
*3 用途変更して，特殊建築物の用途で200m²を超えるものに限る（法第87条第1項）．
*4 ホームエレベーター，段差解消機など，人が危害を受ける事故が発生するおそれの少ない一定のもので，後付けされるものを除く．
*5 屎尿浄化槽および合併処理浄化槽を除く（令第146条第1項第三号）．

査会ではなく都市計画審議会の議を経ることとしている．

なお，いずれの許可に際しても，交通上，安全上，防火上および衛生上支障がないことが基本的な要件であり，これらに関する事項等を許可の条件として付することができる（法第92条の2）．また，確認行為と同様に，消防長等の同意を得ることが許可の要件となっている（法第93条第1項，第2項）．

3．特定行政庁による認定制度

建築基準法において，「……特定行政庁が……認めるもの……」などと表現されている認定制度は，許可制度と同様に，法によって原則的に制限されている事項について，法に定める認定に関する特例規定に基づき，個別にその制限を解除する制度である．許可制度との相違は，基準の事前確定性が高く（特定行政庁の個別計画に対する裁量性が小さく），また，特定行政庁が単独で処分できることにある．認定に関する特例規定は，たとえば地区計画関係（法第68条の2～）や一の敷地とみなすこと等による制限の特例関係（法第86条～）の条項などに設けられている．

4．型式適合認定制度など

国土交通大臣は，申請により，建築材料又は主要構造部，建築設備その他の建築物の部分で，令第136条の2の11で定めるものの型式が，法第1～3章の規定又はこれに基づく命令等の規定のうち，当該建築材料又は建築物の部分の構造上の基準その他の技術的基準に関する同条で定める一連の規定に適合するものであることの認定を行うことができる．この制度を型式適合認定制度といい，この認定を受けたものを認定型式という（法第68条の10第1項）．

また，国土交通大臣は，申請により，規格化された型式の建築材料，建築物の部分又は建築物で，規則第10条の5の4で定めるもの（型式部材等）の製造または新築をする者について，当該型式部材等の製造者としての認証を行うことができる（当該型式が認定型式であり，一定の技術的基準に適合している場合など）（法第68条の11，第68条の13他）．

なお，認定・認証型式のものを用いた建築物については，確認または検査において一定の特例措置が図られる（法第6条の4，第7条の5，第68条の20）．

5．法の適用除外規定（法第3条他）

建築基準法は，原則としてすべての建築物等に適用されるが，文化財，既存不適格建築物，簡易な構造の建築物，仮設建築物などについては，法をそのまま適用することが必ずしも適切ではないため，それぞれの理由により法のすべてまたはその一部の規定が適用されない（表5・5）．

6．各種届出など

a）建築工事届と建築物除却届（法第15条）

これらの届出は建築活動の動態把握を目的としたもので，建築主は，原則として建築工事届を確認申請時に建築主事を経由して知事に届出し，除却工事の施工者は，建築物除却届を建築主事を経由して知事に届出なければならない．ただし，その部分の床面積が10m²以内の場合は除く．

b）工事中の安全措置等に関する計画の届出（法第90条の3）

物品販売店舗，病院，児童福祉施設，劇場などおよび地下工作物内の建築物で令第147条の2に定める一定規模を超えるものの新築工事，またはこれらの建築物の避難施設などに関する工事の施工中に建築物を使用しようとする場合には，建築主は，工事の施工中における建築物の安全上，防火上または避難上の措置に関する計画（安全上の措置等に関する計画届）を作成して，あらかじめ特定行政庁に届出なければならない．

c）定期報告と維持保全

（ア）定期報告（法第12条第1項～第4項，第88条第1項，第3項）：法第6条第1項第一号に掲げる建築物で安全上，防火上または衛生上特に重要であるものとして令第16条第1項に定めるもの，およびこれら以外の特定建築物（同号または令第16条第2項に定める建築物）で特定行政庁が指定するものの所有者等は，これらの建築物の敷地，構造および建築設備について，定期に，一級建築士等の一定の有資格者に，劣化状況の点検を含む一定の状況調査をさせて，特定行政庁に報告しなければならない．また，特定建築設備等（昇降機および特定建築物の建築設備・一定の防火設備）で，令第16条第3項に定めるものおよび特定行政庁が指定するものについても同様に報告しなければならない（表5・6）．なお，国，都道府県，建築主事を置く市町村が所有（管理）する特定建築物・特定建築設備等については，その機関の長等は，原則として，定期に，一級建築士等の一定の有資格者に，劣化状況の点検をさせなければならない．なお，一定の工作物についても同制度が準用される．

（イ）維持保全（法第8条）：建築物の所有者，管理者または占有者は，その建築物の敷地，構造および建築設備を常時適法な状態に維持するように努めなければならない．そのため，特殊建築物で政令で定める建築物等の所有者または管理者は，必要に応じ，その建築物の維持保全に関する準則または計画を作成し，その他適切な措置を講じなければならない．

表5・5 法の適用が除外される主な建築物

対象	根拠条項		除外規定の内容など
文化財建築物	法第3条第1項		次の (1) ～ (4) のいずれかの文化財建築物については，建築基準法令のすべての規定が適用されない．
		(1)	文化財保護法の規定により，国宝，重要文化財，重要有形民俗文化財，特別史跡名勝天然記念物または史跡名勝天然記念物に指定・仮指定された建築物
		(2)	旧重要美術品等の保存に関する法律の規定により，重要美術品等に認定された建築物
		(3)	文化財保護法第182条第2項または地方自治法による条例により，現状変更の規制と保存のための措置が講じられている建築物で，特定行政庁が建築審査会の同意を得て指定したもの
		(4)	(1) ～ (3) の建築物であったものの原形を再現する建築物で，特定行政庁が建築審査会の同意を得てその再現がやむを得ないと認めたもの
既存不適格建築物	法第3条第2項・第3項		建築基準法令の規定の施行または適用の際に，次の (1) ～ (3) においてこれに適合しなくなる場合については，原則として当該規定を適用しない．ただし，当該規定に相当する従前の規定に違反していたもの，および工事着手が新規定の施行または適用の後であるものなどは，原則として対象とはならない．
		(1)	現に存在する建築物またはその敷地
		(2)	現に建築，修繕，模様替の工事中の建築物またはその敷地
		(3)	(1) または (2) の建築物または敷地の部分
簡易構造建築物	法第84条の2		壁を有しない自動車庫，屋根を帆布としたスポーツ練習場など令第136条の9で指定する簡易な構造の建築物またはその部分で，令第136条の10に定める基準に適合するものは，法第22条～第26条など，防火に関する一定の規定が適用されない．
仮設建築物	法第85条, 第87条の3		非常災害時の一定の応急仮設建築物や工事現場の仮設事務所など，または特定行政庁が許可した仮設興行場・仮設店舗などは，それぞれ一定の期間において一定の規定が適用されない．
景観重要建造物	法第85条の2		景観法第19条第1項の規定により景観重要建造物に指定された建築物で，良好な景観保全のためにその位置または構造を保存すべきものについては，市町村は，同法第22条，第25条の規定の施行のために必要と認める場合には，国土交通大臣の承認を得て，条例で法第21条～25条など一定の規定の全部または一部を適用せず，またはこれらの規定による制限を緩和できる．
伝統的建造物群保存地区内	法第85条の3		文化財保護法第143条に規定する伝統的建造物群保存地区内では，市町村は，同条第1項後段の条例において定められた現状変更の規制，保存の措置が必要と認める場合には，国土交通大臣の承認を得て，条例で法第21条～第25条など一定の規定の全部または一部を適用せず，またはこれらの規定による制限を緩和できる．
既存不適格建築物の増築等	法第86条の7	第1項	既存不適格建築物として法第20条，第26条などの一定の規定が適用されない建築物について，令第137条の2などの政令で定める範囲内で増築等をする場合は，これらの規定は適用しない．
		第2項	既存不適格建築物として法第20条，第35条の一定の規定が適用されない建築物で，これらに規定する基準の適用上，一の建築物であっても別の建築物とみなせる部分として政令で定める独立部分が2以上あるものについて増築等をする場合は，当該増築等をする独立部分以外の独立部分に対して，これらの規定は適用しない．
		第3項	既存不適格建築物として法第28条の規定など，建築物の部分にかかる一定の規定が適用されない建築物について増築等をする場合は，当該増築等をする部分以外の部分に対して，これらの規定は適用しない．
	法第86条の8, 第87条の2		一の既存不適格建築物について2以上の工事に分けて増築等を含む工事を行う場合に，特定行政庁が，2以上の工事の全体計画が一定の基準に適合すると認めたときは，最初の工事の着手前に適用しないとしていた規定については，最後の工事の完了時に適合させればよいものとし，当該2以上の工事の間に改正法の施行等があっても当該規定は適用しない．

*1 この他に，公共事業の施行等により敷地面積が減少する場合の準用規定がある（法第86条の9）．

表5・6 定期報告の対象例（大阪府内の場合（抜粋））

用途記号		報告対象の用途	規模（その用途に供する床面積の合計）	特定建築物の調査	建築設備の検査	防火設備の検査
学		学校・学校施設の体育館	①3階以上に対象用途があり，100m²を超えているもの ②2,000m²以上あるもの	令和7年10年13年（以降3年ごとに1回）	対象外	毎年1回 対象規模は左記に同じ
館		ボーリング場・スケート場・水泳場・スポーツ練習場・体育館（学校体育館を除く）	①3階以上に対象用途があり，100m²を超えているもの ②2,000m²以上あるもの		毎年1回 対象規模は左記に同じ	
博		博物館・美術館・図書館				
事		事務所　その他これに類するもの	①5階以上に対象用途があり，3,000m²以上あるもの			
集		公会堂・集会場	①3階以上に対象用途があり，100m²を超えているもの ②客席部分が200m²以上あるもの ③地階に対象用途があり，100m²を超えているもの ④劇場・映画館・演芸場で主階が1階にないもの			
映		劇場・映画館・演芸場・観覧場（屋外観覧場は除く）				
旅		ホテル・旅館	①3階以上に対象用途があり，100m²を超えているもの ②2階部分の対象用途の床面積が300m²以上あるもの （②は病院・診療所にあっては2階部分に患者の収容施設がある場合に限る） ③地階に対象用途があり，100m²を超えているもの Ⓐ病院・診療所・児童福祉施設等にあっては200m²を超えているもの（Ⓐのみ防火設備の定期報告に限る）	令和8年11年14年（以降3年ごとに1回）		
病		病院				
診		診療所（患者の収容施設があるもの）				
児		児童福祉施設等（要援護者の入所施設があるもの）				
百		百貨店・マーケット・展示場・物販店	①3階以上に対象用途があり，100m²を超えているもの ②2階部分の対象用途の床面積が500m²以上あるもの ③地階に対象用途があり，100m²を超えているもの ④3,000m²以上あるもの			
飲		飲食店				
遊	混	キャバレー・カフェ・バー・ナイトクラブ・ダンスホール・遊技場（個室ビデオ店等を除く）・待合・料理店				
浴		公衆浴場				
遊個		個室ビデオ店等				
（以下略）						

・各用途について①～④のいずれかに該当するものが定期報告の対象となる．防火設備の検査についてはⒶに該当するものも含む．
・避難階にのみ対象用途がある場合は定期報告対象外（ただしⒶおよび個室ビデオ店等の用途を除く）．

5・2 検査と違反措置

1. 検査

a) 中間検査（法第7条の3，第7条の4，令第11条，第12条）

法に規定する中間検査制度は，平成7年の兵庫県南部地震による被害などを契機として，特定行政庁が地域の特性に応じて戦略的に法の実効性を高めることができるように，対象を絞り，期間を区切り，工事途中において公的機関が検査を実施する制度として，平成10年に創設された．

建築主は，「特定工程」を含む法第6条第1項の建築工事を行う場合には，原則として特定工程の工事が完了後4日以内に建築主事に検査の申請をしなければならない．申請の受理後，建築主事又はその委任を受けた市町村・都道府県の職員は，受理した日から4日以内に建築基準関係規定に適合するかどうかについて検査し，適合する場合には建築主に中間検査合格証を交付しなければならない．なお，建築主は中間検査合格証を受理した後でないと「特定工程後の工程」に進むことができない．また，ここで検査された建築物の部分と敷地については，後出b)の完了検査の対象からは除かれる．

「特定工程」とは，階数3以上の共同住宅の2階の床・梁の配筋工事の工程および特定行政庁がその地方の建築の動向や工事の状況等を勘案して，区域・期間・構造・用途・規模を限定して指定する工程（表5・7）であり，それらの工程後に行われる鉄筋をコンクリート等で覆う工事等を「特定工程後の工程」という．また，指定確認検査機関が，特定工程の工事完了後4日以内に引き受けた中間検査，および交付した中間検査合格証についても建築主事が行ったものと同等とみなされる．この場合に指定確認検査機関は，引き受けた旨を証する書面を建築主に交付し，その旨を建築主事に通知するとともに，規則第4条の14に定める期間内に中間検査報告書等を特定行政庁に提出しなければならない．

b) 完了検査（法第7条，第7条の2）

建築主は，確認申請を要する建築物（法第6条第1項）の工事が完了したときは，原則として，完了後4日以内に建築主事に検査の申請をしなければならない．申請の受理後，建築主事またはその委任を受けた市町村・都道府県の職員は，受理した日から7日以内に建築基準関係規定に適合するかどうかについて検査し，適合する場合には建築主に検査済証を交付しなければならない．また，指定確認検査機関が，工事完了の日から4日以内に引き受けて，工事完了日または検査を引き受けた日のいずれか遅い日から7日以内に行った完了検査，および交付した検査済証についても建築主事が行うものと同等とみなされる．この場合に指定確認検査機関は，引き受けた旨を証する書面を建築主に交付し，その旨を建築主事に通知するとともに，規則第4条の7に定める期間内に完了検査報告書等を特定行政庁に提出しなければならない．

c) 検査済証交付前の建築物の使用制限（法第7条の6）

法第6条第1項第一号〜第三号に規定する建築物を新築する場合，またはこれらの建築物（共同住宅以外の住宅および居室を有しないものを除く．）の増築・改築・移転・大規模の修繕・大規模の模様替の工事で，一定の避難施設等（令第13条，第13条の2）に関する工事を含む場合には，建築主は，検査済証の交付を受けた後でなければ，建築物を使用し，または使用させてはならない．

ただし，特定行政庁が安全上，防火上および避難上支障がないと認めたとき，または建築主事等が同様に支障がないものとして国土交通大臣が定める基準に適合していることを認めたときなどには，仮に，建築物を使用し，または使用させることができる．

2. 工事現場の危害防止

a) 確認の表示等（法第89条）

確認申請を要する建築物（法第6条第1項）の建築，大規模の修繕・模様替を行う工事施工者は，工事現場の見やすい場所に，建築主，設計者，工事施工者および現場管理者の氏名（名称）ならびに当該工事に係る確認があった旨を表示し，当該工事に係る設計図書を工事現場に備えなければならない．

b) 危害の防止（法第90条）

建築物の建築，修繕，模様替または除却工事の施工者は，施工に伴う地盤の崩落，建築物または工事用の工作物の倒壊などによる危害を防止するために，令第136条の2の20〜第136条の8に定める仮囲い，根切り，山留め工事，落下物防護などに関する技術的基準による措置を講じなければならない．

3. 違反建築物に対する措置

a) 命令（法第9条〜第11条）

違反建築物などに対する主な命令等には，表5・8に示すものがある．これらのうち違反建築物に対する命令等には次のものがある（法第9条）．

（ア）是正命令（第1項〜第6項）：特定行政庁は，建築基準法令の規定もしくは許可の条件に違反した建築物（または建築物の敷地）の建築主，工事の請負人，所有者，占有者などに対して，工事停止や相当の猶予期限をつけた除却・移転・使用制限など，違反を是正するために必要な措置を

表5・7 法第7条の3第1項第2号により指定された「特定工程」と「特定工程後の工程」の例（大阪市の場合（抜粋））

(い)		(ろ)			
新築・増築または改築にかかる部分の建築物の構造，用途および規模		基礎工事に関する工程		建て方工事に関する工程	
		特定工程	特定工程後の工程	特定工程	特定工程後の工程
(1) 地階を除く階数が3以上で，かつ延べ面積が500m²を超える建築物，および階数が3以上で延べ面積が50m²を超える建築物で「住宅等」の用途を有するもの	(ア) 木造	基礎の配筋工事（杭基礎を除く，以下この表において同じ）	基礎の配筋を覆うコンクリートの打設工事	屋根工事（枠組壁工法の場合においては，壁体の組立および屋根工事）	壁の外装または内装工事（枠組壁工法の場合においては，枠組を覆う屋内側の壁または天井を覆う工事）
	(イ) 鉄骨造	基礎の配筋工事	基礎の配筋を覆うコンクリートの打設工事	2階床版の取り付け工事	壁の外装または内装工事
	(ウ) 鉄筋コンクリート造	基礎の配筋工事	基礎の配筋を覆うコンクリートの打設工事	2階の床およびこれを支持するはりに鉄筋を配置する工事 ただし，当該配筋工事を現場で行なわない場合においては，2階のはりおよび床版の取り付け工事	2階の床およびこれを支持するはりに配置された鉄筋をコンクリートその他これに類するもので覆う工事 ただし，当該コンクリートの打設工事を現場で行なわない場合においては，2階のはりおよび床版の取り付け部分を覆う工事
	(エ) 鉄骨鉄筋コンクリート造	基礎の配筋工事	基礎の配筋を覆うコンクリートの打設工事	2階の床およびこれを支持するはりに鉄筋を配置する工事	2階の床およびこれを支持するはりに配置された鉄筋をコンクリートその他これに類するもので覆う工事
	(オ) 混合構造（2以上の構造が混合したもの，以下この表において同じ）	基礎の配筋工事	基礎の配筋を覆うコンクリートの打設工事	2階の構造の区分に応じた特定工程	2階の構造の区分に応じた特定工程後の工程
(2) (1)に掲げる建築物以外の建築物で，延べ面積が50m²を超えるもの	(ア) 木造			屋根工事（枠組壁工法の場合においては，壁体の組立および屋根工事）	壁の外装または内装工事（枠組壁工法の場合においては，枠組を覆う屋内側の壁または天井を覆う工事）
	(イ) 鉄骨造			2階床版の取り付け工事	壁の外装または内装工事
	(ウ) 鉄筋コンクリート造			2階の床およびこれを支持するはりに鉄筋を配置する工事 ただし，当該配筋工事を現場で行なわない場合においては，2階のはりおよび床版の取り付け工事	2階の床およびこれを支持するはりに配置された鉄筋をコンクリートその他これに類するもので覆う工事 ただし，当該コンクリートの打設工事を現場で行なわない場合においては，2階のはりおよび床版の取り付け部分を覆う工事
(以下略)					

表5・8 違反建築物などに対する主な命令等

命令等の根拠条項	対象または要件	命令者等		被命令者等							命令等の内容
		特定行政庁	建築監視員	工事関係者				権利関係者			
				建築主	工事請負人	工事従事者	現場管理者	所有者	管理者	占有者	
法第9条第1項	建築基準法令の規定または法の規定に基づく許可に付した条件に違反した建築物または建築物の敷地	○		○	○		○	○	○	○	工事施工停止，相当の猶予期限を付けて，建築物の除却・移転・改築・増築・修繕・模様替・使用禁止・使用制限，その他是正に必要な措置をとること
法第9条第7項	緊急の必要がある場合	○	○	○	○		○	○	○	○	建築物の使用禁止・使用制限
法第9条第10項	建築基準法令の規定または法の規定に基づく許可に付した条件に違反することが明らかな建築，修繕，模様替の工事中の建築物（緊急の場合）	○	○	○	○	(○)	○				工事施工（工事作業）停止
法第9条の4（指導・助言）	法第3条第2項により既存不適格として法第2章等（単体規定）の適用を受けないが，建築物の敷地・構造・建築設備について，損傷・腐食等の劣化が生じ，放置すれば保安上危険，衛生上有害となるおそれがあると認める場合	□						□	□	□	修繕・防腐措置など，建築物または敷地の維持保全に関し必要な指導・助言
法第10条第1項（勧告）	法第3条第2項により既存不適格として法第2章等（単体規定）の適用を受けないが，特殊建築物（法第6条第1項第一号）または一定の大規模建築物（令第14条の2）の敷地・構造・建築設備について，損傷・腐食等の劣化が進み，放置すれば著しく保安上危険，衛生上有害となるおそれがあると認める場合	△						△	△	△	相当の猶予期限を付けて，建築物の除却・移転・改築・増築・修繕・模様替・使用中止・使用制限，その他保安上・衛生上必要な措置をとること
法第10条第2項	上記の勧告を受けた者が正当な理由なくその措置をとらなかった場合（特に必要があると認めるとき）	○						○	○	○	相当の猶予期限を付けて，勧告に係る措置をとること
法第10条第3項	法第3条第2項により既存不適格として法第2章等（単体規定）の適用を受けないが，建築物の敷地・構造・建築設備が著しく保安上危険，衛生上有害と認める場合	○						○	○	○	相当の猶予期限を付けて，建築物の除却・移転・改築・増築・修繕・模様替・使用禁止・使用制限，その他保安上・衛生上必要な措置をとること
法第11条第1項	法第3条第2項により既存不適格として法第3章等（集団規定）の適用を受けないが，建築物の敷地，構造，建築設備，用途が，公益上著しく支障があると認める場合	○						○	○	○	相当の猶予期限を付けて，建築物の除却・移転・修繕・模様替・使用禁止・使用制限（いずれも所在地市町村議会の同意を得た場合に限る．）

1. △は勧告にかかるもの．　2. □は指導・助言にかかるもの．
3. この他に，法第90条（工事現場の危害の防止），第90条の2（工事中の特殊建築物等に対する措置）において命令に関する準用規定が設けられている．

命ずることができる．

ただし，この措置を命令する前に，特定行政庁は命じようとする者に，その措置・その事由・意見書の提出先・提出期限を記した通知書を交付し，意見書や有利な証拠を提出する機会を与えなければならず，この通知書を受けた者は受けた日から3日以内に意見の提出に代えて公開による意見の聴取を請求できる．特定行政庁は，この請求があったときは，意見の聴取の期日と場所を期日の2日前までに通知・公告し，その者の出頭を求めてこれを行わなければならない．これらの手続きは，命令内容が建築主などの財産権などに大きな影響を与えることから，過度な命令とならないように配慮したものである．

（イ）**緊急時の使用禁止・使用制限命令と工事停止命令**（第7項～第10項）：（ア）による是正命令を行うためには手続きに時間を要し，その間に是正措置が手遅れになる場合があるため，違反が明らかで緊急の必要がある場合においては特定行政庁または建築監視員（後出b）参照）は，とりあえず現場をそのまま凍結させるために，次の命令を行うことができる（除却などの是正を命ずることはできない）．

ⅰ）**使用禁止・使用制限命令**（第7項）：建築物等の使用を禁止または制限する命令．なお，この命令を受けた者は3日以内に公開による意見の聴取を請求でき，特定行政庁は請求日から5日以内にこれを行わなければならない（第8項）．

ⅱ）**工事停止命令**（第10項）：建築・修繕・模様替工事中の建築物の，建築主・工事請負人・現場管理者（これらの者が現場にいないときは工事に従事する者）に対して工事施工を停止する命令．

（ウ）**標識の設置など**（第13項，第14項）：特定行政庁または建築監視員が是正命令（前出（ア）第1項命令）または工事停止命令（前出（イ）ⅱ）第10項命令）を行った場合には，現場に標識を設置することなどにより，その旨を公示しなければならない．これは，主には，第三者に知らしめ，知らずに売買されることなどを防止するためである．

b）**建築監視員**（法第9条の2）

特定行政庁は，一定（令第14条）の条件を満たす当該市町村・都道府県の職員から建築監視員を命じ，前出a）（イ）の法第9条第7項および第10項に規定する特定行政庁の権限（緊急時の使用禁止・使用制限命令と工事停止命令）を行わせることができる．

c）**行政代執行**（法第9条）

（ア）**命令相手が不明の場合の略式の代執行**（第11項）：是正を命令すべき相手が不明で，かつ違反を放置することが著しく公益に反すると認められるときは，特定行政庁は，あらかじめ公告したうえで，自らの負担でその措置を行うことができる．

（イ）**行政代執行**（第12項）：是正を命令（法第9条第1項）された者がその措置を履行しないとき，履行しても十分でないとき，または期日までに完了する見込みがないときには，特定行政庁は，行政代執行法の定めるところに従い，義務者に代わって除却などの是正措置を行うことができる．

d）**罰則**

（ア）**国土交通大臣または知事への通知**（法第9条の3）：特定行政庁は，是正命令（法第9条第1項）または工事停止命令(法第9条第10項（建築監視員によるものを含む.)）を行った場合には，その命令に係る設計者，工事監理者，施工者などの氏名（名称），住所などを，国土交通大臣または知事へ通知しなければならず，通知を受けた国土交通大臣または知事は，建築士法，建設業法，浄化槽法，宅地建物取引業法による免許または許可の取り消し，業務の停止の処分その他必要な措置を講ずるものとする．

（イ）**罰則**（法第98条～第107条）：建築基準法では，その第7章において刑事罰に関する内容が定められている．法第9条第1項の是正命令または同条第10項前段の工事停止命令に違反した者や，法第20条，第21条，第35条等の主に構造耐力，耐火，防火，避難等に関する規定に違反した場合の設計者等に対しては，もっとも厳しい3年以下の懲役または300万円以下の罰金が規定されている（法第98条）．また，必要な確認済証や検査済証の交付を受けなかった者や，工事完了後4日以内に必要な建築主事への検査の申請をしなかった者，あるいは，高い公正性が求められる指定資格検定機関・指定確認検査機関・指定認定機関・指定性能評価機関・建築基準判定資格者等に関して重大な不正等を行った者に対しては，1年以下の懲役または100万円以下の罰金が規定されている（法第99条，第100条）．その他に，必要な建築士の設計によらずに工事を行った工事施工者，「定期報告」をしなかった者，敷地の衛生・安全等の規定等に違反した設計者等に対しては100万円以下の罰金（法第101条）など，違反内容の程度に応じて，罰金や過料が規定されている．また，建築基準法に基づく条例においても，これに違反した者に対して50万円以下の罰金に処する旨の規定を設けることができる（法第107条）．なお，これらの規定とあわせて，特に生命，身体に重大な危害を及ぼすおそれがある構造耐力，防火，避難などの規定について違反がある特殊建築物（法第6条第1項第一号）等に対する是正命令等に従わない場合には，法人の業務に関してこれを行った行為者を罰するほか，法人に対して1億円以下の罰金刑を課すことなどが規定されている（法第105条）．

第6章　関連法規

　前章までで学んだ建築基準法は，建築行政を行う上で最も基本となる法規である．

　しかし，建築基準法だけで建築と敷地に関するすべての約束ごとが決まるわけではなく，都市の開発とその抑制，都市施設の健全性，建築物の災害抑止，優良建築物の建設促進，建築士と建設業の業務など，建築行為には多数の法規が関わっている．

　本章では，それらの建築関連法規のうち特に基本的なもの，すなわち，都市計画法，消防法，ハートビル法，品確法，建築士法，建設業法などについて概要を学ぶ．

6・1 都市計画法

1. 都市計画法の概要

a) 都市計画法の目的（都計法第1条）

都市の保全または健全な発展のためには，環境および農林漁業との調和を図りつつ，道路，公園，上下水道などの都市施設の整備や，開発の促進または抑制を行うことが必要である．そのためには，「都市計画」の策定が不可欠である．都市計画の枠組みは次のようになる．

都市計画 ｛ 土地利用の計画 / 都市計画事業 ｛ 都市施設の整備 / 市街地開発事業

都市計画法（昭和43年法律第100号）は，この都市計画の内容およびその決定手続，都市計画区域および準都市計画区域内における開発および建築の制限，都市計画事業などに関する必要事項を定め，都市の健全な発展と秩序ある整備を図ることを目的としている．

b) 都市計画法が適用される区域

（ア）都市計画区域（都計法第5条，都計令第2条）：都道府県は，市，または人口・就業者数などが表6・1に該当する町村の中心市街地を含み，自然的・社会的条件や人口・土地利用などの現況と推移を考慮して，一体の都市として整備・開発・保全が必要な区域を，都市計画区域として指定する（図6・1(a)）．この指定においては，市町村の区域外を含めることができる．

上記のほか，首都圏整備法，近畿圏整備法，中部圏開発整備法による都市開発区域や，新たに居住都市，工業都市などとして開発・保全の必要がある区域を都市計画区域として指定する．都市計画区域には，都市計画を定める．

（イ）準都市計画区域（都計法第5条の2）：都道府県は，都市計画区域外の区域のうち，相当数の建築物の建築などが行われ，または行われると見込まれる一定の区域で，そのまま土地利用を整序することなく，または環境を保全するための措置を講ずることなく放置すれば，将来の一体の都市としての整備・開発・保全に支障が生じるおそれのある区域を準都市計画区域として指定することができる（図6・1(b)）．

準都市計画区域には，建基法の集団規定が適用され，確認申請についても都市計画区域と同じ規定が適用される．また，この区域には後述する地域地区の一部を指定することができる．

2. 都市計画の内容

都市計画区域については，都市計画に次に示すような整備・開発・保全の方針を定める．

① 都市計画の目標
② 区域区分の決定の有無および区域区分の方針
③ 土地利用の方針
④ 都市施設の整備の方針
⑤ 市街地開発事業の方針

a) 区域区分（都計法第7条）（p.80, 4・2の1項参照）

都市計画区域については，計画的な市街化を図り，無秩序な市街化を防止するために，市街化区域と市街化調整区域を定めることができる．この両者の区分を区域区分といい，これを定めることを一般に「線引き」という（図6・1(c)）．

市街化区域は，すでに市街地を形成している区域および概ね10年以内に市街化を図るべき区域をいい，市街化調整区域は，市街化を抑制すべき区域をいう．

表6・2に示す地域については，区域区分を定めることが義務づけられている．

b) 地域地区（都計法第8条，第9条，第13条第1項第七号）（p.80, 4・2の2項参照）

都市計画区域，準都市計画区域には，表6・3に示す地域地区のうち必要なものを都市計画に定める（図6・1(d)）．地域地区は，都市計画図（p.81参照）に色分けして示されるので，これを定めることを一般に「色塗り」という．

なお，市街化区域には少なくとも用途地域を定めるものとし，市街化調整区域については，原則として用途地域を定めないものとする．

c) 促進区域などの指定（都計法第10条の2～第10条の4）

都市計画区域には，表6・4に示す促進区域などのうち，必要なものを都市計画に定める．

d) 都市施設（都計法第11条）

都市施設は，都市機能を維持するために必要なもので，表6・5に示すものがある．都市計画区域および必要に応じてこの区域以外には，これらの都市施設のうち必要なものを都市計画に定める．なお，都市計画に定められた都市施設を，都市計画施設という．

e) 市街地開発事業（都計法第12条）

市街地開発事業は，都道府県，市町村，民間などが，宅地の整備や高度利用などのために行う事業で，表6・6に示すものがある．都市計画区域には，これらの市街地開発事業のうち，必要なものを都市計画に定める．

f) 市街地開発事業等予定区域（都計法第12条の2）

都市計画区域には，表6・7に示す市街地開発事業等予定区域のうち，必要なものを都市計画に定める．

表6・1 町村の都市計画区域の要件（都計令第2条）

町村については，次の要件のうちのいずれかに該当すれば，都市計画区域として指定できる． ①人口が1万人以上で，商工業に従事する者が全就業者の50％以上（概ね10年以内にこれに該当する見通しがある場合も含む） ②中心市街地の区域内の人口が3,000人以上 ③温泉などの観光資源があり，多人数が集中するために良好な都市環境の形成を図る必要がある ④災害により市街地内の相当数の建築物が減失し，復興を図る必要がある

表6・2 区域区分を定めなければならない地域（都計法第7条）

地域を規定する法令	地 域	備 考
首都圏整備法	第2条第3項に規定する既成市街地	左記の区域の全部または一部を含む都市計画区域については，区域区分を定めるものとする．
首都圏整備法	第2条第4項に規定する近郊整備地帯	
近畿圏整備法	第2条第3項に規定する既成都市区域	
近畿圏整備法	第2条第4項に規定する近郊整備区域	
中部圏開発整備法	第2条第3項に規定する都市整備区域	
都計令	第3条に定める地方自治法第252条の19第1項の指定都市	

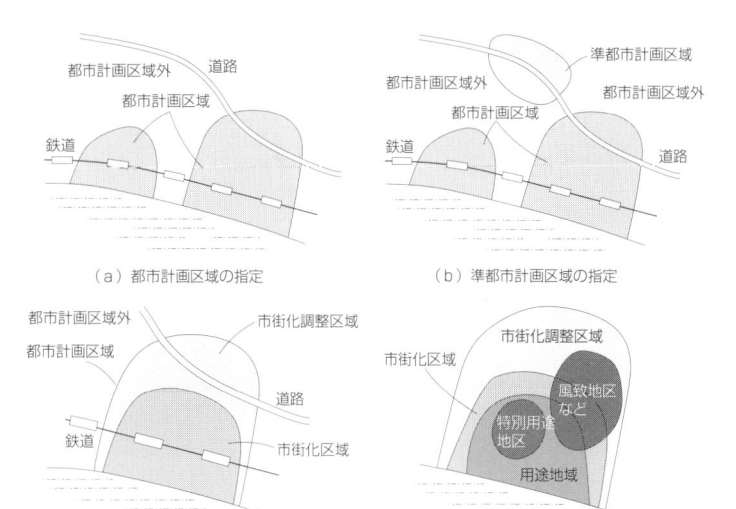

図6・1 都市計画区域などの指定と土地利用の計画
(a) 都市計画区域の指定
(b) 準都市計画区域の指定
(c) 区域区分
(d) 地域地区

表6・3 地域地区（都計法第8条，第9条）

地域地区の種類		内 容	準都市計画区域に定めることができる地域・地区
用途地域	第一種低層住居専用地域	低層住宅に係る良好な住居の環境を保護するため定める地域	○
	第二種低層住居専用地域	主として低層住宅に係る良好な住居の環境を保護するため定める地域	
	第一種中高層住居専用地域	中高層住宅に係る良好な住居の環境を保護するため定める地域	
	第二種中高層住居専用地域	主として中高層住宅に係る良好な住居の環境を保護するため定める地域	
	第一種住居地域	住居の環境を保護するため定める地域	
	第二種住居地域	主として住居の環境を保護するため定める地域	
	準住居地域	沿道としての地域の特性にふさわしい業務の利便の増進を図りつつ，これと調和した住居の環境を保護するため定める地域	
	田園住居地域	農業の利便の増進を図りつつ，これと調和した低層住宅に係る良好な住居の環境を保護するため定める地域	
	近隣商業地域	近隣の住宅地の住民に対する日用品の供給を行うことを主とする商業などの利便を増進するため定める地域	
	商業地域	主として商業などの利便を増進するため定める地域	
	準工業地域	主として環境悪化をもたらすおそれのない工業の利便を増進するため定める地域	
	工業地域	主として工業の利便を増進するため定める地域	
	工業専用地域	工業の利便を追求するため定める地域	
特別用途地区		地区の特性にふさわしい土地利用の増進，環境保護などの目的の実現を図るため，用途地域の指定を補完して定める地区	○
特定用途制限地域		用途地域が定められていない区域（市街化調整区域を除く）内において，良好な環境の形成または保持のため，地域の特性に応じて合理的な土地利用が行われるよう制限すべき用途の概要を定める地域	○
特例容積率適用地区		建築物の容積率の限度からみて未利用となっている容積の活用を促進して，土地の高度利用を図るため定める地区	―
高層住居誘導地区		住居と住居以外の用途とを適正に配分し，利便性の高い高層住宅の建設を誘導するため，第一種住居地域，第二種住居地域，準住居地域，近隣商業地域，準工業地域で容積率が40/10又は50/10と定められたものの内において，容積率と建ぺい率の最高限度，敷地面積の最低限度を定める地区	―
高度地区		用途地域内において，敷地の環境を維持し土地利用の増進を図るため，建築物の高さの最高限度または最低限度を定める地区	○
高度利用地区		用途地域内の市街地における土地の合理的かつ健全な高度利用と都市機能の更新とを図るため，容積率の最高限度と最低限度，建ぺい率の最高限度，建築面積の最低限度，壁面の位置の制限を定める地区	―
特定街区		市街地の整備改善を図るため街区の整備または造成が行われる地区について，容積率，高さの最高限度，壁面の位置の制限を定める街区	―
都市再生特別地区		都市再生緊急整備地域のうち，都市の再生に貢献し，土地の合理的かつ健全な高度利用を図る特別の用途・容積・高さ・配列などの建築物の建築を誘導する必要がある区域で，誘導すべき用途，容積率，建ぺい率の最高限度，建築面積の最低限度，高さの最高限度，壁面の位置の制限を定める地区	―
防火地域，準防火地域		市街地における火災の危険を防除するため定める地域	―
景観地区		市街地の良好な景観の形成を図るため定める地域	○
風致地区		都市の風致を維持するため定める地区	○
駐車場整備地区		商業地域など一定の用途地域内において，自動車交通が著しくふくそうする地区などで，道路の効用を保持し，円滑な道路交通を確保する必要があると認められる区域に定める地区	―
臨港地区		港湾を管理運営するため定める地区	―
伝統的建造物群保存地区		文化財保護法第83条の3第1項の規定により定められる地区	○
その他		歴史的風土特別保存地区，第一種歴史的風土保存地区，第二種歴史的風土保存地区，緑地保全地域，特別緑地保全地区，緑化地域，流通業務地区，生産緑地地区，航空機騒音障害防止地区，航空機騒音障害防止特別地区，居住調整地域，特定用途誘導地区，特定防災街区整備地区，居住環境向上用途誘導地区	緑地保全地域に限り定めることができる

表6・4 都市計画に定める促進区域など（都計法第10条の2～第10条の4）

促進区域などの種類	規定する法令
①市街地再開発促進区域	都市再開発法第7条第1項
②土地区画整理促進区域	大都市地域における住宅及び住宅地の供給の促進に関する特別措置法第5条第1項
③住宅街区整備促進区域	大都市地域における住宅及び住宅地の供給の促進に関する特別措置法第24条第1項
④拠点業務市街地整備土地区画整理促進区域	地方拠点都市地域の整備及び産業業務施設の再配置の促進に関する法律第19条第1項
⑤遊休土地転換利用促進地区	都市計画法第10条の3
⑥被災市街地復興推進地域	被災市街地復興特別措置法第5条第1項

表6・5 都市施設（都計法第11条）

①交通施設（道路，都市高速鉄道，駐車場，自動車ターミナルなど）
②公共空地（公園，緑地，広場，墓園など）
③供給施設または処理施設（水道，電気供給施設，ガス供給施設，下水道，汚物処理場，ごみ焼却場など）
④水路（河川，運河など）
⑤教育文化施設（学校，図書館，研究施設など）
⑥医療施設または社会福祉施設（病院，保育所など）
⑦市場，と畜場，火葬場
⑧一団地の住宅施設（一団地における50戸以上の集団住宅および附帯する通路などの施設）
⑨一団地の官公庁施設（一団地の国家機関または地方公共団体の建築物および附帯する通路などの施設）
⑩流通業務団地
⑪一団地の津波防災拠点市街地形成施設
⑫一団地の復興再生拠点市街地形成施設
⑬一団地の復興拠点市街地形成施設
⑭電気通信事業用施設または防風，防火，防水，防雪，防砂，防潮の施設

g) **地区計画等**（都計法第12条の4～第12条の13）

地区計画等は，都市計画区域内の一定地区について，地区住民などの意見を反映させつつ，その地区にふさわしい計画を定めるものであり，表6・8に示すもののうち，必要なものを都市計画に定める（p.102参照）．

3. 都市計画の決定と変更

都市計画には，都道府県が定めるものと市町村が定めるものがあり（都計法第15条），図6・2に示す手続きを経て決定又は変更される．

都市計画の案（変更を含む．）を作成する場合において必要があると認めるときは，公聴会を開催するなど，住民の意見を反映させることができる措置を講ずる．なお，地区計画等の案を作成する場合には，その地域内の土地の所有者などの意見を求める（都計法第16条）．

都市計画の案はその理由を添えて公告し，2週間公衆が縦覧できるようにしなければならず，関係する市町村の住民および利害関係者は，この期間中に意見書を提出することができる（都計法第17条）．

都市計画の決定または変更を行う場合，都道府県は都道府県都市計画審議会（都計法第77条）の議を経なければならず（都計法第18条），市町村は市町村都市計画審議会（都計法第77条の2）（設置されていない場合は都道府県都市計画審議会）の議を経なければならない（都計法第19条）．

このほかに，都計令第15条で定める規模（原則としては0.5ha）以上の一団の土地の区域について，土地の所有者などが1人または数人共同して，都市計画の決定や変更を提案することができる．また，まちづくりの推進を目的とする特定非営利活動法人（NPO），都市再生機構，地方住宅供給公社なども，同様の提案をすることができる．いずれの場合も，土地の所有者などの3分の2以上（数，地積とも）の同意が必要である（都計法第21条の2）．

4. 開発行為

開発行為とは，建築物や特定工作物（表6・9）の建設などのために行う土地の区画形質の変更をいう．

一定規模以上の開発行為は，都市に大きな影響を与えるので，原則として許可が必要であり，とりわけ市街化調整区域においては厳しく規制される．

a) **開発行為の許可**（都計法第29条）

（ア）**都市計画区域または準都市計画区域内**：この区域において開発行為をしようとする者は，都道府県知事（指定都市，中核市，特例市の区域内の場合はそれぞれの長）の許可を受けなければならない．ただし，次に該当する開発行為については許可を必要としない．

①市街化区域，非線引き区域[*1]，準都市計画区域における表6・10の数値未満の小規模な開発行為．
②市街化調整区域，非線引き区域，準都市計画区域における農林漁業用の施設（都計令第20条参照），または農林漁業者の住居のための開発行為．
③駅舎，図書館，公民館，変電所などの公益上必要な施設のための開発行為．
④都市計画事業の施行として行う開発行為．
⑤土地区画整理事業，市街地再開発事業，住宅街区整備事業，防災街区整備事業の施行として行う開発行為．
⑥公有水面埋立法第2条第1項の免許を受けた埋立地で，竣功認可の告示がないものにおける開発行為．
⑦非常災害の応急措置として行う開発行為や，軽易な行為（都計令第22条参照）．

（イ）**都市計画区域および準都市計画区域外**：この区域において一定の市街地を形成すると見込まれる規模以上の開発行為を行う者は，都道府県知事の許可を受けなければならない．ただし，次に該当する開発行為については許可を必要としない．

①農林漁業用の施設または農林漁業者の住居のための開発行為．
②上記（ア）の③，④，⑥，⑦

b) **開発許可の基準**（都計法第33条）

都道府県知事は，許可申請された開発行為が表6・11の基準に適合し，手続きが適法であるときは，開発許可をしなければならない．

また，景観法第8条の景観計画区域内においては，景観計画に定められた開発行為の制限の内容を，条例で開発許可の基準とすることができる．

c) **市街化調整区域における開発許可**（都計法第34条）

市街化調整区域は，開発行為を厳しく制限する区域なので，この区域における開発行為については，前述b)の要件（表6・11の基準に適合し，手続きが適法であること）に加え，表6・12に適合しなければ，都道府県知事は開発許可をしてはならない．

ただし，主として第二種特定工作物（表6・9）の建設のための開発行為については，前述b)の要件を満足すればよい．

d) **開発許可の特例**（都計法第34条の2）

国，都道府県，指定都市などが行う開発行為については，開発の当事者と都道府県知事との協議が成立することにより，開発許可があったものとみなす．

[*1] 都市計画区域のうち，区域区分が定められていない区域

表6・6 市街地開発事業

市街地開発事業の種類	規定する法令
①土地区画整理事業	土地区画整理法
②新住宅市街地開発事業	新住宅市街地開発法
③工業団地造成事業	首都圏の近郊整備地帯及び都市開発区域の整備に関する法律 近畿圏の近郊整備区域及び都市開発区域の整備及び開発に関する法律
④市街地再開発事業	都市再開発法
⑤新都市基盤整備事業	新都市基盤整備法
⑥住宅街区整備事業	大都市地域における住宅及び住宅地の供給の促進に関する特別措置法
⑦防災街区整備事業	密集市街地における防災街区の整備の促進に関する法律

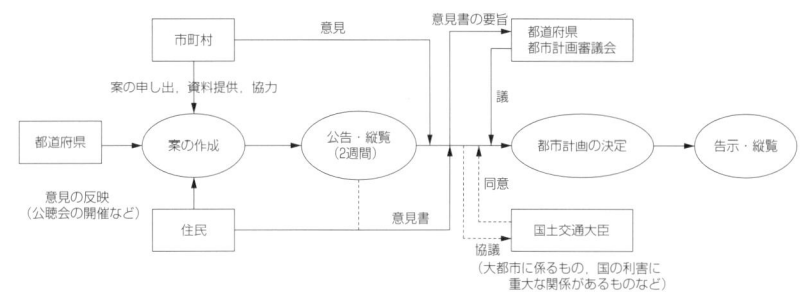

（a）都道府県が立案する場合

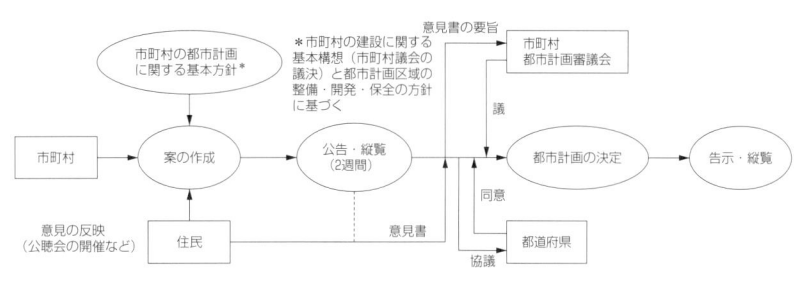

（b）市町村が立案する場合

図6・2 都市計画の決定手続き

表6・7 市街地開発事業等予定区域

①新住宅市街地開発事業の予定区域
②工業団地造成事業の予定区域
③新都市基盤整備事業の予定区域
④区域の面積が20ha以上の一団地の住宅施設の予定区域
⑤一団地の官公庁施設の予定区域
⑥流通業務団地の予定区域

表6・8 地区計画等（都計法第12条の4）

地区計画等の種類	規定する法令
①地区計画	都市計画法第12条の5第1項
②防災街区整備地区計画	密集市街地における防災街区の整備の促進に関する法律第32条第1項
③歴史的風致維持向上地区計画	地域における歴史的風致の維持及び向上に関する法律第31条第1項
④沿道地区計画	幹線道路の沿道の整備に関する法律第9条第1項
⑤集落地区計画	集落地域整備法第5条第1項

表6・9 特定工作物（都計法第4条第11項）

分類	内容	種類
第一種特定工作物	周辺の環境悪化をもたらすおそれのあるもの	コンクリートプラント アスファルトプラント クラッシャープラント 危険物の貯蔵・処理施設
第二種特定工作物	1ha以上の大規模なもの	ゴルフコース，野球場 庭球場，陸上競技場 遊園地，動物園など

表6・10 許可を必要としない小規模な開発行為（都計令第19条）

区域	規模	市街化の状況などにより特に必要と認められる場合の規模*1
市街化区域	1,000m²	300m²以上1,000m²未満
非線引き区域 準都市計画区域	3,000m²	300m²以上3,000m²未満

＊1 都道府県知事（指定都市，中核市，特例市の区域内の場合はそれぞれの長）が定める．

表6・11 開発許可の基準

①建築物などの用途が，用途地域などの制限に適合していること．
②自己の居住用の住宅のための開発行為以外の場合，道路，公園などの公共空地が，環境保全，災害防止，通行の安全，事業の効率上支障がないこと．
③排水施設が，施設の内外にわたって，下水を有効に排出させる構造であること．
④自己の居住用の住宅のための開発行為以外の場合，水道などの供給施設が需要を満足すること．
⑤地区計画等が定められているときは，建築物の用途や開発行為が地区計画等の内容にふさわしいものであること．
⑥公共施設，学校，病院などの公益的施設，開発区域内の建築物の用途の建築物の用途の配分が，区域内の利便性と区域内外の環境保全を考慮して定められていること．
⑦地盤改良や擁壁・排水施設の設置などの安全上必要な措置をとること．宅地造成工事規制区域内の場合は，工事計画が宅地造成等規制法第9条に適合していること．
⑧自己の居住用または業務用の建築物のための開発行為以外の場合，その区域内に地すべり防止区域，土砂災害特別警戒区域などの危険な区域を含まないこと．
⑨1ha（環境保全のため特に必要がある場合は0.3～1haの範囲で知事が定める）以上の開発行為の場合，樹木の保存，表土の保全などの措置をとること．
⑩1ha以上の開発行為の場合，騒音，振動などによる環境悪化の防止上必要な緑地帯など（幅4～20m）の緩衝帯が配置されること．
⑪40ha以上の開発行為の場合，道路，鉄道などによる輸送の便について支障がないこと．
⑫申請者の資力，信用および工事施工者の開発遂行能力があること．
⑬開発行為の区域における土地や建築物などの権利者の同意があること．

表6・12 市街化調整区域における開発許可の付加事項

①周辺地域の居住者の利用する学校・病院などの公益上必要な建築物，または日用品の販売・加工・修理などを行う店舗などの建築のためのもの．
②鉱物資源，観光資源の利用上必要な建築物や第一種特定工作物の建設のためのもの．
③特別な空調を必要とするため市街化区域で建設することが困難な建築物や第一種特定工作物の建設のためのもの．
④農林漁業のための建築物や農林水産物を処理・貯蔵・加工するための建築物や第一種特定工作物の建設のためのもの．
⑤農林業の活性化のための基盤施設の建設のためのもの．
⑥中小企業の事業の共同化，工場や店舗の集団化のための建築物や第一種特定工作物の建設のためのもの．
⑦市街化調整区域において現に操業している工業と密接に関連する建築物や第一種特定工作物の建設のためのもの．

上記のほか，市街化区域内において建築することが不適当または困難なものなどとして都計法第34条の各号に規定される開発行為でなければ，都道府県知事は許可をしてはならない．

6・2 まちづくりに関する法令

1. 土地区画整理法（昭和29年法律第119号）

a）土地区画整理事業

この事業は，都市計画区域内において，道路や公園などの公共施設と宅地の整備・再配置を行うものである（図6・3，図6・4）．施行後に配分される土地を換地というが，換地は従前の土地と土質・水利・利便性などの条件が照応するように計画しなければならない．

道路の拡幅や公園の整備のために，また，保留地[*1]を確保するために，宅地部分の面積は減少する．こうして，換地面積は施行前の土地の面積に比べて減少するが，これを一般に「減歩」という．

b）施行者（土地区画法第3条，第14条，第18条）

個人，土地区画整理組合，区画整理会社，国土交通大臣，都道府県または市町村，都市基盤整備公団，地域振興整備公団，地方住宅供給公社は，土地区画整理事業の施行をすることができる．このうち，土地区画整理組合の場合，7人以上共同して定款および事業計画または事業基本方針を定め，これに対する施行区域の所有権者と借地権者のそれぞれ3分の2以上の同意が必要である（同意した者の宅地面積の合計も，区域内の宅地の総面積の3分の2以上必要）．

c）建築行為の制限（土地区画法第76条）

事業施行の認可などの公告の後，換地処分の公告があるまで，施行地区内において，事業の障害となる造成，建築物などの新築・改築・増築，移動の容易でない物件（5トンを超えるもの）の設置などを行う場合は，都道府県知事の許可（国土交通大臣が行う事業の場合は国土交通大臣の許可）が必要である．

2. 都市再開発法（昭和44年法律第38号）

a）市街地再開発事業

この事業は，市街地の高度利用や都市機能の更新，都市防災などのため，道路や公園などの公共施設，建築物およびその敷地の整備を行うものである．図6・5は，市街地再開発事業によって整備され，高度利用と不燃化が図られた街区の例である．

市街地再開発事業には，第一種市街地再開発事業と第二種市街地再開発事業があり，前者は権利変換（立体換地）方式（図6・6）で，後者は管理処分（用地買収）方式により施行される．

b）施行区域の条件

第一種市街地再開発事業の施行区域は，非耐火建築物が多く，土地が細分化していることを条件とし，第二種市街地再開発事業の施行区域はこれに加え，防災上支障のある建築物が密集していること，または，駅前広場や災害避難のための公園などの整備が必要なことを条件とする（表6・13）．

c）施行者（再開発法第2条の2，第11条，第14条）

個人，市街地再開発組合，株式会社，都道府県または市町村，都市再生機構，首都高速道路公団，阪神高速道路公団，地方住宅供給公社は，一定の条件のもとに市街地再開発事業の施行をすることができる．ただし，個人，市街地再開発組合は，第一種市街地再開発事業のみについて行うことができる．なお，市街地再開発組合は，5人以上共同して設立するほか，所有者などの同意について土地区画整理組合と同じ規定がある．

3. 密集市街地整備法

a）目的（密集法第1条）

この法律は，正式には「密集市街地における防災街区の整備の促進に関する法律（平成9年法律第49号）」といい，阪神・淡路大震災後の1997年（平成9年）に制定された．

この法において密集市街地とは，老朽化した木造建築物が密集し，十分な公共施設がないなど，火災や地震が発生した場合の防災機能が確保されていない区域をいう．この区域において，延焼防止や避難などの防災機能をもち，健全な土地利用が図られた防災街区を整備することが，この法の目的である．

b）防災再開発促進地区（密集法第3条，第4条，第13条）

都市計画区域内の密集市街地においては，上記の目的のために必要な場合は，防災再開発促進地区を定め，その地区の整備・開発の計画を定める．この区域内において建築物の建て替えをする場合は，その計画について所管行政庁の認定を得なければならない．また，この区域内で防火・準防火地域または防災街区整備地区計画の区域が定められている地域内にあっては，所管行政庁は特に危険な老朽木造建築物に対して除却の勧告をすることができる．

c）特定防災街区整備地区（密集法第31条）

防火・準防火地域内の密集市街地において，建築物の延焼防止効果を高めるため，敷地面積・間口率・高さの最低限度，壁面の位置の制限を定める．

d）防災街区整備地区計画（密集法第32条）

法の目的を達成するため，用途地域が定められている区域について，防災街区整備地区計画を定めることができる．この区域の整備計画には，表6・14に示すものの内，必要な事項を定める．

[*1] 売却して事業費に充てたり，共用施設用地として残す土地

(a) 施行前　　　　　　　　　　(b) 施行後

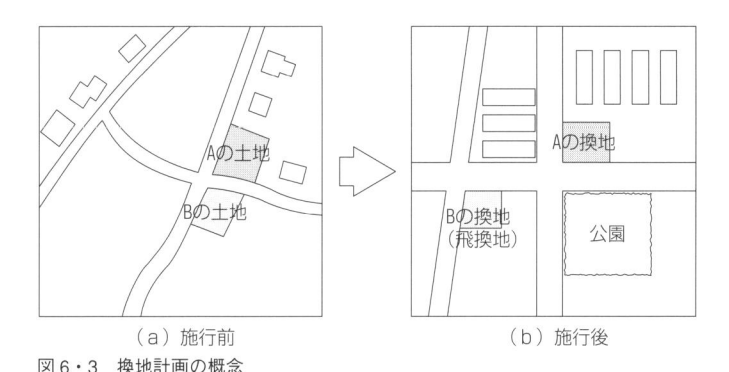

図6・3　換地計画の概念

図6・4　土地区画整理事業が施行された区域の例（大阪，OBP）

図6・5　市街地再開発事業が施行された街区の例（大阪，あべのベルタ）

表6・13　市街地再開発事業の施行区域（再開発法第3条，第3条の2）

第一種市街地再開発事業	①市街地再開発促進区域内の土地の区域 ②次のア）〜エ）の条件に該当する土地の区域 　ア）高度利用地区または特定地区計画区域（地区計画，再開発地区計画，防災街区整備地区計画，沿道地区計画の区域）内にあること． 　イ）耐火建築物で次に示すもの以外のものの建築面積と敷地面積がそれぞれ1/3以下であること． 　　・地階を除く階数が2以下 　　・耐用年数の2/3を経過している 　　（災害などにより，これと同程度の機能低下を生じているものを含む） 　　・建築面積が150m²未満 　　・容積率が都市計画で定められた最高限度の1/3未満 　　・都市計画施設である公共施設の整備に伴い除却すべきもの 　ウ）十分な公共施設がない，または，土地の利用が細分化されていることなどにより，土地の利用状況が著しく不健全であること． 　エ）土地の高度利用を図ることが，都市機能の更新に貢献すること．
第二種市街地再開発事業	第一種市街地再開発事業の条件に該当するとともに，次のいずれかに該当する0.5ha以上の区域 ①安全上・防災上支障のある建築物の割合が多く，建築物が密集しているために，災害の発生のおそれが著しく，または，環境が不良であること． ②駅前広場，大規模災害時の避難場所などを早急に整備する必要があり，かつ，これらと合わせて建築物とその敷地の整備を行うことが合理的であること．

表6・14　防災街区整備地区整備計画の内容

①地区施設の配置および規模
②建築物に関する次に示す事項
・構造に関する防火上必要な制限　・高さの最高限度または最低限度 ・用途の制限　・容積率の最高限度または最低限度 ・建ぺい率の最高限度　・敷地面積または建築面積の最低限度 ・壁面の位置の制限　・壁面後退区域における工作物の制限 ・形態・意匠の制限　・垣・さくの構造の制限
③現存する樹林地・草地などで，良好な居住環境を確保するために必要なものの保全に関する事項

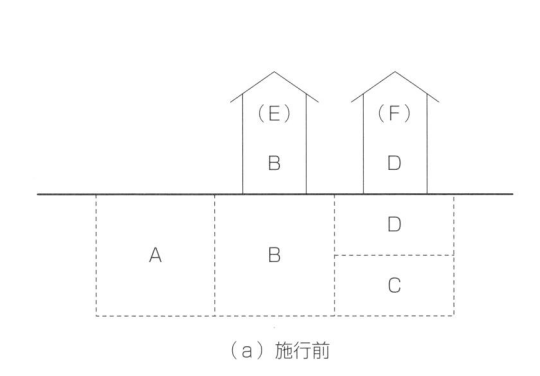

(a) 施行前　　　　　　　　　　(b) 施行後

A, B, C……土地の所有者　　E……借家権者
D……借地権者　　　　　　　F……担保権者
B, D……建物所有者　　　　　J……参加組合員

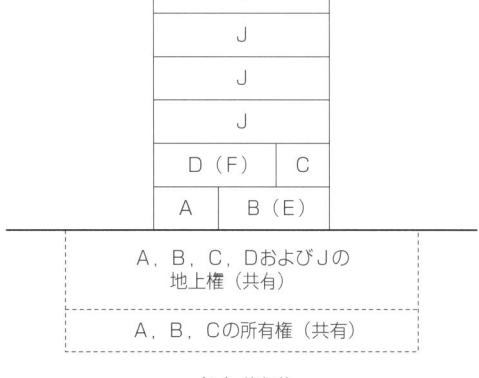

図6・6　権利変換方式の概念

6・3 消防法

1. 消防法の概要

消防法（昭和23年法律第186号）は，火災の予防，警戒および鎮圧によって国民の生命と財産を守り，地震などの災害時において被害をできるだけ軽減することを目的としている．そのために，防火対象物（主に建築物）を定義・分類し，防火対象物に設置すべき消防用設備や防炎対象品などを定めている．

2. 防火対象物の定義と分類

a) **防火対象物**（消防法第2条，消防令別表第1）

防火対象物とは，山林または船舶，車両，建築物などとこれらに属する物品をいい，消防令別表第1に分類されている（表6・15）．この表に示すとおり，⒆項，⒇項を除いてすべて建築物が分類されている．

b) **複合用途防火対象物**（消防令別表第1）

表6・15の防火対象物のうち，⒃項の複合用途防火対象物とは，⑴項〜⒂項までの各項およびイ・ロ・ハの区分のそれぞれを単一項目とし，異なる2以上の項目に属する部分を含むものをいう．

例えば，劇場と映画館のみ，または，百貨店と展示場のみの場合は，単一用途となり，劇場と公会堂，または，病院と介護老人保健施設の場合は複合用途となる．

ただし，映画館に併設される売店や，事務所ビルの一角で営業する喫茶店などは，それぞれ前者を主用途，後者を従属用途として，単一用途の防火対象物とみなすことができる場合がある．単一用途とみなす条件は，次のいずれかを満足することである．

①主用途部分とその他の用途部分の管理者が同一で，利用者および利用時間がほぼ同一とみなせる．
②主用途部分の床面積が延べ面積の90％以上あり，その他の用途部分の床面積の合計が300m²未満である．

c) **地下街**（消防法第8条の2，消防令別表第1）

表6・15の⒃の2項の地下街とは，地下の工作物内に設けられた店舗，事務所などで，連続して地下道に面して設けられたものと，その地下道とを合わせたものをいう．地下街にある⑴項〜⒃項の防火対象物は，各項の防火対象物としてではなく，地下街として消防法上の規制を受ける．

d) **準地下街**（消防令別表第1）

表6・15の⒃の3項の防火対象物は，地上階のある建築物の地下部分が連続して地下道に面して設けられたものと，その地下道とを合わせたものをいい，一般に「準地下街」と呼ばれる．準地下街にある⑴〜⒃項の防火対象物は，各項の防火対象物として規制を受けるとともに，⒃の3項の防火対象物としての規制も受ける．

e) **特定防火対象物**（消防法第17条の2の5第2項第四号，消防令第34条の4）

防火対象物のうち，多数者が出入りするものを特定防火対象物という（表6・15右欄○印）．

3. 消防用設備の設置

防火対象物に設置する消防用設備には表6・16に示すものがあり，設置すべきか否かは防火対象物の用途・構造・規模などによって決まる．

a) **適用単位**（消防令第8条，第9条，第10条第1項第五号）

消防用設備の設置義務規定は，原則として棟単位で適用する．しかし，防火対象物が，階段室型共同住宅のように開口部のない耐火構造の床や壁で区画されている場合は，それぞれの部分を別の防火対象物とみなす．この規定が消防令第8条に記されていることから，この区画または区画された部分は「令8区画」と呼ばれる．

隣接する棟が，渡り廊下や地下連絡路，ダクトなどで接続されている場合は，延焼や煙の伝搬の可能性が著しく低い場合を除いて，一棟とみなして規定を適用する．

複合用途防火対象物の場合は，一般に，それぞれの用途部分を単一用途の基準で規制する．ただし，表6・15の⒃項のイ（特定複合用途防火対象物）については，スプリンクラー設備，自動火災報知設備，避難器具，誘導灯などの規制は，複合用途防火対象物全体として適用する．

建築物の地上階のうち，表6・17に示すような開口部を有しない階を無窓階といい，避難上または消火活動上不利となるため，消防用設備の設置義務の規定が厳しくなる．

b) **設置基準**

（ア）**消火器具**（消防令第10条）：消火器または簡易消火用具は，防火対象物の用途・構造・規模に応じて消火に適するものを設置する．ただし，二酸化炭素やハロゲン化物を放射する消火器は，地下街や地階，無窓階には原則として設置できない．

（イ）**屋内消火栓設備**（消防令第11条）：建築物使用者などによる消火活動に使用される．水源，加圧送水装置，送水管，ホースおよびノズルからなる消火設備であり，1号と2号がある．2号消火栓より1号消火栓の方が，水源の水量，放水量が多く，放水圧力が高い．屋内消火栓箱（図6・7）のホース接続口から，1号消火栓は25m以内に，2号消火栓は15m以内に，防火対象物の各階のすべての床面が包含されるように配置する．

屋内消火栓設備を設置すべき防火対象物を表6・18に示

表6・15 防火対象物（消防令別表第1）

項	防火対象物	特定防火対象物
(1)	イ 劇場，映画館，演芸場または観覧場 ロ 公会堂又は集会場	○
(2)	イ キャバレー，カフェー，ナイトクラブその他これらに類するもの ロ 遊技場またはダンスホール ハ 風俗営業等の規制及び業務の適正化等に関する法律第2条第5項に規定する性風俗関連特殊営業を営む店舗並びに（(1)項イ，(4)項，(5)項イ及び(9)項イに掲げる防火対象物の用途に供されているものを除く）その他これに類するものとして総務省令で定めるもの ニ カラオケボックスその他遊興のための設備または物品を個室において客に利用させる役務を提供する業務を営む店舗で総務省令で定めるもの	○
(3)	イ 待合，料理店その他これらに類するもの ロ 飲食店	○
(4)	百貨店，マーケットその他の物品販売業を営む店舗または展示場	○
(5)	イ 旅館，ホテルまたは宿泊所 ロ 寄宿舎，下宿または共同住宅	○ —
(6)	イ (1)病院のうち，特定診療科名を有し療養病床を有するもの，(2)診療所のうち特定診療科名を有し，4人以上の入院施設を有するもの，(3)(1)以外の病院または(2)以外の診療所で入院施設を有するもの，(4)入院施設を有しない診療所または助産所 ロ (1)老人短期入所施設，特別養護老人ホーム，避難が困難な要介護者を主として入居させる軽費老人ホーム・有料老人ホーム，介護老人保健施設など，(2)救護施設，(3)乳児院，(4)障害児入所施設，(5)障害者支援施設（主として避難が困難な障害者等を入所させるもの）など ハ (1)老人デイサービスセンター，軽費老人ホーム（ロ(1)を除く），有料老人ホーム（ロ(1)を除く）など，(2)更生施設，(3)助産施設，保育所，児童養護施設，児童自立支援施設，児童家庭支援センターなど，(4)児童発達支援センター，情緒障害児短期治療施設など，(5)身体障害者福祉センター，障害者支援施設（ロ(5)を除く），地域活動支援センター，福祉ホームなど ニ 幼稚園，特別支援学校	○
(7)	小学校，中学校，高等学校，中等教育学校，高等専門学校，大学，専修学校，各種学校その他これらに類するもの	—
(8)	図書館，博物館，美術館その他これらに類するもの	—
(9)	イ 公衆浴場のうち，蒸気浴場，熱気浴場その他これらに類するもの ロ イ以外の公衆浴場	○ —
(10)	車輌の停車場または船舶もしくは航空機の発着場（旅客の乗降または待合いの用に供する建築物に限る）	
(11)	神社，寺院，教会その他これらに類するもの	
(12)	イ 工場または作業場 ロ 映画スタジオまたはテレビスタジオ	
(13)	イ 自動車車庫または駐車場 ロ 飛行機または回転翼航空機の格納庫	
(14)	倉庫	
(15)	前各項に該当しない事業場	
(16)	イ 複合用途防火対象物のうち，その一部が(1)項から(4)項まで，(5)項イ，(6)項または(9)項イに掲げる防火対象物の用途に供されているもの ロ イ以外の複合用途防火対象物	○ —
(16の2)	地下街	○
(16の3)	建築物の地階（(16の2)項に掲げるものの各階を除く）で連続して地下道に面して設けられたものと当該地下道とを併せたもの（(1)項から(4)項まで，(5)項イ，(6)項または(9)項イに掲げる防火対象物の用途に供される部分が存するものに限る）	○
(17)	文化財保護法（昭和25年法律第214号）の規定によって重要文化財，重要有形民俗文化財，史跡若しくは重要な文化財として指定され，または旧重要美術品等の保存に関する法律（昭和8年法律第43号）の規定によって重要美術品として認定された建造物	
(18)	延長50m以上のアーケード	
(19)	市町村長の指定する山林	
(20)	総務省令で定める舟車	

図6・7 屋内消火栓箱の例

表6・16 消防用設備等（消防法第17条，消防令第7条）

消防の用に供する設備	消火器具	消火器	
		簡易消火用具	水バケツ，水槽，乾燥砂，膨張ひる石，膨張真珠岩
	消火設備	屋内消火栓設備	
		スプリンクラー設備	
		水噴霧消火設備	
		泡消火設備	
		不活性ガス消火設備	
		ハロゲン化物消火設備	
		粉末消火設備	
		屋外消火栓設備	
		動力消防ポンプ設備	
	警報設備	自動火災報知設備	
		ガス漏れ火災警報設備	
		漏電火災警報器	
		消防機関へ通報する火災報知設備	
		非常警報器具	警鐘，携帯拡声器，手動式サイレンなど
		非常警報設備	非常ベル，自動式サイレン，放送設備
	避難設備	避難器具	すべり台，避難はしご，救助袋，緩降機，避難橋など
		誘導設備	誘導灯，誘導標識
消防用水		防火水槽またはこれに代わる貯水池など	
消火活動上必要な施設		排煙設備	
		連結散水設備	
		連結送水管	
		非常コンセント設備	
		無線通信補助設備	

表6・17 無窓階

階	定　義
11階以上	直径50cm以上の円が内接できる開口部の面積の合計が階の床面積の1/30を超える階（普通階）以外の階
10階以下	直径1m以上の円が内接できる開口部または幅75cm以上高さ1.2m以上の開口部が2以上ある普通階以外の階

表6・18 屋内消火栓設備を設置すべき防火対象物

防火対象物 （消防令別表第1の項）	延べ面積	地階，無窓階，4階以上の階の床面積
(1)項	500m² 以上	100m² 以上
(2)項〜(10)項，(12)項，(14)項	700m² 以上	150m² 以上
(11)項，(15)項	1,000m² 以上	200m² 以上
(16の2)項	150m² 以上	—

＊1 主要構造部を耐火構造とし，かつ壁・天井の仕上げを難燃材料としたものは，上記数値を3倍とし，主要構造部を耐火構造としたその他の防火対象物は上記数値を2倍とし，主要構造部を準耐火構造またはそれと同等なものとし，かつ壁・天井の仕上げを難燃材料としたものは，上記数値を2倍とする．ただし，総務省令で定める福祉施設（(6)項に該当）で主要構造部を耐火構造などとしたものは，この規定にかかわらず1,000m²以上とする．
一定量以上の指定可燃物を扱うものにも設置する（消防令第11条第1項第五号）．

す．このうち，工場，倉庫，一定量の危険物を扱う建築物などは，1号消火栓を設置しなければならない．

（ウ）**屋外消火栓設備**（消防令第19条）：建築物使用者などによる1, 2階部分の消火活動に使用されるもので，水源，加圧送水装置，送水管，ホースおよびノズルからなる消火設備である．ホース接続口から半径40m以内に，防火対象物が包含されるように配置する（図6・8）．屋外消火栓設備を設置すべき防火対象物を表6・19に示す．

（エ）**スプリンクラー設備**（消防令第12条）：火災を自動感知し，天井に設置されたヘッドから雨滴状の水を放出する設備であり，表6・20に示す防火対象物に設置しなければならない．また，ヘッドの間隔も消防令第12条第2項に定められている．

（オ）**特殊な消火設備**（消防令第13条〜第18条）：水噴霧，泡，不活性ガス，ハロゲン化物，粉末の各消火設備は，航空機格納庫，駐車場などに設置義務がある（表6・21）．

水噴霧消火設備は，ヘッドから霧状の水を放出し，冷却および窒息作用によって消火する．高圧の電気機器がある場所においては，電気絶縁性を保つように配慮する．

泡消火設備は，水溶性の薬剤を発泡して放出するもので，放出口が固定されたもの（固定式）とホースを使用するもの（移動式）がある．電気室には使用できない．

不活性ガス消火設備，ハロゲン化物消火設備，粉末消火設備は，窒息作用などによって消火するもので，固定式（全域放出方式と局所放出方式）および移動式がある．発生ガスに対する安全上の配慮が必要である．

（カ）**自動火災報知設備**（消防令第21条）：熱感知器または煙感知器，受信機，非常ベルなどからなる設備である．原則として，600m²以下ごとに警戒区域を設定する．

（キ）**避難器具**（消防令第25条）：滑り台，避難はしごなどの避難器具は，防火対象物の種類・階・収容人員に応じて設置する種類および個数が定められている．

（ク）**誘導灯および誘導標識**（消防令第26条）：誘導灯には，避難口誘導灯，通路誘導灯，客席誘導灯がある．一般に，避難口誘導灯は，緑地に白色の文字などで避難口（非常口）が明示されており（図6・9），通路誘導灯は，白地に緑色の絵文字と矢印などで避難の方向を明示している．客席誘導灯は，床面の水平照度が0.2ルクス以上となるようにする．誘導灯および誘導標識を設置すべき防火対象物を表6・22に示す．

（ケ）**消防用水**（消防令第27条）：敷地面積20,000m²以上かつ1, 2階の床面積が耐火建築物で15,000m²以上のもの，または，高さ31mを超えかつ地階を除く延べ面積が25,000m²以上のものなど，大規模な建築物に設置する．

（コ）**排煙設備**（消防令第28条）：建基法の設置義務に加え，消防法では，1,000m²以上の地下街，500m²以上の舞台部分などに設置義務がある．

（サ）**連結散水設備**（消防令第28条の2）：消防ポンプ自動車が送水口（図6・10）から送水し，散水ヘッドからスプリンクラーと同様に放水する．建築物の地下や地下街の消火活動を補う設備である．地階床面積が700m²以上のものに設置する．

（シ）**連結送水管**（消防令第29条）：消防ポンプ自動車が送水口（図6・10）から送水し，公設消防隊員が放水口にホースを接続して消火にあたる．放水口は階段室や非常用エレベーターの乗降ロビーなどに設け，地階を除く階数が11以上の建築物にあっては，放水口のある場所にホースなどを常備しておく．地上7階以上の建築物や地上5階以上かつ6,000m²以上の建築物など，高層建築物または大規模建築物に設置義務がある．

（ス）**住宅用防災機器**（消防法第9条の2，消防令第5条の6，第5条の7）：住宅用途の部分には，住宅用防災警報器または住宅用防災報知設備を設置しなければならない．感知器の設置位置は，寝室および寝室のある階の階段上部のほか，総務省令（平16第138号）や市町村の条例で定められている．

c）**設置義務の遡及適用**（消防法第17条の2，消防令第34条，第34条の4）

法令は，それが改正され施行されたときに，従前の法令に適合していたものについては，一般に，遡って適用されることはない．これを不遡及の原則という．しかし，消火器や避難器具のように設備の更新が比較的容易なもの，および，特定防火対象物に設置されるすべての消防用設備は，改正法令の規定が遡及適用される．

4．防炎防火対象物と防炎対象品

高層建築物，地下街，劇場，キャバレー，旅館，病院などは，火災の発生と拡大を高度に抑止する必要があるため，これらに設置されるカーテンやじゅうたんなどについても，防炎性能が求められる（消防法第8条の3）．

この規制の対象となる防火対象物を防炎防火対象物といい（表6・23），規制の対象となる物品を防炎対象品（表6・24）という．防炎対象品やその材料で，防炎性能（消防令第4条の3第4項）を有するものには，その旨の表示を付することができる．

表6・19 屋外消火栓を設置すべき防火対象物

建築物の種類	1階および2階の床面積の合計
耐火建築物	9,000m² 以上
準耐火建築物	6,000m² 以上
その他	3,000m² 以上

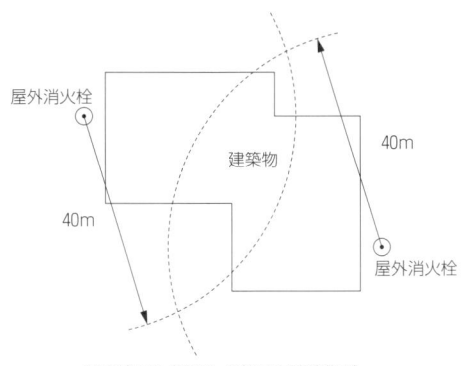

図6・8 屋外消火栓設備の配置

表6・20 スプリンクラー設備を設置すべき防火対象物

設置防火対象物 (消防令別表第1の項)	設置すべき部分とその規模
(6)項イ(1)(2), (6)項(1)(3)	・総務省令で定める延焼抑制機能を備える設備を有しないもの
(6)項ロ(2)(4)(5)	・上記の設備を有しないもの(避難困難者を主として入居させるもの以外は、延べ面積275m²以上に限る)
(1)項	・舞台部(大道具室、小道具室を含む)の床面積が500m²以上(地階、無窓階、4階以上の階にあるときは300m²以上)の舞台部分
(1)〜(4)項, (5)項イ, (6)項, (9)項イ	・11階以上のもの ・平屋建を除き、延べ面積6,000m²以上(自治省令で定める福祉施設は1,000m²以上、店舗、展示場、病院は3,000m²以上) ・地階、無窓階で1,000m²以上の階 ・4〜10階で床面積1,500m²以上の階((2),(4)は1,000m²以上の階)
(16の2)項	・延べ面積1,000m²以上
(16の3)項	・延べ面積1,000m²以上、かつ、特定防火対象物が500m²以上含まれる
(16)項のイ	・11階以上のもの 特定防火対象物が3,000m²以上のもののうち、当該特定用途が含まれる階(地階、無窓階は1,000m²以上の階、4〜10階は床面積1,500m²以上の階(ただし、(2),(4)項は1,000m²以上の階))
(14)項	・天井の高さが10mを超え、延べ面積700m²以上のラック式倉庫

1. すべての防火対象物について、11階以上の階に設置する
2. 一定量以上の指定可燃物を扱うものにも設置する(消防令第12条第1項第六号)

図6・10 連結散水設備・連結送水管の送水口の例

表6・21 特殊な消火設備を設置すべき防火対象物(消防令第13条)

防火対象物またはその部分	消火設備
航空機格納庫、回転翼航空機などの屋上発着場	泡消火設備、粉末消火設備
防火対象物内の道路部分で、屋上600m²以上、その他400m²以上のもの	水噴霧消火設備、泡消火設備、二酸化炭素消火設備、粉末消火設備
防火対象物内の自動車修理・整備に使用される部分で、地階または2階以上は200m²以上、1階は500m²以上のもの	泡消火設備、二酸化炭素消火設備、ハロゲン化物消火設備、粉末消火設備
防火対象物内の駐車場部分で、地階または2階以上は200m²以上、1階は500m²以上、屋上は300m²以上のもの(車両が同時に屋外に出ることができる階を除く) 機械式駐車場で、収容台数が10以上のもの	水噴霧消火設備、泡消火設備、二酸化炭素消火設備、ハロゲン化物消火設備、粉末消火設備
発電機、変圧器などの電気設備が設置されている部分で、200m²以上のもの 鍛造場、ボイラー室、乾燥室などの火気を使用する部分で、200m²以上のもの 通信機器室で500m²以上のもの	二酸化炭素消火設備、ハロゲン化物消火設備、粉末消火設備
指定可燃物を一定量以上貯蔵し、または取り扱うもの	可燃物の種類ごとに定められた特殊な消火設備

表6・22 誘導灯、誘導標識を設置すべき防火対象物

種類	防火対象物(消防令別表第1の項)
避難口誘導灯 通路誘導灯	(1)項〜(4)項、(5)項イ、(6)項、(9)項、(16)項イ、(16の2)項、(16の3)項 (5)項ロ、(7)項、(8)項、(10)項〜(15)項、(16)項ロの防火対象物の地階、無窓階、11階以上の階
客席誘導灯	劇場、映画館、演芸場、観覧場、公会堂、集会場
誘導標識	(1)項〜(16)項

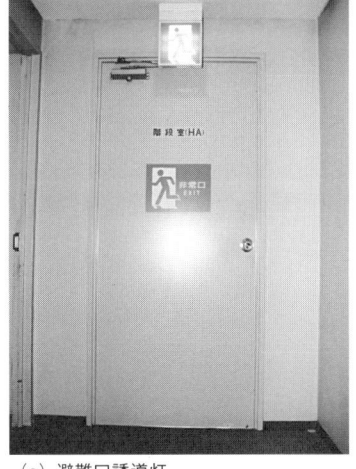

(a) 避難口誘導灯
(b) 通路誘導灯

図6・9 誘導灯の例

表6・23 防炎防火対象物

防火対象物(消防令別表第1の項)	条件
(1)項〜(4)項、(5)項イ、(6)項、(9)項イ、(16)項イ	地階を除く階数3以上、かつ、収容人員30人以上
(16)項ロ	地階を除く階数5以上、かつ、収容人員50人以上
高層建築物(高さ31m超) (16の2)項、(16の3)項	—

表6・24 防炎対象品

カーテン、布製ブラインド、暗幕、じゅうたん、毛せんなどの床敷物、展示用合板、どん帳、舞台において使用する幕や大道具用の合板、工事用シート

6・4 バリアフリー法

1. バリアフリー法の目的

この法律は，正式には「高齢者，障害者等の移動等の円滑化の促進に関する法律（平成18年法律第91号）」という．この法律は，高齢化の進行の中で，高齢者，障害者など日常生活や社会生活に身体の機能上の制限を受ける者が公共交通機関や建築物を円滑に利用できるようにし，ノーマライゼーションをわが国に定着させることを目的としており，平成6年に制定された「ハートビル法」と，平成12年に制定された「交通バリアフリー法」を統合・強化する形で平成18年に制定された．

2. 特定建築物と特別特定建築物

学校，病院，劇場，百貨店，ホテル，事務所，共同住宅，老人ホームなど多数者が利用する建築物で政令で定めるもの（表6・25）またはその部分を特定建築物という．

このうち，不特定多数者が利用し，または，主として高齢者，障害者などが利用するもののうち政令で定めるものを特別特定建築物という（バリアフリー法第2条）．

3. 基準適合義務

特別特定建築物のうち，2,000m^2（公衆便所は50m^2）以上の建築（用途変更により特別特定建築物となる場合を含む）をしようとする者は，出入口，廊下，階段などの建築物特定施設を建築物移動等円滑化基準（表6・26）に適合させなければならない（バリアフリー法第14条）．

また，所管行政庁[*1]は，上記の規定の違反に対して，是正を命ずることができる（バリアフリー法第15条）．

上記以外の特定建築物の建築（用途変更により特定建築物となる場合を含む），建築物特定施設の修繕や模様替をする場合は，建築物移動等円滑化基準に適合させるよう努めなければならない．このとき所管行政庁は，設計・施工に関する指導・助言ができる（バリアフリー法第16条）．

4. 認定建築物

特定建築物の建築，修繕，模様替をしようとする者は，その建築，修繕，模様替および維持保全の計画を作成し，所管行政庁の認定を申請することができる．この認定を行う場合，計画が建築物移動等円滑化誘導基準（平18省令第114号）に適合しなければならない（バリアフリー法第17条）．認定建築物については，誘導基準に適合させるために通常より増加する建築物特定施設の床面積を，容積率算定の際に不算入とすることができる．

6・5 耐震改修促進法

1. 耐震改修促進法の目的

この法律は，正式には「建築物の耐震改修の促進に関する法律（平成7年法律第123号）」といい，阪神・淡路大震災（図6・11）の年に制定された．この法律は，建基法の耐震関係規定に適合しない既存不適格建築物（既存耐震不適格建築物）をできるだけ早期に耐震改修し，地震に対する安全性を向上させることを目的としている（耐促法第1条）．

国土交通省は，建築物の耐震診断及び耐震改修の促進を図るために「基本方針」を定め，都道府県・市町村は「耐震改修促進計画」を定める（耐促法第4条～第6条）．

2. 既存耐震不適格建築物に係る措置

a) 要安全確認計画記載建築物（耐促法第7条，第11条，第12条）

病院，官公署など大地震時に公益上必要な建築物や倒壊によって主要道路の通行妨害となる既存耐震不適格建築物は，上記の耐震改修促進計画に記載される．その建築物の所有者は耐震診断の義務を負い，所管行政庁[*1]は耐震改修についての指導・助言・指示を行うことができる．

b) 特定既存耐震不適格建築物（耐促法第14条）

表6・27に示す建築物のうち既存耐震不適格建築物を特定既存耐震不適格建築物という．その建築物の所有者は，耐震診断を行い，必要に応じて耐震改修を行うよう努めなければならない．

c) 所管行政庁の指導・助言・指示（耐促法第15条）

所管行政庁は，必要に応じ，特定既存耐震不適格建築物の所有者に対し，基本方針の技術上の指針に基づいて耐震診断および耐震改修についての指導・助言をすることができる．また，所管行政庁は，安全性の向上が特に必要な表6・28に示すものについて，必要な措置が行われていない場合は，上記指針に基づいて指示をすることができる．

3. 耐震改修の計画の認定

耐震改修工事後に耐震関係規定以外の既存不適格部分が残る場合，事前に計画の認定を受けることにより，工事を行うことができる（耐促法第17条）．

また，耐震性能向上のために増築を行う場合，耐促法第17条第3項の基準に適合するものは，容積率，建ぺい率などの規定が適用されない．

---

*1 建築主事を置く市町村または特別区の区域については原則としてその長，その他の区域については都道府県知事

表6・25 特定建築物と特別特定建築物（バリアフリー令第4条，第5条）

	特定建築物	特別特定建築物
1	学校	*1
2	病院または診療所	○
3	劇場，観覧場，映画館または演芸場	○
4	集会場または公会堂	○
5	展示場	○
6	卸売市場または百貨店，マーケットその他の物品販売業を営む店舗	*2
7	ホテルまたは旅館	○
8	事務所	*3
9	共同住宅，寄宿舎又は下宿	―
10	老人ホーム，保育所，福祉ホームその他これらに類するもの	*4
11	老人福祉センター，児童厚生施設，身体障害者福祉センターその他これらに類するもの	○
12	体育館，水泳場，ボーリング場その他これらに類する運動施設または遊技場	*5
13	博物館，美術館または図書館	○
14	公衆浴場	○
15	飲食店またはキャバレー，料理店，ナイトクラブ，ダンスホールその他これらに類するもの	*6
16	郵便局または理髪店，クリーニング取次店，質屋，貸衣装屋，銀行その他これらに類するサービス業を営む店舗	○
17	自動車教習所または学習塾，華道教室，囲碁教室その他これらに類するもの	
18	工場	―
19	車両の停車場または船舶もしくは航空機の発着場を構成する建築物で旅客の乗降または待合いの用に供するもの	○
20	自動車の停留または駐車のための施設	*7
21	公衆便所	○
22	公共用歩廊	○

*1 盲学校，聾学校又は養護学校に限る
*2 卸売市場を除く
*3 保健所，税務署その他不特定かつ多数の者が利用する官公署
*4 老人ホーム，福祉ホームその他これらに類するもの（主として高齢者，障害者等が利用するものに限る．）
*5 体育館（一般公共の用に供されるものに限る．），水泳場（一般公共の用に供されるものに限る．）若しくはボーリング場又は遊技場
*6 飲食店のみ
*7 一般公共の用に供されるものに限る．

図6・11 阪神・淡路大震災における建築物被害の例

表6・27 特定建築物（耐促法第14条，耐促令第6条，第7条）

特定建築物の用途等	規模等
(1) 体育館	床面積 1,000m² 以上
(2) 幼稚園，幼保連携型認定こども園，保育所	階数2以上かつ床面積500m²以上
(3) 小学校，中学校，義務教育学校，中等教育学校の前期課程，特別支援学校	
(4) 老人ホーム，老人短期入所施設，福祉ホーム，老人福祉センター，その他これらに類するもの	階数2以上かつ床面積 1,000m²以上
(5) 上記以外の学校，病院，劇場，観覧場，集会場，展示場，百貨店，事務所（耐促法第6条に規定）	階数3以上かつ床面積1,000m²以上
(6) 耐促令第2条第1項に規定する多数の者が利用する建築物	
(7) 火薬類，石油類などの危険物の貯蔵場または処理場	危険物の種類および数量は耐促令第7条で定める
(8) 地震によって倒壊した場合に道路の通行を妨げ，多数者の避難を困難にするおそれのある建築物	敷地が都道府県耐震改修促進計画に記載された道路に接するものであり，各部の高さが当該部分から道路境界線までの水平距離に道路幅員の1/2（幅員12m以下のときは6m）を加えた数値を超えるもの

表6・26 建築物特定施設と建築物移動等円滑化基準（抜粋：バリアフリー令第6条，第11条～第23条）

建築物特定施設	建築物移動等円滑化基準
出入口	・移動等円滑化経路*1 にある出入口の幅は80cm以上とする．
廊下等	①階段または傾斜路の上端に近接する部分には，原則として点状ブロック等を敷設する． ②移動等円滑化経路にある廊下等の幅は120cm以上とし，50m以内ごとに車いすの転回に支障がない場所を設ける．
階段	①踊場を除き，手すりを設ける． ②段がある部分の上端に近接する踊場の部分には，原則として点状ブロック等を敷設する． ③主たる階段は，原則として回り階段としない．
傾斜路	①勾配1/12を超えるかまたは高さが16cmを超える部分には，手すりを設ける． ②傾斜がある部分の上端に近接する踊場の部分には，原則として点状ブロック等を敷設する． ③移動等円滑化経路にある傾斜路の幅は120cm（階段と併設するものは90cm）以上とする．また，勾配は1/12（高さが16cm以下のものは1/8）以下とし，高さ75cm以内ごとに踏幅150cm以上の踊場を設ける．
昇降機	・移動等円滑化経路にある昇降機のかごおよび昇降路の出入口の幅は80cm以上，かごの奥行きは135cm以上，乗降ロビーの幅と奥行きは150cm以上とする．
便所	①1以上の便所内に車いす使用者用便房およびオストメイト対応便房を1以上設ける． ②1以上の男子便所の男子用小便器のうち，1以上は床置式またはこれに類するものとする．
ホテル・旅館の客室	・客室数が50以上の場合，車いす使用者用客室を1以上設ける．
敷地内通路	①段および勾配が1/12を超えまたは高さ16cmを超えかつ勾配が1/20を超える傾斜部分には手すりを設ける． ②移動等円滑化経路にある通路は，「廊下等」の②と同様． ③移動等円滑化経路にある傾斜路は，「傾斜路」の③と同様．
駐車場	・車いす使用者用駐車施設を1以上設け，その幅は350cm以上とする．

*1 高齢者，障害者等が円滑に利用できる経路を移動等円滑化経路という．道などから利用居室までの経路，利用居室から車いす用便房までの経路，車いす使用者用駐車施設から利用居室までの経路のそれぞれについては，そのうち1以上を移動等円滑化経路としなければならない．移動等円滑化経路上には傾斜路や昇降機を併設する場合を除き，階段または段を設けてはならない．

表6・28 地震に対する安全性の向上が特に必要な特定建築物（耐促令第8条）

	用途	規模
不特定多数者が利用するもの	①体育館（一般公共用），ボーリング場，スケート場，水泳場，その他これらに類する運動施設	床面積 2,000m²以上かつ階数3以上 ただし，①のうち体育館は階数要件なし，⑰は階数2以上
	②病院，診療所	
	③劇場，観覧場，映画館，演芸場	
	④集会場，公会堂	
	⑤展示場	
	⑥百貨店，マーケットその他の物品販売業を営む店舗	
	⑦ホテル，旅館	
	⑧老人福祉センター，児童厚生施設，身体障害者福祉センターその他これらに類するもの	
	⑨博物館，美術館，図書館	
	⑩遊技場	
	⑪公衆浴場	
	⑫飲食店，キャバレー，料理店，ナイトクラブ，ダンスホールその他これらに類するもの	
	⑬理髪店，質屋，貸衣装屋，銀行その他これらに類するサービス業を営む店舗	
	⑭車両の停車場または船舶もしくは航空機の発着場を構成する建築物で，旅客の乗降または待合いの用に供するもの	
	⑮自動車車庫その他の自動車または自転車の停留または駐車のための施設で，一般公共用のもの	
	⑯保健所，税務署その他これらに類する公益上必要な建築物	
避難上配慮を要するもの	⑰老人ホーム，老人短期入所施設，福祉ホームその他これらに類するもの	
	⑱小学校，中学校，義務教育学校，中等教育学校の前期課程，特別支援学校	階数2以上かつ床面積 1,500m²以上
	⑲幼稚園，幼保連携型認定こども園，保育所	階数2以上かつ床面積 750m²以上
	⑳火薬類，石油類などの危険物で，耐促令第7条で定める数量以上のものの貯蔵場または処理場	床面積 500m²以上

6・6 品確法

1. 品確法の目的

この法律は，正式には「住宅の品質確保の促進等に関する法律（平成11年法律第81号）」という．

竣工後の建築物は，一般に天井や壁の内部を見ることが難しく，構造上の安全性や火災に対する安全性などが契約どおりの性能を満足しているかどうかがわかりにくい．

そこでこの法律は，住宅の性能に関する表示基準とこれに基づく評価の制度を設け，住宅に係わる紛争の処理体制を整備するとともに，新築住宅の瑕疵の責任について明確な規定を設けることにより，住宅の品質を確保し，建築主の利益の保護などを図ることを目的として，平成11年（1999年）に制定された．

2. 住宅の性能に関する表示基準と評価の制度

a) 日本住宅性能表示基準と評価方法基準（品確法第3条，第3条の2）

国土交通大臣は，住宅の性能に関する表示を統一的に示すため，表6・29に示す事項についての「日本住宅性能表示基準」（平12建告第1652号）を定め，あわせて「評価方法基準」（平12建告第1654号）を定めている．

b) 住宅性能評価（品確法第5条）

上記a)で述べた日本住宅性能表示基準に従って表示すべき性能に関し，評価方法基準に従って評価することを住宅性能評価という．この評価は，建築主などの申請により，国土交通大臣の登録を受けた者（登録住宅性能評価機関）が行い，評価書を交付する（図6・12）．

c) 住宅性能評価書と契約（品確法第6条）

指定住宅性能評価機関が交付する評価書のうち，設計された住宅に係わるものを「設計住宅性能評価書」，建設された住宅に係わるものを「建設住宅性能評価書」という．

住宅の建設工事の請負人が設計住宅性能評価書またはその写しを請負契約書に添付したときは，それに示された性能を有する住宅の建設工事を行うことを契約したものとみなす．また新築住宅の販売者が建設住宅性能評価書またはその写しを売買契約書に添付したときは，それに示された性能を有する住宅を引き渡すことを契約したものとみなす．

3. 紛争の処理

国土交通大臣は，紛争処理業務を公正かつ適確に行うと認められる者を指定住宅紛争処理機関として指定する．この機関は，建設住宅性能評価書が交付された住宅の建設工事の請負契約または売買契約に関する紛争の当事者からの申請により，あっせん，調停，仲裁を行う（図6・13）（品確法第66条，第67条）．また，この業務を支援するために，国土交通大臣は全国にただ一つの住宅紛争支援センターを指定する（品確法第82条）．

4. 新築住宅の瑕疵担保責任

新築住宅の工事請負契約においては請負人は注文者に引き渡したときから10年間，売買契約においては販売者は購入者に引き渡したときから10年間，住宅の構造耐力上主要な部分等（表6・30）の瑕疵担保責任（瑕疵についての修理や賠償金の支払い，代金減額などの義務）を負う．この規定に反する特約で，注文者または購入者に不利なものは無効となる（品確法第94条，第95条）．また，表6・30の部分の瑕疵およびその他の瑕疵についての担保責任の期間は，20年まで伸ばすことができる（品確法第97条）．

6・7 盛土規制法

1. 盛土規制法の目的

宅地造成及び特定盛土等規制法（昭和36年法律第191号，略称：盛土規制法）は，宅地造成や特定盛土等に伴う崖崩れや土砂流出による災害を防止するために必要な規制を行うことを目的としている（盛土規制法第1条）．宅地造成とは，宅地以外の土地を宅地にするために行う土地の形質の変更（表6・31）をいい，特定盛土等とは，宅地や農地等で行う土地の形質の変更で，災害発生のおそれが大きいものをいう．

2. 宅地造成等工事規制区域

都道府県知事（指定都市，中核市，特例市においてはその長）は，宅地造成や特定盛土等，土石の堆積に伴い災害が生じるおそれが大きく規制が必要な区域を宅地造成等工事規制区域として指定できる（盛土規制法第10条）．この区域内において宅地造成等の工事を行う場合，原則として都道府県知事などの許可を必要とする（盛土規制法第12条）．

3. 宅地造成工事の技術的基準

宅地造成等工事規制区域内で行われる宅地造成等の工事は，同令第6条～第19条で定める技術的基準に従い，擁壁，排水施設の設置などの措置を必要とする（盛土規制法第13条第1項）．また，高さが5mを超える擁壁の設置や，切土・盛土をする面積が1,500m²を超える土地の排水施設の設置は，同令第22条で定める有資格者の設計によらなければならない（盛土規制法第13条第2項，同令第21条）．

表6・29 日本住宅性能評価基準の表示すべき事項

分類	表示すべき事項
(1)構造の安定に関すること	①耐震等級（構造躯体の倒壊等防止），②同左（構造躯体の損傷防止），③その他（免震建築物であるか否か），④耐風等級，⑤耐積雪等級，⑥地盤または杭の許容支持力等およびその設定方法，⑦基礎の構造方法および形式等
(2)火災時の安全に関すること	①感知警報装置設置等級（自住戸火災時），②同左（他住戸火災時），③避難安全対策，④脱出対策，⑤耐火等級（延焼のおそれのある部分（開口部）），⑥同左（同左（開口部以外）），⑦同左（界壁および界床）
(3)劣化の軽減に関すること	①劣化対策等級（構造躯体等）
(4)維持管理・更新への配慮に関すること	①維持管理対策等級（専用配管），②同左（共用配管），③更新対策（共用排水管），④同左（住戸専用部）
(5)温熱環境・エネルギー消費量に関すること	断熱等性能等級，一次エネルギー消費量等級
(6)空気環境に関すること	①ホルムアルデヒド対策（内装および天井裏等），②換気対策，③室内空気中の化学物質の濃度等
(7)光・視環境に関すること	①単純開口率，②方位別開口比
(8)音環境に関すること	①重量床衝撃音対策，②軽量床衝撃音対策，③透過損失等級（界壁），④同左（外壁開口部）
(9)高齢者等への配慮に関すること	①高齢者等配慮対策等級（専用部分），②同左（共用部分）
(10)防犯に関すること	①開口部の侵入防止対策

1. 原則として，一戸建て住宅または共同住宅に適用される．
 ただし，(1)-④は多雪区域，(2)-②③⑦，(4)-②，(8)-①②③，(9)-②は共同住宅，(2)-④は地上階数3以上の一戸建て住宅または共同住宅に限り適用される．
2. 既存住宅については，表示すべき事項に「現況検査により認められる劣化等の状況」が加わり，(6)に「④石綿含有建材の有無」，「⑤室内空気中の石綿の粉じんの濃度等」が加わる．また，(3)，(5)，(6)-①，(8)は除外される．

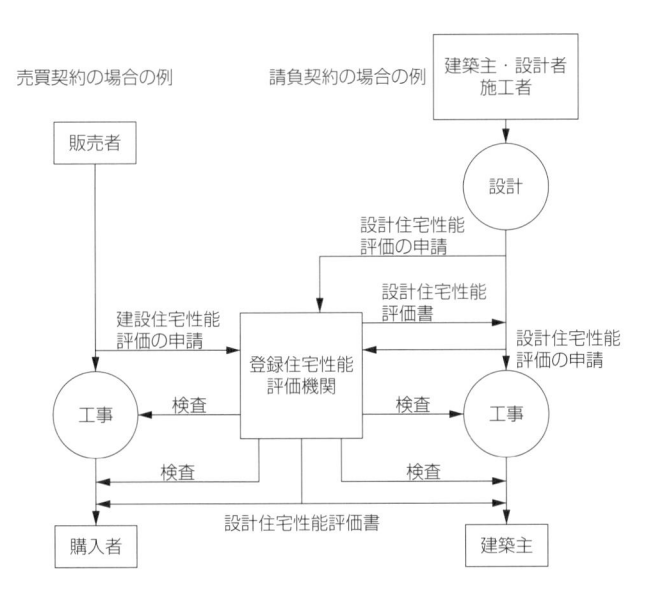

図6・12 住宅性能評価の流れ

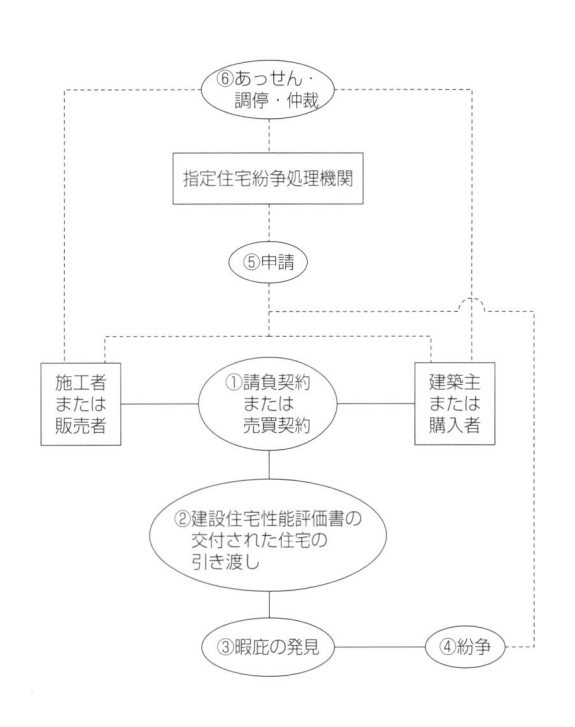

図6・13 紛争の処理

表6・30 構造耐力上主要な部分等（品確令第6条）

構造耐力上主要な部分等	構造耐力上主要な部分	住宅の基礎，基礎ぐい，壁，柱，小屋組，土台，斜材（筋かい，方づえ，火打材など），床版，屋根版，横架材（梁，桁など）で，自重，積載荷重，積雪，風圧，土圧，水圧，地震その他の震動，衝撃を支える部分
	雨水の浸入を防止する部分	住宅の屋根，外壁，開口部に設ける建具，排水管のうち，屋根，外壁の内部または屋内にある部分

表6・31 宅地造成及び特定盛土等に該当する土地の形質の変更（盛土規制令第3条）

	崖の高さの定義
①盛土をした土地の部分に高さ1mを超える崖を生じる	
②切土をした土地の部分に高さ2mを超える崖を生じる	
③切土と盛土を同時にする場合に，高さ2mを超える崖を生じる（①②を除く）	
④①③に該当しない盛土で，高さ2mを超えるもの	
⑤切土または盛土をする土地の面積が500m²を超える	

6・8 建築士法

1. 建築士法の目的

建築士法（昭和25年法律第202号）は，建築物の設計，工事監理などを行う技術者の資格を定め，その業務の適正を維持することにより，建築物の質を向上させることを目的としている（士法第1条）．

2. 建築士免許

建築士の資格には，一級建築士，二級建築士，木造建築士があり，一級建築士は国土交通大臣の，二級建築士と木造建築士は都道府県知事の行う試験に合格し，免許を受けなければならない（士法第4条，第14条，第15条）．

3. 建築士でなければできない設計と工事監理

建築物は，表6・32に示すように，構造，規模，用途により，建築士でなければできない設計と工事監理の範囲が定められている（士法第3条～第3条の3）．

ここでいう設計とは，その者の責任において設計図書を作成することをいい，工事監理とは，その者の責任において工事を設計図書と照合し，そのとおりに実施されているかどうかを確認することをいう．

4. 建築士の業務

建築士は，建築物に関する法令または条例の基準に適合するように設計しなければならない．また，工事監理を行う場合，工事が設計図書どおりに実施されていないときは，直ちに工事施工者に設計図書どおりに実施するよう求め，工事施工者がこれに従わない場合は，建築主に報告しなければならない（士法第18条）．

建築士は，他の建築士が設計した設計図書の一部を変更するときは，その承諾を必要とする．士法上は承諾を得ることができない場合は，自己の責任において変更することができるとされているが，著作権法によって守られるべき知的所有権を有する部分は別である（士法第19条）．

5. 建築士事務所

建築士またはこれを使用する者は，他人の求めに応じ報酬を得て設計等（表6・33）を行うことを業としようとするときは，一級建築士事務所，二級建築士事務所，木造建築士事務所を定め，登録を受けなければならない．

登録の申請は，建築士事務所の所在地を管轄する都道府県知事に提出する．この登録は5年間有効であり，更新登録により引き続き有効となる（士法第23条）．

6・9 建設業法

1. 建設業法の目的

建設業法（昭和24年法律第100号）は，建設業を営む者の資質の向上と建設工事の請負契約の適正化などを図ることによって，工事の適正な施工を確保し，発注者を保護し，建設業の健全な発達を促進することを目的としている．

2. 建設業の許可

建設業を営む場合，原則として許可が必要である．このとき，2以上の都道府県に営業所を設けて行う場合は国土交通大臣の，1の都道府県にのみ営業所を設けて行う場合は都道府県知事の許可を受ける．この許可は5年間有効であり，更新を受ければ引き続き有効となる（業法第3条）．

a) 建設業の種類

建設業の許可は，表6・34の左欄の種類ごとに，右欄に示す建設業に分けて与えられる．

b) 許可の区分

建設業の許可は，次の区分に従って行われる．

①一般建設業の許可……②以外のもの
②特定建設業の許可……発注者から直接請け負う1件の建設工事につき，その全部または一部を下請代金の額の合計が4,500万円（建築工事業は7,000万円）以上となる下請け契約を結んで施工しようとするもの

c) 許可を必要としない営業

次に示す軽微な工事のみを請け負うことを営業とする者は，許可を必要としない（業法第3条，業令第1条の2）．

①建築一式工事で，工事1件の請負代金の額が1,500万円未満のもの，または延べ面積が150m²未満の木造住宅工事．
②建築一式工事以外で，工事1件の請負代金の額が500万円未満のもの．

3. 施工技術の確保

a) 主任技術者の配置（業法第7条，第26条）

建設業者は，各工事現場に表6・35に示す要件のいずれかを満たす主任技術者を置かなければならない．

b) 監理技術者の配置（業法第15条，第26条）

発注者から直接工事を請け負った特定建設業者は，下請契約の請負代金が4,500万円（建築工事業は7,000万円）以上となる場合は，表6・36に示す要件のいずれかを満たす監理技術者を各工事現場に置かなければならない．

c) 専任の技術者の配置（業法第26条第3項，第4項）

表6・37に示す公共性のある工事などについては，主任技術者，監理技術者は，工事現場ごとに専任の者とする．

表6・32 建築士資格と設計・工事監理の範囲（士法第3条～第3条の3）

構造	木造の建築物またはその部分			鉄筋コンクリート造，鉄骨造，石造，れんが造，コンクリートブロック造，無筋コンクリート造の建築物またはその部分		
高さ・階数	高さ16m以下		高さ16m超または地階を除く階数4以上	高さ16m以下		高さ16m超または地階を除く階数4以上
規模＼延べ面積*1	階数1	階数2	階数3以上		階数2以下	階数3以上	
30m²以下							
30m²超，100m²以下							
100m²超，200m²以下							
200m²超，300m²以下							
300m²超，500m²以下							
500m²超，1,000m²以下							
1,000m²超							

■ 一級建築士でなければできない*2
▨ 一級建築士，二級建築士でなければできない*3
□ 一級建築士，二級建築士，木造建築士でなければできない
□ 建築士以外でもできる

＊1 増築，改築，大規模の修繕，大規模の模様替の場合は，その部分の面積
＊2 法第20条第一号，第二号の建築物の工事は「構造設計一級建築士」が，階数3以上かつ床面積の合計が5,000m²を超える建築物の工事は「設備設計一級建築士」が，設計または確認したものでなければすることができない．
＊3 学校，病院，劇場，映画館，観覧場，公会堂，集会場（オーデトリアムを有するもの），百貨店で，延べ面積が500m²を超えるものは，一級建築士でなければできない．

表6・33 設計等の内容（士法第23条）

①設計
②工事監理
③建築工事契約に関する事務
④建築工事の指導監督
⑤建築物に関する調査・鑑定
⑥建築に関する法令・条例に基づく手続の代理

表6・34 建設工事の種類に対応する建設業の区分（業法別表）

建設工事の種類	建設業
①土木一式工事	土木工事業
②建築一式工事	建築工事業
③大工工事	大工工事業
④左官工事	左官工事業
⑤とび・土工・コンクリート工事	とび・土工工事業
⑥石工事	石工事業
⑦屋根工事	屋根工事業
⑧電気工事	電気工事業
⑨管工事	管工事業
⑩タイル・れんが・ブロック工事	タイル・れんが・ブロック工事業
⑪鋼構造物工事	鋼構造物工事業
⑫鉄筋工事	鉄筋工事業
⑬舗装工事	舗装工事業
⑭しゅんせつ工事	しゅんせつ工事業
⑮板金工事	板金工事業
⑯ガラス工事	ガラス工事業
⑰塗装工事	塗装工事業
⑱防水工事	防水工事業
⑲内装仕上工事	内装仕上工事業
⑳機械器具設置工事	機械器具設置工事業
㉑熱絶縁工事	熱絶縁工事業
㉒電気通信工事	電気通信工事業
㉓造園工事	造園工事業
㉔さく井工事	さく井工事業
㉕建具工事	建具工事業
㉖水道施設工事	水道施設工事業
㉗消防施設工事	消防施設工事業
㉘清掃施設工事	清掃施設工事業
㉙解体工事	解体工事業

表6・35 主任技術者の要件

①高等学校または中等教育学校を卒業した後5年以上，大学または高等専門学校を卒業した後3年以上，建設工事に関する実務経験を有する者で，在学中に国土交通省令で定める学科を修めた者．
②建設工事に関する10年以上の実務経験を有する者．
③国土交通大臣が①②と同等以上の知識および技術または技能を有すると認めた者．

表6・36 監理技術者の要件

①建築，土木，造園，管工事などの施工管理技師の国家試験に合格した者，または，国土交通大臣が定める免許を受けた者．
②主任技術者の要件に該当する者で，発注者から直接請け負う工事で請負代金が4,500万円以上のものに関し2年以上の指導監督的な実務経験を有する者．
③国土交通大臣が①②と同等以上の能力を有すると認めた者．ただし，指定建設業（土木工事業，建築工事業，電気工事業，管工事業，鋼構造物工事業，舗装工事業，造園工事業）の場合，①または国土交通大臣が①と同等以上の能力を有すると認めた者に限る．

表6・37 専任の技術者が必要な公共性のある工事および多数者が利用する施設等の工事（業令27条）

建設工事の種類	規模
①国または地方公共団体が注文者である施設または工作物に関する建設工事	工事1件の請負代金の額が，4,000万円以上（建築一式工事の場合，8,000万円以上）
②鉄道，軌道，索道，道路，橋，護岸，堤防，ダム，河川に関する工作物，砂防用工作物，飛行場，港湾施設，漁港施設，運河，上水道又は下水道，電気事業用施設，ガス事業用施設に関する建設工事	
③石油パイプライン事業用施設，電気通信事業用施設，放送用施設（鉄塔等），学校，図書館，美術館，博物館又は展示場，社会福祉事業用施設，病院，診療所，火葬場，と畜場，廃棄物処理施設，熱供給施設，集会場，公会堂，市場，百貨店，事務所，ホテル，旅館，共同住宅，寄宿舎，下宿，公衆浴場，興行場，ダンスホール，神社，寺院，教会，工場，ドック，倉庫，展望塔に関する建設工事	

◆〈建築学テキスト〉編集委員会

青山　良穂（元清水建設）
井戸田秀樹（名古屋工業大学）
片倉　健雄（元近畿大学）
坂田　弘安（東京工業大学）
武田　雄二（愛知産業大学）
堀越　哲美（名古屋工業大学）
本多　友常（和歌山大学）
吉村　英祐（大阪大学）

◆『建築行政』執筆者（＊は執筆代表）

＊片倉健雄
1953年大阪大学工学部構築工学科（現建築工学科）卒業，1956年大阪大学大学院工学研究科修了，建築設計事務所を経て，大阪大学助教授，近畿大学理工学部教授・退職．共著書に『建築のルール・大阪百年の歩み』『大阪市総合設計制度』（以上，社団法人大阪府建築士会）など．

大西正宜
1981年大阪大学工学部建築工学科卒業．著書に，『環境と共生する建築25のキーワード』（学芸出版社），共著書に『初めての建築環境』『初めての建築法規』『〈建築学テキスト〉建築製図』（以上，学芸出版社），『建築法規用教材』（㈳日本建築学会）など．

[建築法制研究会]

江山雅己
1982年神戸大学工学部建築学科卒業，1984年神戸大学大学院工学研究科修了．

立神靖久
1985年近畿大学理工学部建築学科卒業．2015年大阪教育大学大学院生活科学研究科修了．2020年大阪市立大学大学院工学研究科後期博士課程都市系専攻修了．博士（工学）．近畿大学工業高等専門学校総合システム工学科教授．

〈建築学テキスト〉建築行政
法規と秩序を学ぶ

2003年3月20日　　第1版第1刷発行
2006年2月20日　　第2版第1刷発行
2007年6月20日　　第3版第1刷発行
2010年8月20日　　第4版第1刷発行
2014年8月20日　　第4版第3刷発行
2018年3月20日　　第5版第1刷発行
2021年7月20日　　第6版第1刷発行
2025年8月10日　　第7版第1刷発行

著　者　　片倉健雄・大西正宜・建築法制研究会

発行者　　井口夏実
発行所　　株式会社　学芸出版社
　　　　　京都市下京区木津屋橋通西洞院東入　〒600-8216
　　　　　tel 075・343・0811　　fax 075・343・0810
　　　　　http：//www.gakugei-pub.jp/

編集担当　知念靖廣

イチダ写真製版／新生製本
カバーデザイン上野かおる

Ⓒ片倉健雄・大西正宜・建築法制研究会　2003
Printed in Japan　ISBN 978-4-7615-3109-6

JCOPY 〈出版者著作権管理機構委託出版物〉
本書の無断複写（電子化を含む）は著作権法上での例外を除き禁じられています．複写される場合は，そのつど事前に，㈳出版者著作権管理機構（電話 03-5244-5088，FAX 03-5244-5089，e-mail: info@jcopy.or.jp）の許諾を得てください．
また本書を代行業者等の第三者に依頼してスキャンやデジタル化することは，たとえ個人や家庭内の利用でも著作権法違反です．